哲学课

胡适 汤用彤 嵇文甫 著

中国致公出版社

代序

谈谈中国思想史

胡适

在三千年中间的中国思想史，我想可以寻出一点线索来，不管它是向左、向右，或是向前、向后。中国思想史如此多的材料，如没线索，必定要散漫。我的见解也许有成见，可是研究了三十多年，也许可给诸位作一参考。

简单说来，思想是生活种种的反响，社会上的病态需要医治，社会上的困难需要解决，思想却是对于一时代的问题有所解决。经济对思想的影响最大，尤其是在近两三百年来，经济极为重要。生活的方式，生产的方式，往往影响于思想。下面分三个时代来讲：

第一个时代——从商末到周初。

在这个时期里经济并不占重要地位，几百几千年的生活方式和生产状态，并没有多大变迁，更无所谓产业革命。古代思想最重要的是政治和宗教。《史记》作者司马迁分古思想家为六派，即阴阳，道德，儒，墨，法，名等。但是这六派都是"皆务为治"，亦即怎样治理国家社会。廿九年来从发掘安阳商代文化，发现许多材料，可使我们了解古代政治和宗教的生活。那时的政治和宗教合在一起，且互为影响。他们的主要生活是祭祖，按照祖宗的生日排成祭日表，一年三百六十五天都在祭祀，那时的宗教以祖为本，而且是很浪费，很残忍，很不人道的宗教。人死之后，拿来殉葬的是宝贵的饰物和铜器等，牺牲品往往用到几十只甚至几百只牛羊，这是多么浪费！用"人"来祭祀，一为"殉"，即把死人所爱的人和死人埋葬在一起。一为"祭"，即以人作牺牲品来祭神，但多用俘虏。这又是多么残忍！由于这"宗教"的浪费和残忍，至少可以有一种反抗的批判的思想出来。由此，我们可以看出四种思想的产生：

第一点：人本主义。在纪元前三世纪至六世纪，思想很发达，无论哪一派哪一家，其共同的一点是注意到"人"的社会，并且首创不能治人，怎样祀神的论调，讲所谓"治人之道"。

第二点：自然主义。针对前时代反应而出的这种主义，是很重要的一点。"自"是"自己"，"然"是"如此"，所谓"自己如此"，亦即自己变成了自己。如乌龟变成乌龟，桃子变成桃子等。两千多年这"自己变成自己"的形质，形成中国思想上很大的潮流。如老庄的思想，即是含有这种思想。

第三点：理智主义，那个时代如孔子所谓"终日不食，终夜不寝，以思"。便是说明个人须作学问，并且提倡教育的路，无论那时学派思想如何复杂，也都是重知识，所以说已走上了知识主义，理智主义的大路。

第四点：自由思想。在若干国家对立时代，往往有思想的自由。那时有极端的个人主义者，如《吕氏春秋》；亦有提倡民主革命的，如《孟子》。

第二个时代——从汉到宋。

这一时代发生了极新的问题，一是国家的统一，一是新宗教佛教的传入，而普遍全国。于是由此引起了两种思想，即：（一）在武力统一政治下，如何建立一文治政府，减低人民压迫。（二）如何挽救全国人民的宗教热。前者如何建设文治政府，遂产生了四种工具：

第一个工具：建立文官考试制度，自汉武帝时开始，这制度一直发展到科举制度。

第二个工具：汉武帝时设立太学，造就文官，至东汉时已有一万多大学生。

第三个工具：建树成文法律，提倡法治。

第四个工具：建设前一时代有同等权威而加强政治力量的经典，由此而断大案。

至于后者如何挽救宗教热，则有两点。第一点：提倡自然主义，如王充以自然思想解释自然现象。第二点：提倡人本主义，如范缜以人和物体相等视，有物体才有精神，韩愈的倡"原道"，乃要人恢复到"古代之社会"。

第三个时代——从宋代以后。

在这时代里产生了理学，亦即要恢复到古代好的制度和好的思想，拿本位文化来抵制非本位文化。理学亦即为道学，相信自然界有一法则存在。并且有两条路：一是"敬"，一是"致知"。第一条路主敬，我们可以看出经过了一千多年，仍不免要受到宗教的影响。第二条路是致知，亦即扩展个人知识。天地之大，草木之微，其中皆存有一"理"在。在这七八百年当中，理学始终是走这两条路，并且也成了号称"中国的本位文化"。而"致知"更为"科学"的路，科学的"目标"。

总括地说，在从前的时代，工具不够用，材料不够多。现在则以全世界为我们的材料，以全世界为我们的工具，以全世界为我们的参考，那么我相信有比较新的中国思想可以产生！

目　录

第一章
先秦思想　嵇文甫

3　｜　春秋战国

10　｜　孔子

18　｜　墨子

28　｜　老子

34　｜　庄子

40　｜　孟子

46　｜　荀子

54　｜　惠施、公孙龙

62　｜　韩非

第二章

秦汉经学 胡适

73 | 汉初道家

77 | 淮南子

91 | 董仲舒

102 | 道士派的儒学

113 | 王充的《论衡》

第三章

魏晋玄学 汤用彤

139 | 言意之辨

158 | 魏晋玄学流别略论

170 | 魏晋玄学与文学理论

184 | 魏晋思想的发展

第四章

隋唐佛学 *汤用彤*

197 | 玄奘法师

202 | 韩愈与唐代士大夫之反佛

211 | 综论各宗

234 | 隋唐佛学之特点

第五章

宋代理学 *胡适*

243 | 周敦颐

245 | 邵雍

255 | 程颢

264 | 程颐

第六章
明朝心学　嵇文甫

269 | 从王阳明说起
280 | 异军特起的张居正
293 | 古学复兴的曙光
304 | 西学输入的新潮
315 | 晚明思想余论

第七章
清代思想　胡适

325 | 清代思想概论
335 | 颜元
343 | 戴震

第一章

先秦思想

嵇文甫

嵇文甫　（1895—1963）
北京大学讲师

河南汲县人。哲学家、历史学家。学部委员。曾在北京大学等校任教，历任河南省人民政府副主席、郑州大学校长等。长期致力于中国思想史等研究领域，主要研究先秦诸子、宋明理学及晚明思潮。著有《先秦诸子政治社会思想述要》《晚明思想史论》《中国社会史》等。

春秋战国

——一个"百家争鸣"的伟大历史变革时代

一提到春秋战国,大家都知道这是中国思想史上一个最光辉灿烂的"百家争鸣"的时代。在这个时代里,出现了那么多的思想派别和那么多的杰出的思想家,形成了那么尖锐而复杂的思想斗争的场面。

这是秦汉以后两千年来,任何时代都不能比拟的。到底是怎么一回事呢?为什么那个时代的学术思想特别活跃,特别繁荣呢?难道说那是偶然的,真像某些人所说的"运会使然"?难道说那只是几个大人物随心所欲地创造出来的局面?这种神秘的、唯心主义的历史观,自然是极端荒谬的,不能够解决任何问题。我们应该知道,每一个时代的思想潮流,都是那一个时代现实社会生活的反映,都有它一定的历史条件,一定的物质基础。要想了解春秋战国时代为什么会呈现出那样五光十色的思想流派,就必须从当时整个的伟大历史变革中求其根源。

春秋战国时代是中国历史上一个社会大转变的时代，这是大家向来所公认的。过去的历史学家常常好讲"三代以前"怎么样，"三代以后"怎么样，在中国历史的发展上明显地划出一条分界线。他们所谓"三代以后"，事实上是指周室东迁以后，从春秋战国时代开始的。不管他们对于这一个历史大变革是怎样认识，怎样估价，也不管直到现在大家对于这个历史大变革的性质——究竟是从奴隶社会向封建社会的转变呢？还是从封建社会前期向封建社会后期的转变呢？——有着怎样不同的看法，但是总没有人否认这是历史上一个大变革的时代。我们现在姑且撇开理论上的纠缠，只就这个历史大变革时代的显著标志谈一谈吧。

一、农村公社的瓦解

中国古代社会的发展，也和世界上其他民族一样，是经过一个农村公社广泛存在的历史阶段的。大概当殷周时代，虽然已经出现了奴隶制度，已经进入到奴隶制社会，但是并没有因此就摧毁了从原始社会蜕变下来的农村公社，而是和农村公社结合起来，形成一种特殊的奴隶制社会。这种农村公社的具体形态，表现为所谓"井田"制度。

什么是"井田"制度呢？照郭沫若先生的说法，乃是按"一定亩积"而"规整划分"的一种土地制度。也就是说，按一定亩数，划成一方块一方块的，分配给农民去耕种，好像井的形状，这就叫作"井田"。当时土地还没有成为个人的私有财产，而是属于国家的。所谓"普天之下，莫非王土"，"王"就代表着国家，实际上也就是代表着全体贵族，因为那时候的国家是贵族的国家，是贵族对于一切公社成员和奴隶实现阶级统治的一种工具。这样，我们可以说，当时的土地制度实际上是为全体贵族所公有的土地国有制，而不是土地私有制。在这种制度下，土地不能自由买卖，而是由国家分配的。国家按定例一份一份地把土地分配给农民去耕种，同时又连土地带农民一份一份地按等级分配给贵族，以供养他们。这就是说以国有的名义，而仍保存着农村公社的形式。在这个土地制度上面，供养着天子、诸侯、大夫等一系列大小不等的贵族所组成的一个庞大贵族层，他们共同来剥削广大农民的劳动果实。农民一方面是公社成员，同时也是国家和贵族的奴隶，这种特殊的土地制度和阶级关系，标志着殷、周奴隶制社会的主要特征。

到了春秋战国时代，由于铁器的广泛使用，生产力大大提高。于是乎贵族们利用农民的剩余劳动力，在公田以外，大量开垦荒地，成为自己的私田，逐渐造成"私肥于公"的现象；同时，随着农业技术的提高，逐渐把三年重新分配一回的井田制下的旧办法，改变为在一块土地上划分成两片或三片轮流耕种的"辕田制"的新办法，使农民所耕种的土地长期固定下来，不再频繁地重新分配，这就向土地私有制靠近了一步。到了商鞅变法，"废井田，开阡陌"，"任民所耕，不限多少"，把土地制度来了个彻底改革，从此确立了土地私有制，而从春秋中叶以来农村公社逐渐瓦解的历史过程到这时候也就完成了。这是一个根本性的大变化，因为它动摇了殷、周奴隶制社会的经济基础。随着农村公社的逐渐瓦解，不仅在经济上引起很大的变化，而且在政治上、军事上，乃至社会风气和人们的思想意识上都引起了一系列的变化。这的确是一个历史变革的显著标志。

二、工商业的兴起

如上所述，以农村公社为基础的殷、周社会，是一种自给自足的社会。每一个公社自成一个小天地，和外界的经济联系是很稀疏的。

当时，农民的衣食所需，自然都是亲手自造，简陋的农具也不一定需要去找匠师；就连贵族们生活上所需要的东西，也自有他们统治下的农民来供给，不仅供给农产品，而且还要"为公子裘"，"为公子裳"，服各种工役，献各种用品，什么都包办下来了。自然，有些高级用具和奢侈品需要专门技巧或者从远方罗致，不是公社中一般农民所能供给的，所以特别从公社中选拔出一部分人，让他们专门从事工艺和商业的活动。但是这只是隶属于官府，专为贵族服务的一种官工、官商，还不是一种私人独立的社会行业，正和农民隶属于贵族而不能独立于社会以外是一样的。但是从春秋以后，工商业就逐渐发达起来。到了战国，更显然形成了一个工商业空前繁荣的新时代。

春秋战国时代工商业的发达，表现在都市的兴起，表现在商人的活动，表现在货币的流通，表现在手工业的多样分工。正如孟子所说，"一人之身而百工之所为备"，一个人所需用的东西，已不能全由本身自造，而必须由各种手工业者来供给，所以不能不"通功易事"，拿出各自的生产品互相交易。荀子更说："北海则有……然而中国得而畜使之；南海则有……然而中国得而财之；东海则有……然而中国得而衣食之；西海则有……然而中国得而用之。故泽人足乎木，山人足乎鱼，农夫不斫削陶冶而足械用，工贾不耕田而足菽粟。"可见当时全中国各区域间交易频繁，已经形成一互相联系，互相依赖的经济网，绝不像从前那样各公社间隔绝孤立，老死不相往来，纯是自然经济的世界了。由于工商业的发展，形成了许多繁盛的都市。如齐国的临淄，居民就有七万户，苏秦曾形容道："临淄之途，车毂击，人肩摩，连衽成帷，举袂成幕，挥汗成雨。家殷人足，志高气扬。"这种繁荣景象，当然是春秋以前所看不到的。

三、阶级关系的变化

随着经济基础的变化，整个的社会结构，阶级关系也都起了变化。很明显的如：

（1）贵族的没落。当殷周时代，一切政治经济等都为世袭的氏族贵族所垄断。到农村公社逐渐瓦解，土地变成可以买卖的东西以后，他们的经济基础已经很不稳固了。并且随着工商业的发展，从各方面汇集来的新异物品，不断刺激一般贵人们的欲望，使他们的生活日趋豪奢腐化，渐渐陷入贫困的深渊。于是乎他们一方面加紧剥削农民，一方面向商人高利贷者去乞讨，再一方面竭力从事掠夺土地的战争。

在不断的内外战乱中，在骄奢淫逸的大量消耗中，贵族的命运只有一天一天地衰败下去。"弑君三十六，亡国五十一。""栾、郤、胥、原、狐、续、庆、伯，降在皂隶。"我们只要翻一翻《左传》，就可以看到穷途末路的贵族的没落景象活现眼前。

（2）地主的兴起。地主是随着土地私有制而出现的一个新兴阶级。他们或者是原来的贵族，利用农民的剩余劳动力，增值许多私有田产；或者是由于经商投机而致富，在自由买卖的条件下兼并了许多土地。这些都是在农村公社逐渐瓦解中所发生的新现象。他们能够"尽地力"，把正在发展的农业生产力从农村公社——井田制——的束缚中解放出来，由于自由兼并的结果，遂造成从前所没有的"富者田连阡陌，贫者无立锥之地"的现象。从此封建地主代替旧的氏族贵族而成为新兴的统治阶级。

（3）市民的活跃。在一个自然经济的社会中，根本就无所谓都市，自然也无所谓市民。自从工商业有了发展，许多工商业者聚集在一处，于是乎都市慢慢形成了，跟着也出现了市民阶级。当时市民中最活跃的是商人。从《左传》《国策》《史记·货殖列传》中，可以找出很多春秋战国时代商人活动的例证。其他还有很多从事手工业以至屠狗卖浆……形形色色的人物，他们在市民中形成一个特殊阶层。

（4）小农的破产。当春秋以前，公社农民隶属于贵族，照例领得一份土地去耕种。农村公社逐渐瓦解后，这些小农算是解放了。可是在土地自由兼并的新情况下，他们时时刻刻受着失掉土地的威胁。他们有的转化为佃农、雇农，甚至沦落为奴隶，也有一部分流浪到城

先秦思想　7

市，成为城市的贫民。他们在一种新的潮流中被解放了，同时却又被这一新的潮流所吞没。秦汉以后中国农民的历史悲剧，从此揭开了序幕。

四、反映在思想界的阶级斗争

当社会大变动的时期，各阶级盛衰消长，起了很大变化，彼此利害迥然不同，尖锐地对立着，都要为自己的阶级利益而斗争。这反映在思想界，就形成"百家争鸣"的局面。我们从表面上只看见春秋战国时代各学派争辩得那样热闹，却不知那里面正包含着各阶级的现实利害关系，包含着极其尖锐的阶级斗争。

春秋战国时代究竟有多少学派呢？这很难说。司马谈讲"六家"（儒、墨、名、法、阴阳、道德），《汉书·艺文志》讲"九流"（儒、墨、道、法、名、阴阳、纵横、农、杂。另有小说家不列在九流之数），荀子、庄子，说法又各有不同。我以为司马谈所讲的"六家"，的确都是当时的重要学派，可是除了这"六家"以外，自成一家之言的还很多。我们现在不必纠缠在这些学派的分合上，更重要的是分析这些学派所代表所反映的阶级关系。

大体说来，儒家是古代贵族文化的保持者。他们讲礼乐，讲名分，讲宗法，讲井田，讲孝悌仁义，把传统的贵族文化加以总结，加以整理修订，加以系统化、理论化，并赋予了一些新内容、新意义，想用以教化人民挽救当时社会的危机。这种代表贵族的学说几经变化与发展，一直成为后来统治阶级的正统思想。墨家舍己为人，长于技巧，直接和儒家相对立。他们所代表的是下层社会，而特别和手工业者接近。道家代表已经没落了而过着隐遁生活的贵族。他们饱经世变，阅历过许多成败兴亡，看破了人世的"繁华"，又因为沦落在社会下层，接近农民，所以对当时的统治者抱有反感，而时时流露出不平的叹声。法家是新兴地主阶级的代言人，讲变法，务耕战，积极进取，什么古先圣王，孝悌仁义之类都不放在眼中，气象极为泼辣。名家辨名析理，富于抽象概念。他们用诡辩方法打破一切传统的是非然否的标准。他们显然是从市民的环境中产生出来，而带有商人的色彩。阴阳家可以说是儒家的别派，他们另有一种适应新贵族要求的学说。还有农家的许行，他的学说的确是代表朴素的农民思想。总而言之，诸子百家从各方面代表着各自的阶级利益。学术上的"百家争鸣"，正反映出当时社会在历史大变革中尖锐的阶级斗争。下面我们就举出各学派的几个主要代表人物，把他们的学说作一稍为具体的叙述和分析。

孔　子

孔丘（公元前551—前479年），字仲尼，鲁国人。他本是殷朝的后代，世为宋国的公族。自从他的远祖大司马孔父死于殇公之乱，家人流亡到鲁国，才为鲁人，姓孔氏。他的父亲叔梁纥曾做过鄹邑大夫，但早死，所以孔子幼年是孤贫的。他当过委吏（管会计）和乘田（管牛羊）等下级小吏。在政治上最得意的一个短时期是他当鲁司寇（管刑法），并且跟着鲁定公去赴夹谷之会，折服了齐国，取得些外交上的胜利。除此以外，便是带着许多学生，"周游列国"，却是始终没有得志。直到晚年才回鲁国，专门从事教育和著述事业以终。现存《论语》一书，可以说是孔子的一部言行录，是孔门弟子及再传弟子们编的，这是研究孔子思想的最主要最可靠的材料。

一、金鸡一鸣天下晓

孔子是儒家的创始人,就他的学术思想和根本立场来说,他应当算是守旧,而不能算是开新。但是一种学术界的新风气却是从他开始了。本来,春秋以前,学在官府,各种学术为贵族所独占,一般人很难得到学习文化的机会。到了春秋时代,随着政治上和社会上的变化,各种典章制度也都不能维持原来的样子。于是世代掌管各种专业的职官,如礼官、乐官之流,渐渐失掉了他们的旧职,所谓"官失其守",而流散在民间。孔子并没有固定的老师(所谓"无常师"),他问礼于老聃,访乐于苌宏,学琴于师襄……到处访问搜求,正是向这些人学到很多东西。他把这些东西整理概括,删诗书,订礼乐,赞《周易》,修《春秋》,传授给很多学生。从此开创了私人讲学的风气,于是乎一个学派一个学派接着出来,形成"百家争鸣"的局面。就这一点讲,孔子对于诸子百家的兴起,好像起了"金鸡一鸣天下晓"的作用。这在中国思想史和教育史上有很大的意义。后来读书人把孔子奉为大祖师,好比木匠敬鲁班,铁匠敬老君一样,也并不是偶然的。

二、礼与正名

孔子所传授的古代学术的内容是什么呢?概括地说,就是一个"礼"字。周朝人使用这个"礼"字很广泛。试看《左传》上记载列国士大夫,每评论一件事,总好说"礼也",或者说"非礼也"。我们现在常讲"合理"或"不合理","合法"或"不合法",而他们所讲的却是"合礼"或"不合礼"。"礼"不仅是指着冠、婚、丧、祭等的各种仪节而言,而实在是当时的一种道德规范,把当时社会中的等级关系和宗法关系具体表现出来。当时对于等级关系和宗法关系讲得很严格,也就是说把尊卑、贵贱、亲疏、厚薄,划分得很清楚。

先秦思想

比如说："天子堂高九尺，诸侯七尺，大夫五尺，士三尺"。堂的高低有一定尺数，一看就知道是哪一个等级的堂。"天子之妃曰后，诸侯曰夫人，大夫曰孺人，士曰妇人，庶人曰妻；诸侯曰薨，大夫曰卒，士曰不禄，庶人曰死"，随着身份地位的不同，对他的老婆的称呼也不同，甚至对于他们的死也不一样说法。如此等等，规定得很具体，很明确，这都叫作"礼"。一个"礼"字，把当时整个社会秩序，社会关系，一切典章制度都概括了。

但是从春秋开始的社会大动乱，使一切旧制度、旧秩序都维持不住，把许多"礼"都弄得名存实亡，徒具形式，甚至大夫竟敢乱用天子的礼乐，简直闹得君不像君，臣不像臣，父不像父，子不像子，这真是古代贵族统治下的社会大危机。为着挽救这个社会危机，于是孔子出来，要把周朝的旧典整理恢复，以继承文、武、周公的大业。他时常"梦见周公"。对于周公的"制礼作乐"，他的确是"心向往之"的。当时虽然已经是"礼坏乐崩"，但周朝的旧典毕竟还存在，还没有像后来战国时代那样地彻底破坏，荡然无存；当时的周天子，虽然仅拥虚位，但在名义上毕竟还是个"天子"，不像以后七国都称起"王"来，而周天子反而降称为"东周君"和"西周君"，这个"天子"的名义也不存在了。有个名义，有个形式存在，比着连这个名义和形式都不存在，毕竟还要好些，还要比较容易地把旧典恢复挽救回来。正是在这样条件下，孔子提出了"正名"的主张。

有一次，他的学生子路问他，假如到卫国去执政，首先要做什么事。他回答道："必也正名乎。"他首先要做的一件事就是"正名"。为什么"正名"这样重要？他下边解释道："名不正则言不顺，言不顺则事不成，事不成则礼乐不兴，礼乐不兴则刑罚不中，刑罚不中则民无所措手足。"这关系可大了。我们常说"名正言顺"，那典故就是从这里来的。怎样"正名"呢？它的具体内容正如孔子对齐景公说的："君君，臣臣，父父，子子。"这就是说，君要成个君，像个君，合乎君之道；臣要像个臣，像个臣，合乎臣之道；父要成个父，像个父，合乎父之道；子要成个子，像个子，合乎子之道。

每一个"名"都有它一定的含义，一定的道理。我们常说，"顾名思义"。君、臣、父、子只要各按它那个"名"的含义，各按它那个"名"所指示的道理做去，自然就各得其当。所谓"君不君，臣不臣，父不父，子不子"，就是说和自己那个"名"不相称，就是"名实不符"。孔子很重视那个"名"，首先要做到"名正言顺"，这样就可以使人"顾名思义"，终于达到"名实相符"，恢复了那些"礼"，那些旧典的精神。举一个具体的例子来说吧。如《春秋》上有这么一句："天王狩于河阳。"就是说周大王到河阳那个地方去巡狩（巡查诸侯们称职不称职的意思）了。单就这句话看来，冠冕堂皇，周天子还是赫赫威灵，蛮像个天子的样子。其实呢，这一次周天子到河阳去并不真是什么"巡狩"，而倒是晋文公把他召去的。"诸侯"竟然能召"天子"，假如据事直书："晋侯召王于河阳"，还成什么话！真叫作名不正而言不顺。现在不那样说，不管实际上如何，天子总是以巡狩的名义到河阳去的。这样，"天子"还俨然是个"天子"，总算维持住体统。尽管诸侯那样跋扈，但是名分所在，不容僭越。孔子修"春秋"，在这些地方极为严正，正是贯彻他的"正名"主义。后来有"名教"之说，什么"纲常名教"，"名教罪人"，都是从孔子这种"正名"思想演变来的。

三、仁——孔子的一个中心概念

孔子继承古代学术的主要内容是一个"礼"字，而他的一个新贡献，他所赋予"礼"的一个新意义，却在一个"仁"字。一部《论语》讲"仁"的五十八章，用"仁"字一百零五个，可见"仁"这个概念在孔子学说中的重要。什么是"仁"？虽然讲法很多，但是我总觉得还是孟子讲得亲切中肯，即"仁也者，人也"。"仁，人心也"。

先秦思想 13

"仁"就是"人心",就是"人"之所以为"人"。换句话说,不"仁"就是没有"人心",就不算"人"。这样讲法好像很笼统,其实最可以表达孔子学说的真精神。孔子的进步方面和保守方面都可以从这里看出来。关于这一层,还需要多说明几句。

首先,孔子这个"仁"的概念可以说是一种人文主义思想。因为他强调了"人",处处讲人道所当然,讲人之所以为人,把什么问题都归结到人心和人性上,正和那种天鬼迷信,神权思想相对立。最明显的表现,如他说:"务民之义,敬鬼神而远之","未能事人,焉能事鬼","未知生,焉知死"。他只重视做人的道理,对于鬼神问题存而不论。不过这里好像存在着一种矛盾:一方面要"敬"鬼神,另一方面却又要"远"鬼神,对于鬼神问题并未多加考虑,鬼神究竟是有是无,还没有确定,而却大讲其丧礼和祭礼,对象还没有弄清楚,究竟向谁行礼呢?这似乎讲不通,其实孔子已经拿人文主义的精神把这个问题解决了。他明明讲"务民之义",也就是说"尽其为人之道"。为什么要"敬鬼神"?从孔子看来,这也只是尽其为人之道,使自己心安理得,究竟有没有鬼神来接受我的"敬",那倒不必追问。他把"敬鬼神",把丧礼和祭礼,根本看成人的良心问题,是"崇德报功"而并不是迷信,是"人"的问题而并不是"神"的问题,是"心"的问题而并不是"物"的问题。例如古代有一种祭祀名叫"蜡",连什么猫啦,虎啦都祭祀,这分明是一种拜物教的遗迹。

但是孔子却说:"古之君子,使之必报之。迎猫,为其食田鼠也;迎虎,为其食田豕也。……蜡之祭,仁之至,义之尽也。"(《礼记·郊特性》)哪怕是草木鸟兽,只要使用过它,得过它的好处,就要报答它。尽管对方完全不知道,甚至根本是无知之物,我也不辜负它的好处,也要尽自己的心尽自己应尽之道。一片真情厚谊好心肠,所以说是"仁之至,义之尽"。这里面一点原始迷信意味也没有了。又如,他的弟子宰予以为父母死了,守丧三年,时间太长了,主张缩短一下。他就诘问道:"食夫稻,衣夫锦,于汝安乎?"(三年丧期未满,让你吃稻米，穿锦衣，你心里安吗？）哪知宰予竟然很直率地回答道："安。"于是乎孔老夫子只好说："君子之居丧也，食旨不甘，闻乐不乐，居处不安，故不为也。今汝安，则为之！"（君子居丧，原来是因为吃饭也吃不下，听音乐也听不下，正常居处着心里不安，所以才不那样办。现在你既然"安"，那你就那样办吧！）宰予吃了个没趣出来了，老夫子还恨恨不已地说："予之不仁也！子生三年，然后免于父母之怀。予也，有三年之爱于其父母乎"？（宰予真是不仁啊！每一个孩子生下来三年才能离开父母的怀抱。宰予啊，你也受过父母三年的抚养哺育吗？）按说呢，不行三年之丧似乎应该说是"非礼"，可是这里直斥为"不仁"，也就等于说，宰予没有人心，这是多么严重的问题啊！

如上所述，丧礼、祭礼都是行其心之所安，自尽其为人之道。以此类推，一切礼也都是行其心之所安，自尽其为人之道。这就是以"仁"讲"礼"，以人文主义的精神讲"礼"。所以孔子说"人而不仁如礼何；人而不仁如乐何"。离开"仁"，"礼"的真精神就失掉了。后来宋儒张横渠说"礼义三百，威仪三千，无一事而非仁也"。也就是说各种各样的"礼"都是"仁"的表现，都是从人心、人性中自然产生出来。这和孔子的讲法是很相符合的。把"礼"归到人心、人性上，这就使"礼"得到一种新意义，从一个新的理论基础上把"礼"的尊严重新树立起来。孔子就是用这种办法来维护和恢复周朝的旧典，来挽救古代贵族统治的危机。这样，从一方面看，他以仁讲礼，高唱"天地之性人为贵"，强调"人"的尊严，从原始迷信、神权思想中，把人性解放出来，在当时历史条件下，显然具有进步意义；但是从另一方面看，他拿古代贵族所制定的"礼"来作为一般做人的标准，把人性规格化，违犯了"礼"，违反了古代贵族所制定的"人"的规格，就是"不仁"，就是失掉"人性"，就不算"人"，这分明是以贵族性来冒称人性，极力为古代贵族统治作辩护，他的阶级本质，他的反动保守思想，从这里也显然暴露出来。

先秦思想

四、封建圣人

孔子在中国历史上是有特殊地位的。他生当春秋末年，由旧氏族贵族所统治的初期奴隶制社会正在崩解，而逐渐向封建社会转化。他恰成一个过渡时代的过渡人物，起了一种继往开来，承先启后的作用。文化是有继承性的。古代贵族的统治经验和许多文化遗产为后来的封建主所接受，尽管精神实质已经起了变化，但是有许多地方仍然可以大体上因袭下去，供他们利用。孔子学说的历史命运正是这样的。当新兴地主最初起来和旧贵族作斗争的时候，他们本来是采用法家的学说，对孔子一派的儒家学说，认为迂阔，嘲笑攻击，一直弄到焚书坑儒。可是到了汉朝，有鉴于秦朝的失败，觉得极端的法家学说会引起反抗，于是才转而利用儒术。自从汉武帝以后，孔子学说一直成为中国封建社会的正统思想，孔子的地位越来越高，被尊为"至圣先师""万世师表"。其实在历代统治阶级和儒者手里，孔子学说的精神实质已经起了很多变化，早和法家与道家的学说混搅在一起。

关于这一层，在本书末章还要谈到，这里暂且不再多说。总而言之，孔子把古代贵族文化整理总结，正是孟子所谓"集大成"。在这些文化遗产里面，可以供封建地主利用的东西自然很多。他那种等级思想和宗法思想成为后来封建社会的天经地义。他那一派纲常名教的道理，那一些"惟女子与小人为难养也"，"民可使由之，不可使知之"，"天下有道则庶民不议"，以及轻视"老农""老圃"的言论，也成了维护封建统治阶级的武器。因此，他本人也成了封建社会里的圣人，号称为"圣之时者也"，意思就是能随"时"而变化的圣人。

但是孔子的这种变化毕竟有一定的限度，跟着历史的发展和变化，跟着中国封建社会的解体和半殖民地半封建社会的崩毁，孔子在历史上的这种偶像地位也终于由动摇而趋于毁灭。早在"五四"时代就有人提出"打倒孔家店"的口号。以后跟着新文化运动的开展，跟着中国人民革命事业的胜利前进，孔子学说的反动性暴露得越明显，在人民的心目中，就越发没有它的地位了。尽管还有人极力阐扬"孔家哲学"，但是那只是反动的封建思想想借尸还魂，作最后挣扎，是起不了什么作用的。

然而从历史上考察，孔子毕竟不失为我国古代一个伟大的思想家和教育家，从他的言论和行动中，我们可以吸取很多有益的东西。在《论语》里面就有数不清的关于立身、处事、治学的好格言。不讲别的，单看他"学而不厌，诲人不倦""发愤忘食，乐以忘忧，不知老之将至"等等，这样全心全意献身于学术和教育事业的无限忠诚，多么使人敬慕呵！

墨　子

墨翟，鲁国人，也有说他是宋国人的。他的生卒年岁，各家说法都不很准确，大概在春秋末，战国初，公元前490—前403年之间，略与孔子再传弟子们同时。他的世系出身也不详。《史记》上说他做过宋国的大夫，也难确定，从他的书上看我们只知道他曾经救过宋国，免遭楚国的进攻而已。总而言之，他不像孔子那样出自名门世胄，他的生活和作风也不像孔子那样的贵族气味。向来"孔、墨"并称，或者"儒、墨"并称。从现存《墨子》书中，可以看出墨子所创立的墨家学说和孔子所创立的儒家学说，处处针锋相对。这是中国思想史上最早出现的互相对立的两个大学派。拿两家学说对照来看，格外显出墨家所具有的代表下层社会的特殊色彩。

一、十大主张

墨家的十大主张：兼爱、非攻、尚贤、尚同、天志、明鬼、非乐、非命、节用、节葬，在《墨子》书中各有专篇。倘若单把那几篇文章粗粗一看，也不见有什么特异地方，不知道为什么儒家极力攻击他。如果你把这些主张和儒家的理论仔细比较一下，就知道他们两家的主张虽然有时候看着差不多，而其实相差很远，根本不能相容。荀子以儒家的观点批评墨子道：

> 墨子有见于齐，不见于畸。(《荀子·天论》)
> 墨子蔽于用而不知文。(《荀子·解蔽》)
> 上功用，大俭约，而僈差等。(《荀子·非十二子》)

"齐"与"畸"，"用"与"文"，下字极精，恰当地把儒墨两家对立的地方指点出来。"齐"是"齐一"，也可以说是"一般"的意思；"畸"是"畸异"，也可以说是"特殊"的意思。"用"是"实用"，"文"是"礼文"。"上功用，大俭约"，乃是说讲"用"不讲"文"，"僈差等"是一视同仁，不分等差，是说讲"齐"不讲"畸"。总而言之，儒家注重"畸"，注重"文"；而墨家注重"齐"，注重"用"，拿"齐"和"用"的意味来理解墨家的十大主张，就格外显出墨家学说的特色。

例如"节用""节葬""非乐"，都显然是从用的观点上立论。

墨子有一个原则，就是"诸加费不加于民利者圣王弗为"(《节用中》)。本来儒家也未尝不讲"节用"，但他们是以"礼"为节，而并非一概尚俭。墨子却不然，凡是只增加费用而对于人民并不能增加什么利益的都不干，而他所认为对人民有利的事又只限于最起码的物质生活需要。因此他主张：饮食"足以充虚、继气、强股肱、耳目聪明则止"；衣服"冬服绀緅之衣轻且暖，夏服絺绤之衣轻且清则止"。只需吃得饱，能使身体强健，穿得适合气候，不受热，不受寒就好，至于讲究什么美味和华饰，对于人并没有实际好处，都是多余用不着的。根据这种精神，当然要主张"节葬"和"非乐"。厚葬只是靡费，会有什么用处？儒家所以主张厚葬者，因为他们要从这上面

表一表活人的心，并且由葬的厚薄也可以显示出贵贱的等级来。墨家不管这些，单看对于人民有没有"用"，当然要加以反对。至于墨子所以"非乐"，也是因为"乐"对于人民没有"用"，因为"撞巨钟、击鸣鼓、弹琴瑟、吹竽笙而扬干戚"，并不能给人民"衣食之财"，并不能"兴天下之利，除天下之害"，而徒然"厚措敛乎万民"，浪费人民的资财。本来"用"的标准也很活动。广泛点说，"乐"何尝没有"用"。但是墨家所谓"用"，意义极狭，除非对于维持生活有直接关系，如衣食之类，或者能禁暴止乱，他们都认为是无用的。音乐自然不能当饭吃，当衣穿，也不能说撞一撞钟，弹一弹琴，就可以把寇乱平定了。拿这样的标准来讲，"乐"自然是没有用，自然要非"乐"。墨家这种极狭隘的实用观点，儒家、道家都攻击它。然而这种不讲享受，"生勤死薄""以自苦为极"的生活，正反映出当时劳动人民的本色。在当时贵族统治的社会中，一般劳苦大众所迫切要求的本来只是些物质的生活资料，什么精神陶冶，如音乐之类，他们根本没有福气享受，只能当作贵族们所专有的奢侈品加以反对而已。

再就墨家最重要的主张"兼爱"来说，表面上和儒家所谓"泛爱"、所谓"仁"，何尝不有些相近。但是这里面有两点重要差别：

其一，儒家讲"爱"，着重在"心"上，墨家却一定要考虑实效。如所谓"兼相爱，交相利"。"爱利万民""兼而爱之，从而利之""义，利也""孝，利亲也"……言"爱"必及"利"，爱非空爱，必伴以实际的利益，显然贯串着尚"用"的精神，这是和儒家不同的。其二，儒家"亲亲"，亲其所亲，把亲疏厚薄分别得很清楚，主张有差等的爱。墨家却提出"兼以易别"的口号，只讲"兼"，不讲"别"，根本打破亲疏厚薄的差别观念，而主张"兼而爱之"，一视同仁。在这一点上，儒家所表现的是"畸"，而墨家所表现的是"齐"。我们须要知道，儒家所主张的"亲亲"之道，是建筑在宗法制度上的。宗法制度只有贵族才讲得起。至于劳苦大众，都是所谓"匹夫匹妇"，那有什么宗法可言。他们流浪江湖，四海为家，只有广漠的同胞观念而已。

"尚同"是主张政治上、思想上的整齐划一；尚贤是不论亲疏贵贱，平等看待：都是重"齐"而不重"畸"的表现。《尚贤》篇说：

> 不义不富，不义不贵，不义不亲，不义不近……虽在农与工肆之人，有能则举之。……故官无常贵，而民无终贱。
> 不党父兄，不偏富贵，不嬖颜色，贤者举而上之，富而贵之，以为官长。

儒家讲"尊贤"，讲"贤贤"，也何尝不是"尚贤"。但儒家"贤贤"以外，还有"亲亲"，"贵贵"。这样一来，"贤"就不成为用人的唯一的条件。孟子说："亲之欲其富也，爱之欲其贵也。亲爱其身，所以富贵之地。兄为天子，弟为匹夫，可谓亲爱之乎？"根据这种理由，虽以象之不贤，也居然可以受封。因为他是舜的御弟，合乎"亲"的条件，"贵"的条件，单不合乎一个"贤"的条件是没要紧。这样，儒家的尚贤就有例外，而墨家却无例外；儒家的尚贤是相对的，而墨家却是绝对的。"兄为天子，弟为匹夫"，从墨家看来，有什么不可呢？在这里不容许有什么特殊情形，也就是看不见所谓"畸"。这是墨家和儒家不同的地方。至于《尚同》篇主张天子去"一同天下之义"，以免去"一人一义，十人十义"的混乱现象，这是要统一思想，更显然表现出墨家尚"齐"的精神。

墨家的天鬼观念也和儒家不同，如《天志》《明鬼》两篇，把天和鬼讲得活灵活现，好像看见了一样，极明显地主张有鬼论。而其所以如此主张的理由，又全从对于人民的实际利害上着眼，全从这种主张所起的作用，所收的效果上着眼，并没有讲什么精深微妙的理论。

像儒家对于天鬼问题那一套人文主义的见解，他们是没有的。《非命》篇也是专从实用上立论，并不像伪《列子·力命》篇那样从理论上辨析"力"和"命"的问题。还有"非攻"，是"兼爱"的实行；而其以实力帮人守城，反抗侵略，不单空谈了事，又正是他崇尚实用的表现。

总之，墨家的确是讲"齐"不讲"畸"，讲"用"不讲"文"。

通贯十大主张，随处都可以看出这种意味。儒家说这是"蔽于用而不知文"，是"有见于齐，无见于畸"，那么，墨家也未尝不可以反唇相讥，说儒家是"蔽于文而不知用"，是"有见于畸，无见于齐"。

两种思想恰好针锋相对，倒是很有意味的。

二、会党式的集团

墨家这个集团，有组织，有纪律，有共同的信条，并且有生活上的共同联系，和后世下层社会所结成的会党道门很有些相类。墨子在一群"墨者"中，不仅是一位传道授业的先生，同时却还像是他们这个集团的领袖。他掌握着很大的权力，能发号施令，指挥他的门徒。

他常派遣他的门徒到各处去活动。如："游公尚过于越"（《鲁问》），"出曹公子于宋"（同上），"使胜绰事项子牛"（同上），"游耕柱子于楚"（《耕柱》），"使管黔敖游高石子于卫"（同上）。这班人都负有领袖的使命，并不是个人行动。有不能完成其使命的，就被撤回。如使胜绰事项子牛，就是派他去齐国作"非攻"运动的。但是他不称职，"项子牛三侵鲁地，而胜绰三从"，不能坚持自己的主义，所以谴责他，把他召回来。又如墨子曾派禽滑厘等三百人去帮助宋国守城，准备抵抗楚国的侵略，那更是有名的故事。《淮南子》上说：墨子服役者百八十人，皆可使赴火蹈刃，死不旋踵。墨家这种服从领袖壮烈牺牲的精神，直到墨子死后很长时间还保持着。请看下面一件故事：

墨家有个巨子（墨家的首领称为巨子）名叫孟胜，和楚国的阳城君很友善。当阳城君往楚国京城那里去的时候，把阳城这个地方托付给他。后来阳城君死难了，楚国派人来接收阳城。孟胜不肯辜负阳城君的委托把地方交出，但又没有力量抗拒，所以想报以死。他的弟子徐弱劝他道："如果死了有益于阳城君，那就死了也可以。死了并没有什么益处，反倒使墨家之道绝传，这来不得呀。"孟胜说："我和阳城君，又是师友，又是君臣。如果不死，从今以后，求严师的，求贤友的，求良臣的，都将不来我们墨家了。死了正是实行墨家之道而使它流传。宋国田襄子是一位贤者，我将要把'巨子'这个职位传给他，还怕什么墨家之道绝传呢。"徐弱说："既是这样，那我就请先死以开路。"于是孟胜、徐弱和其他弟子八十三人都死了。只剩下二人到田襄子那里去传达孟胜的命令。可是他们在任务完成以后，也要回阳城去死。虽然田襄子以新巨子的名义来加以制止，而他们不听，还是回去死了。当时很多墨者议论他们，认为这是不听巨子的命令（这个故事见《吕氏春秋·上德》篇）。

从这段悲壮的故事里，一方面可以见墨者的侠义，一方面也可以见"巨子"的权力。重然诺，轻死生，趋义赴难，本是侠客的道德，墨家却把这种精神充分地表现出来。巨子说死，于是八十三人都一同随之而死。这真是所谓"皆可使赴火蹈刃，死不旋踵"。尤其有意味的是那两位派出去传达命令的墨者。他们本来可以不死，然而非回去死了不可。死且不必说，还落个"不听巨子"的罪名，因为新巨子不准他们死。这种牺牲精神和森严纪律，在别家是看不到的。

再说，墨家是主张"兼爱"的，是主张"有力相营，有道相教，有财相分"的。在他们团体里，颇带一点"有饭大家吃"的意味。如：墨子曾经派耕柱子到楚国去工作。有些墨者往那里去，耕柱子没有在生活上充分供给他们，因而他们回去向墨子说，让耕柱子在楚国没有什么好处。墨子不以为然。后来耕柱子果然送回来十金。从这段故事可以知道墨者有分财于团体的义务。倘若有财而不让大家共享，就要受团体的责备。又如墨子责备他的弟子曹公子道："今子处高爵禄而不以让贤，一不祥也；多财而不以分贫，二不祥也"。（《鲁问》）

有财不仅要献给自己的团体，并且还得分给一般穷人。这完全像后世下层社会的会党所崇尚的道德。

墨家尊天明鬼，大有"替天行道"的意味。这也和后世会党极相类似。

先秦思想　23

总之，服从领袖，严守纪律，慷慨牺牲，仗义疏财，有饭大家吃……凡后世会党中所常看见的，多早已见于墨家。如果我们夸大点说，墨家简直是一个最初的会党。

三、科学、技巧

墨子在讲学方面与孔子并称，同时他又具有特殊的技巧，常常和最著名的巧匠公输般——即以前木匠们所供奉的鲁般爷——牵连在一起。

相传公输般曾经用木头做了个鸟，飞上去三天还不落下来。他自以为是天下之至巧了。可是墨子对他说："你作木鸟，不如我作车辖（车轮围绕车轴的一部分）。我用三寸木材，不大一会儿就削成一个车辖，能够担负起五十石的重量。作出来的东西于人有利的就是巧，于人无利的那算是拙"（另一传说，作木鸟的就是墨子）。在《墨子》书中，还有公输般替楚国做"云梯"，将用以攻宋，而墨子和他比赛技术的故事。又如书中《备城门》以下十几篇，墨子和禽滑厘讲论守御的方法，其中多说到制造和建筑的技术。在其他各篇，亦惯用百工作比喻，常常提到关于工艺的事。如此等等，可以说明墨子的确是长于技艺，既不同于儒家的鄙视技巧，也不同于道家的崇尚朴拙，他自具一种特色，恐怕他的阶级出身是和手艺人有些关系。

因为墨者多擅长技巧而从事手艺，在他们的劳动过程中，在他们和物质世界的经常接触中，很自然地取得一些科学知识。现在《墨子》书中的《经》和《经说》几篇，很有些关于光学和力学的知识。

特别是几何学，似乎已经搞成一套体系。他们有一定的术语。如：全体叫作"兼"，部分叫作"体"，点叫作"端"，线叫作"尺"，面叫作"区"，立体叫作"厚"……都下有明确的定义，可见他们研究这门学问已经是条理分明，不是偶然随便讲的。像这一类关于自然科学的知识，在《墨经》中不胜例举，而在别家著述中却很少见到。

因此有些人感觉奇怪，以为墨家为什么这样特别？莫非墨家来自外国，不是中土所产吗？于是说什么墨子是印度人，种种牵强附会的怪论都提出来。如果我们知道墨家本是出自劳动人民，多是从事手工技艺者，那么，根据他们的特殊经验，特殊视野，因而得到这些特殊知识，乃是毫不足怪的。

墨家不仅从劳动过程中吸取一些关于自然科学的知识，并且还形成他们的一套逻辑，一套知识论。他们把知识分为三类："闻、说、亲"。"亲知"是从亲身经验得来的知识，这是最基本的，但范围有限。"说知"是从推论得来的知识，如勘探者发现煤矿，地下情况，并未亲见，实据地上，推论而知。另一类是"闻知"，是从旁人听来的知识（不管是直接、间接、从口传或从书本上）。就如墨子这个人，我们当然没有亲眼见过他，并且也没法子根据什么理由推论出个墨子来，我们所以知道中国历史上有个墨子，乃是从书本上听人家告诉给我们的。他们更详细讲述种种辩论推理的方法，但绝不是诡辩。

如当时有些诡辩家争论"同异"问题，讲起"同"来什么都是"同"，讲起"异"来什么都是"异"，其结果弄得"同异"混淆，以至根本抹去了"同异"的界限。墨家不是这样。他们把"同"分为四种：二名一实叫作"重同"（重复的重）；同连在一个整体上，叫作"体同"；同在一处叫作"合同"；有共同特点叫作"类同"。和这相反，也有四种的"异"。如此，讲"同"一定要指出是哪一种的"同"，怎样"同"法；讲"异"一定要指出是哪一种的"异"，怎样"异"法，一点不许混淆。由此可见墨家辨析名理，严肃认真，和诡辩家的文字游戏绝不相类。这也反映出劳动人民实事求是的唯物主义的精神。

四、墨家主张民选天子吗？

既然说墨家所代表的是下层社会、劳动人民，那么，是不是如某些人所说，墨家主张"民约论"，主张民选天子呢？倒也凑巧，在《墨子》书中，《经上》篇恰好有一句："君，臣萌（同'氓'，即'民'的意思）通约也。"君之所以成为君，乃是由臣民公约而来，这不明明是"民约论"吗？《尚同》篇又恰好有这些话："夫明乎天下之所以乱者，生于无正长，是故选择天下贤良圣智辨慧之人，立以为天子。"天子是选立的，这不明明是主张民选天子吗？其实这种说法是不可靠的。首先说，"臣萌通约"的"约"字不一定当"契约"讲，也许当"约束"讲。假如解作"臣民都受约束于君"，岂不和"民约论"的意味恰好相反吗？即使当"契约"讲吧，也许是名学意味上的"约定俗成"（这是《荀子·正名》篇的成语，乃是说一切名称都是由社会规定的），不一定就是政治意味上的"民约论"。究竟这句话应该怎样讲法，可不可当作民约论，还须从墨学的各方面加以参证，单凭这一个孤立的句子是不行的。至于《尚同》篇那句话，仅只说"选"，却没有说谁选，"选"字上面没有句主。你以为说"选"就必须是"民选"吗？这倒不一定。《尚同》篇的另一段明明说过："古者上帝鬼神之建国设都立正长也。"可见墨子的意思，以为正长是上帝鬼神立的，并不是民立的。以彼证此，则天子亦当是上帝鬼神选的，而不是民选的。或者有人要说：上帝鬼神还不是个空名吗？事实上还得假手于民。名神选而实民选，也可以说是间接的民选吧。我以为这种说法仍然不能成立，而只是重复"天视自我民视，天听自我民听"的老调。我们知道在欧洲政治思想史上，"民约论"正是由反对"王权神授说"而起。他们说君主权力不是神授的，而是民授的。假使可以承认神选就是民选，那么"民约论"也可以和"王权神授说"合而为一了。这成什么话！

其实墨家之不主张民选天子是有旁证的。墨家是个有组织的团体，其领袖为"巨子"，发号施令，有绝大的权力。"巨子"职位并非由一群墨者选举而来，乃是由旧巨子自择新巨子而传其位，很像佛家的传衣钵。假使墨家能够取得政权的话，无论从理论上，从事实上，巨子都必然要掌握全国最高的权力，而形成一种带宗教性的政权形式。我们须要知道,墨子很像一位教主,他的一切言行都依托于"天志"。他主张兼爱,就说天意叫兼爱;他主张非攻,就说天意叫非攻;他主张非乐、非命、节用、节葬、尚贤、尚同一切都说是本于天意。把许许多多的天意实现出来,就成了他们所要建立的地上天国。在这天国中,天子称天而治,掌有绝大的权力,什么"民约论""民选天子",根本是谈不上的。但是也有些人因此就认为墨家是反动的专制主义者,所反映的不是下层社会的思想,这也是错误的。我们应该知道,民权政治本来是近代市民阶级兴起以后,所要求的东西,古代劳动人民所要求的政治形式还并不是这样。我觉得墨家的团体和教义,在某些地方颇类乎原始的基督教。从考茨基在《基督教的基础》里面所描写的看来,我们可以知道原始基督教比着墨家更带深刻的革命意义。然而他们政治理想的实现,也不过是一种教会政治。墨家的政治思想恐怕与此也不甚相远吧。如果结合墨家"尚贤"的主张看来,除了原始的宗教意味以外,倒还可以说是一种"贤人政治"。贤人政治当然还不能算是民权政治,但是,它反映了墨家对当时贵族阶级那种"家天下"的政治制度的不满;再说,"传贤"毕竟胜于"传子",从某种意义上说,贤人政治比当时的贵族政治也进了一步。

老　子

老子这个人，和《老子》这部书，应该分别来看。有人说，老子就是老聃，相传他在周王朝那里管过图书，孔子还向他问过礼，后来去周西行，过函谷关，给关尹著了五千言的《道德经》，就不知去向了。但是就现存《老子》这部书——即《道德经》——来看，实在很难相信是春秋末年的老聃著的。经许多人考证，这部书大概写作于战国中期。这里面可能有一些老聃的遗言，后来把老聃尊为道家之祖，也自有道理。但是事实上，当春秋末年，道家还只是处在萌芽状态，还没有作为一个学派而出现。我们姑且不打这种考证官司，反正老子《道德经》是道家的一部经典著作，拿来代表早期的道家学说应该是没有多大问题的。

一、理想化的村落社会

道家学说是从一班"隐士"中间酝酿出来的，老聃也正是其中的一个。这班隐士,在那个历史大变革中,处于没落地位,过着隐遁生活。他们不满现实,又逃避现实,思想倾向消极,不敢向前看,只好向后看,因此把理想寄托在原始的村落社会。从《老子》书中我们可以看见他们所描写的乌托邦——小国寡民。使民有什伯之器而不用,使民重死而不远徙。虽有舟舆,无所乘之;虽有甲兵,无所陈之。使民复结绳而用之。甘其食,美其服,安其居,乐其俗。邻国相望,鸡犬之声相闻,民至老死不相往来。

这样一个社会,是自然的,不是文明的;是自由的,不是强权的;是自给的,不是交易的;是静止的,不是活跃的;是小规模的,不是大规模的。老子不像儒、墨诸家主张大一统,他所谓"小国寡民",实在还算不得"国",算不得"民",而正是一种原始的村落社会。他只想有许多小村落在大地上自然地散布着,并不希望成为一个有组织的大国家。他痛恨强权,所以说"强梁者不得其死","民不畏死,奈何以死惧之"。他反对战争,所以说"佳兵者不祥"。他反对重税,所以说"民之饥,以其上食税之多,是以饥。"他反对烦苛的法令,所以说"法令滋章,盗贼多有"。如此等等,他认为都是当权者的罪恶。他似乎觉得政府是万恶的渊薮。他要摆脱这样强权的统治,而代以自由自在的村落社会。在这样社会中,文化却不高。他们生活很简单,既用不着机械,也用不着文字。

他们不识不知,全听自然的支配。老子说:"以智治国国之贼,不以智治国国之福"。"常使民无知无欲"。一切知识,一切文化,徒足以长诈伪而丧天真,都是他们所要除去的。在这样社会中,交通贸易,殊不发达。他们"老死不相往来","虽有舟舆,无所乘之"。

他们自己生产,自己消费,完全是一种自给自足的自然经济。在这样社会中,人们固着在一定地方,"重死而不远徙"。生产方式,风俗习惯,都不大起变动。他们认为自己所吃的饭食就是天下最好吃的饭食,自己所穿的衣服就是天下最美丽的衣服,自己所居的地方就是天下最安适的地方,自己所习惯的风俗就是天下最合意的风俗。各自心满意足,永远因袭下去,一切都是静沉沉的。试把"小国寡民"这一章和都市中熙来攘往的情形稍一比较，就显然见到另一个世界，这不是活生生的一个原始村落社会的写照吗？这样的政治理想完全是反历史的，正反映了没落的贵族阶级找不到出路的心情。可是在古代封建社会里，这种理想一直吸引着那些所谓高人隐士们的憧憬。

二、歌颂自然

老子崇尚"自然"，这是从来没有异辞的。他说"人法地，地法天，天法道，道法自然"。把自然抬到最高的地位，所谓"道"也只是"自然"之道，层层推究，最后总归到"自然"上。他不说世界是神造的，由神主宰一切，而认为世界上一切都是自然之道，自己如此。他不仅不像墨家那样"尊天、明鬼"，并且也不像儒家那样对于天鬼问题说得恍恍惚惚，而是干脆摆脱了关于天鬼的原始迷信。他说："天地不仁，以万物为刍狗。""刍狗"就是用草扎成的狗，为给死人陈列用的，如像现在葬埋时候所用的纸人、纸马……一样。这种东西，用的时候像煞有介事地摆出来，用过了烧掉、抛掉，一点也不爱惜。从老子看来，万物都像"刍狗"一样，时而摆出来，时而又抛弃掉，自生自灭于天地间，什么天心仁爱，生育万物，像儒家那种说法，他是断然反对的。以自然论代替神造论，以"机械论"代替"目的论"，为后来各家无神论开其先路，这实在是老子的一大贡献。

但是我们也不要过于夸大老子的"自然"主义，而把它现代化。

他只是歌颂"自然"，教人复归"自然"，而并不是对"自然"作科学的分析研究。"自然"只是"自己如此"的意思。说一切现象都是"自己如此"，而不去别立一个"造物主"，这可以算是一种进步思想。但是譬如有人问你为什么刮风，你就说它自己刮起来了；问你为什么下雨，你就说它自己下起来了；这样的答案究竟解决了多少问题？五千言《道德经》简直是一部"自然"赞美诗。讲到社会，教人回复原始状态；讲到人生，教人回复婴儿状态。长言咏叹，歌颂"自然"的美妙，这里面是含有一些"自然崇拜"意味的。

三、无为而无不为

老子既是崇尚"自然"，凡属于"自然"的都是好的，一经人为便不好了，这样他当然要主张"无为"。他说："我无为而民自化，我好静而民自正，我无事而民自富，我无欲而民自朴。"他所理想的君主，并不是给老百姓办许多好事，叫大家歌功颂德，而是有他等于没有他。"太上不知有之，其次亲之、誉之……"。最好的君主是大家简直不知道有这个君主，至于大家"亲之、誉之"，歌功颂德，那倒已经是第二等的君主了。"功成事遂，百姓皆谓我自然。"不知不觉，自然而然，大家都生活得好好的，那还有什么功德可颂呢？坏就坏在"有为"上。"民之难治，以其上之有为，是以难治。"这显然表示出老子对于当时统治者那种胡作乱为的深切反感。可是老子的"无为"，并不简单是不满现状的一种消极抗议，也不简单是返淳还朴的一种天真幻想，他这里面的确还有他自己的一套奥妙，我们须得加以进一步的分析。

老子有这么几句话："欲将取天下而为之，吾见其不得已。天下神器，不可为也。为者败之，执者失之。""神器"二字很可玩味。

他活生生地看到，"天下"是个神妙的东西，要去"为"它也"为"不得。一"为"它反而坏了，一"执"它反而丢了。你说神妙不神妙？老子相信一切事物都有个自然之道，都有它发展的自然规律。我们只能随顺着它，绝不可用人为力量加以干扰。这叫作"辅万物之自然而不敢为"。他说："致虚极，守静笃。万物并作，吾以观其复。夫物芸芸，各复归其根。归根曰静，静曰复命，复命曰常，知常曰明。不知常，妄作，凶。"这就是叫人虚心静气，坐观天下之变。尽管万事万物纷然并起，但最后都还得回到它的老根。回到老根就静下去，静下去就算回复其自然之命，回复其自然之命就算得其常道。

先秦思想

认识这个常道叫作"明"。不认识这个常道而胡作乱为，就要受灾害了。大概老子看见过多少成败兴亡，从那里面体会出一些自然的道理，认为事物的发展变化总有它自然的归趋。因而要沉机观变，以静制动。他知道"天下难事，必作于易；天下大事必作于细"，所以要"图难于其易，为大于其细"，不待事情发展到"大"了，"难"了，而当它还细小，还容易的时候，就解决它。看着他是"无为"，实际上正是他妙于为。不动声色，不费手脚，什么都做好了。所以说"无为而无不为"。这里面是有一些把戏。所以后来竟成为一种帝王统治术，并且许多政治家，军事家，拿羽毛扇的人物，往往喜欢"黄老"（黄帝、老子），实在不是偶然的。

四、一个"反"字的妙诀

在老子许多微妙的言论里面有个诀窍，那就是一个"反"字。他好说相反的，互相矛盾的话，几乎成了一个公式。如"大巧若拙""大辩若讷""大直若曲""大成若缺""大音希声""大象无形""曲则全""枉则直""洼则盈""敝则新"乃至"不争而善胜""无为而无不为"……处处是反语。

这就叫作"正言若反"，正面话好像成了反面话。你说他是故弄玄虚吗？不，这里面贯串着他的根本的方法论和宇宙观。

如上面所讲，老子是相信自然之道，相信宇宙间有个不可违犯的自然规律的。一切事物的运动变化都离不开这个自然规律。那么这个自然规律究竟是怎么一回事呢？老子告诉我们："反者道之动。"这就是说，自然之道是向着相反的方向运动变化的。根据事物向反面发展这个规律而加以利用，他常常把事情看得透过一层。大家以为不利的，他反因以为利；大家看着是福的，他却从那里面看出祸来。所以说"祸兮福所倚，福兮祸所伏"。因此，他总是从反面下手。"将欲歙之，必固张之；将欲弱之，必固强之；将欲废之，必固兴之；将欲取之，必固与之。""以其不争，故天下莫能与之争。""后其身而身先，外其身而身存。非以其无私耶？故能成其私。"他认为"柔弱胜刚强"，所以总是自处于柔，自处于弱，自处于下。他说："天下莫柔弱于水，而攻坚强者莫之能胜"。"江海所以能为百谷王者，以其善下之，故能为百谷王"。刚说个"反者道之动"，紧接着就说"弱者道之用"。可见他以"弱"为用，正是依照那个"反"字的规律来的。这里面的确有他一套"处世哲学"，带着些权谋术数的色彩，所以能为后来许多政治家、军事家所利用。但是无论如何，他的确认识些矛盾统一、矛盾发展的道理，这不能不说他包含一些辩证唯物主义的思想因素。

庄　子

庄周，战国时代的宋国人。他的生卒年岁大概和孟子略相当而稍晚一些。他似乎也是一个从旧贵族阶级没落下来的人物，曾在他的家乡蒙那个地方当过一段管漆树的小官吏。他的生活很贫困，曾经靠打草鞋过活，有时候连饭也吃不上，还得向朋友借米。但是他很"清高"，对于那班富贵得意人物极端嘲笑。他觉得人生如梦，好像"看破红尘"的样子。现存《庄子》一书在中国思想史和文学史上都有很大的影响。

一、全身免害

道家学说，特别像庄子的学说，尽管讲得非常玄远微妙，好像超出凡尘，但归根究底，只是要"全身免害"而已。庄子并不像他表面那样洒脱自在，在他的心目中，这个社会实在是很不太平，处处会碰到危机。他认为我们简直都是"游于羿之彀中"。羿是个善射的人，

"彀中"犹之乎说是射程中。游于羿的射程里边，随时都有被射中的危险。这就是说，我们好像在箭头上过日子，也正像我们平常说的"在刀尖上过日子"一样。有一次他张着弹弓，注视着一个"异鹊"，就要打去，忽然发现这个"异鹊"正在准备着去捕捉前面的一个"螳螂"，而那个"螳螂"呢，也正在捕捉更前面的一个"蝉"。

这样一个螳螂在前，异鹊在后，迭相残杀，危机四伏的局面，使他触目惊心，于是乎连弹弓也丢掉而走开了。把社会看成这个样子，除了"苟全性命于乱世"，还有什么可干？所以老子已经是"人皆求福，己独曲全，曰：'苟免于咎'。（见《庄子·天下》篇引）"不求得什么福，只求能免祸就够了。庄子更是委曲婉转，费尽苦心，寻求全身免害的方法。例如，一次，他和弟子们到山里，看见一棵大树，长得不成材料，做什么用都不行，木匠们走过来连睬它也不睬。于是他向弟子们说，"此木以不材得终其天年"，这棵树就因为长得不成材料，没有用，所以才能不受砍伐，长到这么大呀。随后，他们路过一个朋友家里，朋友为着款待他们，叫家人杀一只雁。可是雁有两只，一只能鸣，一只不能鸣，究竟杀哪一只呢？当然就杀了那一只不能鸣的。于是乎弟子们提出问题了：那棵树以不材得终其天年，而这只雁却是以不材致死，究竟是"材"好，还是"不材"好呢？庄子只好回答道："周将处于材与不材之间。"也"材"也"不材"，这似乎可以幸免了，然而也还靠不住。所以最后他发挥出"一龙一蛇"，"一上一下"的一段议论，这就是说，该当龙时就当龙，该当蛇时就当蛇，一屈一伸，随时变化，这才是最好的处世之道呢。事实上，庄子所谓"道"，就是一种"全身免害"之道。他明明说：

> 知道者必达于理，达于理者必明于权，明于权者不以物害己。至德者，火弗能热，水弗能溺，寒暑弗能害，禽兽弗能贼。非谓其薄之也，言察乎安危，宁于祸福，谨于去就，莫之能害也。（《秋水》）

看他讲"道"的妙用，全在善于屈伸而自全其身。这也可以说是杨朱一路"为我""贵己"的思想吧。

二、人貌而天行

尽管一龙一蛇，随时变化，深得处世的妙法，但有时候仍不免遭祸，这又怎么办呢？庄子告诉我们说："无可奈何而安之若命。"既然人力无可施，没有办法了，那就只有认为命该如此，听其自然。生就任他生，死就任他死。把自己变成"虫臂"也好，变成"鼠肝"也好，随他去。"视丧其足，犹遗土也。"即使受了刖足之刑，把自己的脚砍掉了，就好像丢掉一块土一样，心里也没有什么难过。人间哀乐全入不到心里，好像失掉了人的感觉一样。这就叫作"有人之形，无人之情"。因为形状是个人，所以能处在人群中；但是因为没有了人的心情，所以人间的是非善恶好像和他没有什么关系。本来是非善恶都是就人的思想行为而言的，只有人才讲到是非善恶上。假如一个人的行动竟然像刮风、下雨、鸟鸣、花开一样，全是一种自然现象，那还有什么是非善恶可言呢？这样，超脱了生死祸福，超脱了是非善恶，自由自在，游戏人间，这就是庄子的理想生活。这是一种不认真的生活态度，把生不当成生，把死不当成死，善恶是非，看得不过是那么回事。他教人像"虚舟""飘瓦"一样。无端飞来一块瓦，打在你身上，纵使你是一个性情极褊急的人，也不至于对这瓦发脾气。一个船碰了你，你发火了，正要向那船上的人闹气，但是一看见船上并没有人，你的气也就消了。为什么会这样？因为"虚舟""飘瓦"都是无知之物，对这些无知之物发什么脾气呢？庄子把这样"有人之形，无人之情"，像自然界的无知之物一样的人，称为"人貌而天行"。形貌是个人，而他的行动却活像"天"一样。这种境界怎样做到呢？庄子不断提到一个"忘"字。"忘年""忘义""忘我""忘物"生死得丧，一齐忘掉，这不就大解脱，大自在了吗？很显然，这是没落阶级在物质世界中找不到出路，而只好自己哄自己，作一种无可奈何的精神麻醉罢了。

三、盗亦有道

庄子所代表的是没落贵族的思想，对于一切当权得势的统治阶级是深切痛恨的。他看当时那些"诸侯"们都是大盗窃国。他打个比喻：为着防小偷，所以把箱箧封得紧紧的，锁得牢牢的，可是一旦大盗来了，连你的箧都拿走，还唯恐你封锁得不紧不牢呢。以此类推，世俗所讲的什么"圣智仁义"，无非是为窃国大盗作工具，没有这些，他们的国还守不住呢。如田成子杀齐君而盗其国，"所盗者岂独其国耶？并与其圣智之法而盗之。故田成子有乎盗贼之名，而身处尧舜之安，小国不敢非，大国不敢诛，十二世有齐国，则是不乃窃齐国并与其圣智之法，以守其盗贼之身乎"？（《胠箧》）齐国原有一套"圣智之法"，满以为可以防止他的国家被人家窃去了。哪知道就有田成子这样的大盗，不仅窃去齐国，并且连他所用以守其国的那一套"圣智之法"也一并窃去。这样，齐国的"圣智之法"倒反而为田成子服务了。"为之斗斛以量之，则并与斗斛而窃之；为之权衡以称之，则并与权衡而窃之；为之符玺以信之，则并与符玺而窃之；为之仁义以矫之，则并与仁义而窃之。"（同上）道高一尺，魔高一丈。防住了小盗，却便利了大盗。"窃钩者诛，窃国者为诸侯。诸侯之门，而仁义存焉。"（同上）小盗有罪，而大盗当权。窃国大盗也居然讲起仁义来了，这真是对于仁义的极大讽刺。

当个大盗也不容易，正需要圣智仁义这一套。"跖之徒问于跖曰：'盗亦有道乎？'跖曰：'何适而无有道耶？夫妄意室中之藏，圣也；入先，勇也；出后，义也；知可否，智也；分均，仁也。五者不备而能成大盗者，天下未之有也。'"（同上）看，从跖这个著名的大盗口中居然讲出一大套圣智仁义来！没有这一套就不能成大盗。

什么是"仁"？分赃均匀。什么是义？让大伙先退。他把当时统治阶级所讲的那一套圣智仁义的丑恶本质作了无情的揭露。

四、一切在变

庄子学说最精彩的地方，在乎他有一种"变"的哲学，一种"动"的宇宙观。他看宇宙万象都是刻刻不息地在那里流转变化。例如他说：

> 物之生也，若骤，若驰，无动而不变，无时而不移。（《秋水》）
> 万物皆种也，以不同形相禅……（《寓言》）

万物都像飞跑一样，一息不停地在变化着。每一个东西都在变化的过程中。每一个东西都作为另一个东西的种子而存在，一连串地变一个形态又一个形态。分明给我们画出一个活宇宙来。这无疑地要算一种辩证观点。把这种观点应用在社会历史上去，庄子也有许多很通达很聪明的话，如：

> 仁义，先王之蘧庐也，止可以一宿而不可以久处。（《天运》）
> 夫水行莫如用舟，而陆行莫如用车。以舟之可行于水也，而求推之于陆，则没世不行寻常。古今非水陆与？周鲁非舟车与？今薪行周于鲁，是犹推舟于陆也。……故礼义法度者，应时而变者也。今取猨狙而衣以周公之服，彼必龁啮挽裂而后慊。观古今之异，犹猨狙之异乎周公也。（同上）
> 昔者，尧舜让而帝，之哙让而绝；汤武争而王，白公争而灭。由此观之，争让之礼，尧舜之行，贵贱有时，未可以

为常也。(《秋水》)

这些话真是剔透玲珑,开明极了。他认为古今之异,犹之乎水陆舟车之不同;行古道于今世,犹之乎使猴子穿着周公的衣服。把所谓"仁义"那些大道理都只当作客店(蘧庐)一样,只能在旅途中临时暂住一下,长久住下去是不行的。"礼义法度,应时而变。"早晚市价不同,"未可以为常"。这里边一点保守泥古的气味都没有了。

可是这里发生一个问题:既然说一切都要"应时而变",同时又要返淳还朴,回复到原始自然状态,这是不是矛盾呢?我觉得这里面是有点矛盾的。但是庄子所以这样讲,倒另有个道理。我们应该知道,庄子基本上是一个虚无主义者,他是否定一切的。这种虚无主义一方面反映了没落阶级对现实的不满,所以什么都要否定;另一方面也反映了没落阶级找不到出路,对什么都没有信心。他说什么"应时而变",无非想证明一切都不可靠,什么好,什么坏,一切都没有定准。照他讲,大小没一定,寿夭没一定,都是相对的。什么是正味、正色……也都没一定,都是相对的。"彼亦一是非,此亦一是非""是亦一无穷也,非亦一无穷也"。是非善恶都没一定,都是相对的。这样一来,也就无所谓大小、寿夭,无所谓正味、正色,无所谓是非善恶,而一切都被否定。于是乎浑浑噩噩,漆黑一团,不是正回到他所理想的那个自我麻醉的"混沌"境界了吗?可是尽管如此,他这个一切皆变的看法,毕竟带有进步性,里面闪烁着一种辩证思想的光芒。

先秦思想

孟 子

孟轲（公元前372—前289年），邹人，孔子的三传弟子（孔子——曾子——子思——孟子）。他原是鲁国贵族孟孙氏的后代，不过在他以前好几代早已衰落下去了。他曾经游历齐、梁、宋、滕诸国，还给齐宣王当了一段客卿。但终于不得志。现存《孟子》一书，大概是他的弟子们就他平生的言论编纂起来的。孟子一向被认为是继承孔子学说的正统，至并称为"孔孟"。他对于孔子的学说在许多方面有所发挥，可是把孔子学说更加唯心主义化了。他在后来中国思想史上有极大的影响。

一、人性皆善

孟子是性善论的首倡者，可以说他的全部学说都是建立在这个基础上的。他认为人性皆善，主要的证据有如下几点：

（一）良知良能

他说："人之所不虑而知者，其良知也；所不学而能者，其良能也。孩提之童，无不知爱其亲也；及其长也，无不知敬其兄也。"人生下来就是具有良知良能，如小孩子不用学都会爱亲、敬长，可见善是人性中所固有的。

（二）平旦之气或夜气

他说："虽存乎人者，岂无仁义之心哉？其所以放弃其良心者，亦犹斧斤之于木也。旦旦而伐之，可以为美乎？是其日夜之所息，平旦之气，其好恶与人同者几希。则其旦昼之所为又牿亡之矣。牿之反复，则夜气不足以存。夜气不足以存，则其违禽兽不远矣。人见其禽兽也，以为未尝有良心者，是岂人之情也哉？"人都有良心，纵然白昼之间，作种种坏事把他戕丧，但是当清夜间，当五更鼓儿时候，摸摸心口，良心还会发现。这不又可以证明人性本善吗？

（三）突发的怵惕恻隐之心

他说："今人乍见孺子将入于井，则必有怵惕恻隐之心。非所以纳交于孺子之父母也，非要誉于乡党朋友也，非恶其声而然也。"突然看见小孩子要掉到井里，任何人都会不自觉地立刻惊惶起来，赶紧去救他。这里面一点私人打算也没有，既不是想和孩子的父母拉交情，又不是想得到乡党朋友间的夸奖，也不是怕落坏声名，完全是出于良心之自然。在这一瞬间，人性皆善，也分明是可以看出来的。

根据人性皆善的看法，自然推出"人皆可以为尧舜"的结论。这样，尊重"人"的价值，强调"人"的尊严，正是从孔子那里继承下来的优良传统。但是把"善"归到人性上，看成是先天的，而并非社会的历史的产物，这一方面是把那些封建道德神圣化，并且笼罩上一

先秦思想 41

层唯心主义的云雾，同时，凡是不合乎封建道德标准的，都可以加上个违反人性的罪名，而骂他们不是人。孟子明明说过："人之所以异于禽兽者几希，庶民去之，君子存之。"人和禽兽所差别的就那一点点，可是那一点点只有"君子"（贵族）保存着，而"庶民"（小百姓）却都失掉了。这不是分明说一般庶民都失掉人性，都算不得"人"，而无异于禽兽了吗？多么强烈的阶级偏见！

二、民为贵

尽管孟子有他的阶级偏见，但他还是能够替民众发出些呼声来。

他满怀悲悯地控诉出当时人民呻吟在虐政下的颠连无告。他主张与民同乐。他痛骂独夫、民贼、暴君、污吏。他竟然说出"民为贵"，而"君为轻"的话来。他把君臣关系看成相对的："君之视臣如手足，则臣视君如腹心；君之视臣如犬马，则臣视君如国人；君之视臣如土芥，则臣视君如寇仇。"臣竟然能把君当作仇敌看待，这还了得！有一次，邹君问他：当邹国和鲁国打仗的时候，邹国的官吏战死了几十个，而人民却没有跟着去战死的。要说杀他们吧，不胜其杀；要说不杀他们吧，这样仇恨官长，坐视不救，实在太不成话了。究竟该怎么办呢？孟子却这样回答："凶年饥岁，君之民，老弱转于沟壑，壮者散而之四方者，几千人矣；而君之仓廪实，府库充，有司莫以告，是上慢而残下也。曾子曰：'戒之！戒之！出乎尔者反乎尔者也。'夫民今而后得反之也。君无忧焉。"你平常虐待百姓，不管他们的死活，到紧急关头，他们自然要报复你。这就叫作"出乎尔者反乎尔"，照样回敬你一下，你何必怪罪他们呢。孟子在这里显然是替人民辩护。他所以这样说，只是想拿人民反抗来对君主吓唬一下，使他知道警惕，其根本目的仍是为着巩固君主和贵族们的统治。但即使是这样，他的眼睛也总算看到人民方面了。

孟子极重视得民心。他说："三代之得天下也，得其民也；得其民者，得其心也。得天下有道，得其民斯得天下矣；得其民有道，得其心斯得民矣；得其心有道，所欲与之聚之，所恶勿施焉而已。"如果暴虐百姓，必致身败名裂，永受唾骂。"暴其民甚，则身死国亡，不甚则身危国削，名之曰'幽、厉'，虽孝子慈孙，百世不能改也。"得天下，失天下，关键全在民心向背上，说得这样深切著明，无论如何，不能不说是很好的政治格言。

如上所述，孟子学说中很富有人民性，所以清末搞民主运动的往往拿他做旗帜，很起了些宣传鼓动的作用。但是如果真以为孟子主张民主政治，那就错误了。因为孟子只是反对暴君，而想望仁君，他并没有主张，也不可能主张，变君主为民主，从政治制度上加以改革。

这自然是受阶级的和历史条件的限制，从下面两节所讲就可以看出这里面的道理。

三、劳心与劳力

孟子有深刻的等级制度和剥削阶级的思想意识，这最明确地表现在他的一段有名的言论："有大人之事，有小人之事。且一人之身而百工之所为备，如必自为而后用之，是率天下而路也。故曰：或劳心，或劳力；劳心者治人，劳力者治于人；治于人者食人，治人者食于人，天下之通义也。"在另一章里，他还说："无君子莫治野人，无野人莫养君子。"他把社会上的人清清楚楚地分成两大类：一类是"大人"（君子），是"劳心者"，是统治者，是受人供养者；另一类是"小人"（野人），是"劳力者"，是被统治者，是供养人者。

他认为这是天经地义，是不可变的社会通则。"君子"治"野人"，"野人"养"君子"，等级制度万岁！剥削制度万岁！他并且很巧辩地把这说成是社会分工，"通功易事"。可不是吗？一个人生活所需要的东西是多种多样的。一忽去耕田，一忽去打铁……什么事情都要自己一个人去干，那怎么能行呢？所以必须各方面来分工。"或劳

先秦思想　43

心，或劳力"，从孟子看来，正合乎分工的道理，这是再自然、再合理不过的事情了。但是这算一种什么分工呢？正像古罗马的某一位学者那样：把社会比作人的机体，说人体有两手，可以执行任何工作；有胃，可以消化食物；同样，在社会上，应该有一部分人肩负各种劳动；应该有另一部分人，消费别人劳动的果实。这样的分工，和木匠、铁匠的分工能够相提并论吗？在铁匠和木匠之间，也有谁剥削谁，谁统治谁，谁贵谁贱的等级存在吗？所以孟子的社会分工论，虽然从历史发展上来看，未尝不包含某种进步意义，但是很明显，打上了他所代表的阶级的烙印，成为一种最典型的等级统治的剥削阶级的思想，长期地为后来封建统治阶级所利用。

四、所谓王道

孟子所想望的政治，并不是民主政治，而是"王政"——"王道"政治。"王道"和"霸道"是中国政治思想上正相对立、一直互相争辩着的两大思想派别，而首先明白提出这个王霸问题的就是孟子。孟子尊"王"而贱"霸"。他说：

> 以力假仁者霸，霸必有大国；以德行仁者王，王不待大，汤以七十里，文王以百里。以力服人者，非心服也，力不赡也；以德服人者，中心悦而诚服也。
>
> 霸者之民，驩虞如也；王者之民，皞皞如也。杀之而不怨，利之而不庸，民日迁善而不知为之者。夫君子所过者化，所存者神，上下与天地同流，岂曰小补之哉？

这就是说：王者尚德，霸者尚力；王者感化人，霸者劫制人；王者实行仁义，霸者假仁假义；王者过化存神，像天地造化一样，使人自然向善而不显其功，霸者功业赫然，而实不过苟且小补，姑救一时之弊。看他把"王道"说得多么美妙啊！但是归结起来，所谓王道政治也不过就是所谓德化政治。孔子早就主张"以政为德"。又说："道之以政，齐之以刑，民免而无耻；道之以德，齐之以礼，有耻且格。"孔子并没有说什么"王道"和"霸道"，但是他所崇尚的"德"和"礼"，正是孟子所谓王道；他所看不起的"政"和"刑"，正是孟子所谓霸道。孟子曾比较"政"和"教"的效用道：

> 仁言不如仁声之入人深也，善政不如善教之得民也。善政民畏之，善教民爱之；善政得民财，善教得民心。

根据孟子的看法，霸者所重在"政"，王者所重在"教"。重"教"而轻"政"，不是和孔子德礼政刑之论完全一致吗？大体说来，"王道"和"霸道"的对立就是"德治"和"法治"的对立。王道从人文主义出发，霸道从实利主义出发。王道的理论体系是"修身、齐家、治国、平天下"，道德和政治不分，伦理和法律不分，乃至家和国不分；霸道则把家和国、道德伦理和政治法律，截然分开，看君主个人德行的好不好无关于国家的治乱。尽管孟子把王道讲得天花乱坠，拿尧舜三代作为自己的乌托邦，但是实际上这只是一种理想化了的贵族政治。这种政治的社会背景，是自然经济，是宗法制度。

随着自然经济和宗法制度的日趋崩溃，这种政治主张也日甚一日地被认为迂阔、唱高调。关于这些道理，和下文讲法家（韩非）的地方综合来看就容易明白了。

荀　子

荀卿名况，赵人。生卒年岁未能确定。他一生的重要事迹大概都在公元前298—前238年之间。他曾经到过当时讲学最繁盛的地方——齐国的稷下。当齐襄王的时候，稷下学者如田骈、慎到等都已经死去，荀卿在那里成为岿然突出的大师。他在赵国见过赵孝成王，也到秦国见过秦昭王，都没有得志。最后到楚国春申君那里，做了个"兰陵令"。春申君被害后，他也被废，就留在兰陵，著书以终。荀卿向来和孟子并称，代表儒家的两大流派。他出现在战国晚期，批判并吸收了诸子百家的学说，所以其内容极为丰富，而又特别带有唯物主义的色彩。韩非、李斯都是他的弟子。

一、性恶论

孟子讲性善，荀子讲性恶，这是大家都知道的。《荀子》书中单有《性恶》一篇,一开头就说:"人之性恶也,其善者伪也。"这不是极明显地主张性恶吗?但是问题并不这样简单,还得把荀子关于人性学说的具体内容仔细加以分析。

首先看荀子说:"性者,本始材朴也;伪者,文理隆盛也。无性则伪之无所加,无伪则性不能自美。"(《礼论》篇)他拿"性"和"伪"对举而言。"伪"是荀子所用的一个特别名词,是"人为"的意思,而不是"虚伪"或"诈伪"的意思。他说"性"是"本始材朴",就是说"性"是一种原始材料。单是这种原始材料,不加以"人为"的力量,使它"文理隆盛",它固然不能"自美";但是离了它,那"伪"也无从"伪"起。照这样讲,"性"虽然不能说就是"善",却也是少不了的一种为"善"的原始材料,这能算得上"恶"吗?再看他说:"凡生乎天地之间者,有血气之属必有知,有知之属莫不爱其类。"(《礼论》篇)紧接着就极力形容鸟甚至小燕雀,怎样爱群恋故,似乎比孟子讲"乍见孺子将入于井"一段还写得更是娓娓动人。这哪里还象什么"性恶论",岂不简直成为了"性善论"了吗?

的确,荀子有些话简直和孟子没有什么分别。如他说:"涂(途)之人可以为禹。"(《性恶》篇)这和孟子所说"人皆可以为尧舜"不是一模一样吗?"人皆可以为禹"也罢,"人皆可以为尧舜"也罢,总之都承认人是具有可以做圣人的原始材料的。那么,又为什么一个讲性善,一个讲性恶呢?这里面有一个逻辑问题。孟子说:"乃若其情,则可以为善矣,乃所谓善也。"因为性"可以为善",所以就主张"性善"。荀子的说法恰好与此针锋相对。他说:"小人可以为君子,而不肯为君子;君子可以为小人,而不肯为小人。小人、君子者,未尝不可以相为也,然而不相为者,可以而不可使也。故涂之人可以为禹则然,涂之人能为禹,未必然也。"(《性恶》篇)"可以为尧舜""可以为禹",都只是"可以"而已;却不见得就成为尧舜,成为禹了。"可能"和"现实"中间有距离。

"可以而不可使也。"可以为善而不能使人必为善,也不能就算是善。这是荀子从逻辑上向孟子的"性善论"所放出的一支利箭。照这样推论，他尽可以和孟子有共同的语言，承认"人皆可以为尧舜"，承认"人皆有不忍人之心"……但是归结还是反对"性善论"。因为孟子说来说去只不过是说性"可以为善"，可是"可以为善"还不能说就是善呀。

但是，照这样推论，不仅否定了孟子的"性善论"，连荀子自己的"性恶论"也不能成立。因为既然说"可以为善"不能算就是"善"，那么，同样的，"可以为恶"也不能算就是"恶"。如果说孟子所谓"怵惕恻隐之心"不足以作为"性善论"的理由，那么如荀子所谓"饥而欲食，寒而欲暖，劳而欲息，好利而恶害，是人之所生而有也，是无待而然者也，是禹桀之所同也"（《非相》篇），也同样不足以作为"性恶论"的理由。像这一类"欲食""欲暖""欲息"……的自然要求，本来不可以善恶论，怎么能算是"恶"呢？这里面荀子似乎有些自相矛盾。但是，尽管如此，荀子不把"善"当作先天的，人性所固有的，而特别强调一个"伪"字，强调人为，这里面实具有强烈的唯物主义色彩。关于这一点，看下一节就更清楚了。

二、礼义法度的起源

和某些神秘主义者或者唯心主义者不同，荀子讲礼义法度的起源，既不假托神意，也不说是人性中所固有，而认为是经过古圣人的深思熟虑，权衡利害，给大家创造出来的。他说："今人之生也，方多蓄鸡狗猪彘，又蓄牛羊，然而食不敢有酒肉；余刀布，有囷窌，然而衣不敢有丝帛；约者有筐箧之藏，然而行不敢有舆马。是何也？非不欲也，长虑顾后而恐无以继之故也。……今夫偷生浅知之属，曾此而不知也。……况夫先王之道，仁义之统，诗书礼乐之分乎。彼固天下之大虑也，将为天下生民之属长虑顾后而保万世也。"（《荣辱》篇）

"长虑顾后",为长远利益打算,个人生活如此,治天下亦应当如此。照荀子讲,礼义法度都是古圣人为天下万世长远利益打算而制定出来的。

那么究竟礼义法度对于人有什么用处呢?对于这一点,荀子反复申明,讲得特别起劲。他说:"人生而有欲,欲而不得则不能无求,求而无度量分界则不能不争,争则乱,乱则穷。先王恶其乱也,故制礼义以分之,以养人之欲,给人之求,使欲必不穷乎物,物必不屈于欲,两者相持而长,是礼之所起也。"(《礼论》篇)又说:"夫贵为天子,富有天下,是人情之所同欲也。然则从人之欲,则势不能容,物不能赡也。故先王案为之制礼仪以分之,使有贵贱之等,长幼之差,知愚能不能之分,皆使人载其事而各得其宜,然后使谷禄多少厚薄称之,是夫群居和一之道也。"(《荣辱》篇)又说:"水火有气而无生,草木有生而无知,禽兽有知而无义。人有气、有生、有知,亦且有义,故最为天下贵也。力不若牛,走不若马,而牛马为用何也?曰:人能群,彼不能群也。人何以能群?曰:分。分何以能行?曰:以义。故义以分则和,和则一,一则多力,多力则强,强则胜物,故宫室可得而居也。……故人生不能无群,群而无分则争,争则乱,乱则离,离则弱,弱则不能胜物,故宫室不可得而居也,不可少顷舍礼义之谓也。"(《王制》篇)他抓住一个"群"字的大题目,认为"人生不能无群",而人之所以"能群",所以异于禽兽,就在乎有"礼义"。各个人的欲望是无穷的,如果没有"礼义",不按照"贵贱之等,长幼之差……"规定出"度量分界",使各得其宜,那就必然要"争",要"乱",不能维持人群,生活下去。"礼义"正是"群居和一之道",是生死治乱所关的大节目。荀子只就大利大害上明白分析,绝不谈玄说妙,很富有说服力。可是,很明显,他是站在贵族的立场上说话。他美化了礼义法度的作用,而掩盖了他的阶级性。儒家传统的等级制度观念在这里又以一种新的理论形式很强烈地表现出来。

先秦思想 49

三、法后王

孟子法先王，荀子法后王，也是一种很流行的说法。但是"法后王"的含义究竟怎么样呢？先看他说："人道莫不有辨，辨莫大于分，分莫大于礼，礼莫大于圣王。圣王有百，吾孰法焉？曰，文久而息，节族久而绝，守法数之有司极礼而褫。故曰，欲观圣王之迹，则于其粲然者矣，后王是也。彼后王者，天下之君也。……故曰，欲观千岁，则数今日；欲知亿万，则审一二；欲知上世，则审周道。"（《非相》篇）从古到今，许许多多"圣王"，究竟应该法哪个呢？

只能法那时代较近，我们知道得"粲然"明白的"后王"。因为任何事物，时间"久"了，就要失传。古先圣王的事迹年代太"久"，已经考究不清楚了。所以他更清楚地说："五帝之外无传人，非无贤人也，久故也；五帝之中无传政，非无善政也，久故也；禹汤有传政，而不若周之察也，非无善政也，久故也。"（《非相》篇）时代越近知道得越详细，时代越远知道得越模糊。好在"文武之道同伏戏"（《成相》篇）。前圣后圣，道实一贯。"欲知上世，则审周道"就可以了。"文武"就是荀子所具体指出来的"后王"。有"文武之道"明摆在眼前，又何必另外找什么"先王"，高谈渺茫难稽的羲、农、黄帝呢？当时"托古"的风气很盛，大家都在"法先王"，似乎越"先"越好。你搬出黄帝，我就搬出神农，一直"先"上去，看谁"先"过谁吧。在这种情况下，荀子提出"法后王"的主张，尊重当代，屏绝一切荒唐附会的"先王"神话，毫无疑问，这是有进步意义的。

但是如果因此认为荀子就具有历史进化思想，那也不见得。因为他根本认为古今一理，没有什么变化。他说"类不悖虽久同理"，所以明明指斥那些主张"古今异情，其所以治乱者异道"的人为"妄人"。（《非相》篇）这和后来韩非所主张的"世移则事异，事异则备变"，显然相反。他更明白地说："道不过三代，法不贰后王。道过三代谓之荡,法贰后王谓之不雅。衣服有制,宫室有度,人徒有数,丧祭械用皆有等宜。声则凡非雅声者举废,色则凡非旧文者举息,械用则凡非旧器者举毁。夫是之谓复古,是王者之制也。"(《王制》篇)一面"法后王",同时却大讲其"复古",口口声声"旧文""旧器",看来多么矛盾!其实荀子明明把"后王"和"三代"并举,有时候更具体地把"后王"指定为周文、武,这就荀子当时而言,也可以列入"先王"了。因此他可以说"至治之极复后王"(《成相》篇)。"复后王"也正是"复古"。可见"后王"只是"古先圣王"中的较"后"者,并不是指当代随便一个王而言。

不然的话,"后王"上面怎么能安上个"复"字?"法后王"和"复古"怎么能相提并论呢?由此可知,荀子的"法后王"和后来韩非、李斯等变法、贵今的思想还不能混淆在一起,至多可以说是走向他们的过渡,实质上还并没有脱离儒家则古昔、称先王的传统。

四、天道观

荀子学说中一个最精彩的地方就是他的天道观。他打破什么天人感应、灾异机祥的迷信,不承认有意志能给人祸福的天,而只承认自然现象、自然规律的天,只承认客观存在着,不随人意志而转移的天。

他说:"天行有常,不为尧存,不为桀亡。"(《天论》篇)天道运行,自有常度,不随人的好坏而改变。如日蚀、星陨之类,人们常认为是"灾异",是上天对于某些坏人坏事表示谴责的应照。荀子却认为这都是自然现象,无关于人事的治乱。他说:"星坠、木鸣,国人皆恐。曰,是何也?曰,无何也。是天地之变,阴阳之化,物之罕至者也。怪之可也,而畏之非也。夫日月之有蚀,风雨之不时,怪星之傥见,是无世而不常有之。上明而政平,则是虽并世起,无伤也;上

先秦思想　51

暗而政险，则是虽无一至者，无益也。夫星之坠，木之鸣，是天地之变，阴阳之化，物之罕至者也。怪之可也，而畏之非也。"（《天论》篇）有些不常见的自然现象，如"星坠、木鸣"之类，觉得很奇怪，倒也是人之常情，因为不常见嘛。至于"畏之"，那就不对了。

人世治乱那是人自己的事情，和这些自然现象的有无毫不相干，有什么可"畏"呢？人事自人事，天道自天道，一点神秘气味没有，这是一种很开明的唯物主义观点。又如荀子说："雩而雨何也？曰，无何也？犹不雩而雨也。日月食而救之，天旱而雩，卜筮然后决大事，非以为得求也，以文之也。故君子以为文，而百姓以为神。以为文则吉，以为神则凶也。"（《天论》篇）他一点也不迷信。"雩"是一种求雨的典礼。他明明知道，下雨不下雨不在乎求不求，求雨等于不求雨，明明知道，敲锣打鼓并救不了日月食，卜筮也并不能决大事。

然而天旱了，千千万万人命所关，不可没有一种焦急忧惶的表示；日月悬象著明，为大众所瞻仰，现在忽然被食了，不可没有一种惊慌的表示；国家有战争祭祀等"大事"了，占卜一下，亦所以表示郑重。

这都是人道所当然，人心所不容己，都是应有之"文"，应有之"礼"。"君子以为文，百姓以为神。"小百姓迷信，他们这班有文化的"君子"们并不迷信。这是儒家的人文主义，可是在这里面也分明包含着浓厚的无神论思想。

荀子不仅能打破传统的迷信，同时还批判地吸收了道家自然主义的天道观而加以根本的改造。他有一段最特出的话："大天而思之，孰与物蓄而裁（今本作制，依王念孙改）之；从天而颂之，孰与制天命而用之；望时而待之，孰与应时而使之；因物而多之，孰与骋能而化之。"（《天论》篇）这段话好像正是针对着道家自然主义的天道观而发。试看老庄，岂不正是"大天而思之"，正是"从天而颂之"，正是"望时而待之"，正是"因物而多之"？他们完全是服从自然，崇拜自然，成为自然的奴隶。所以荀子曾经批评，"庄子蔽于天而不知人"，这是很中肯的。荀子就不是这样。他根据儒家人文主义的精神，特别强调人为，从道家自然主义天道观的基础上更进一步，提出一种很健康的新天道观。他不是在悬想"自然"的伟大（大天而思之），而是要把"自然"作为自己的所有物而加以裁成，使适合自己的需要（物畜而裁之）；不是在歌颂"自然"的神妙（从天而颂之），而是要掌握"自然"的规律而加以利用（制天命而用之）；不是在等待"自然"给予好时机（望时而待之），而是要适应所有时机而善于使用（应时而使之）；不是在坐享"自然"所赐予的现成丰富的物资（因物而多之），而是要发挥人的能力，使其更加繁衍变化（骋能而化之）。这完全是以人力利用自然，驾驭自然，征服自然，是一种很积极的唯物主义的世界观，和老庄的气象迥然不同。从这里也更可见出老庄所代表的是没落阶级的思想；而荀子这位新儒家，的确和韩非、李斯一流人物有些脉络相通了。

惠施、公孙龙

惠施（约公元前370—前310年）曾经做过魏国的宰相，和庄子辩论过。公孙龙（约公元前320—前250年）曾做过平原君的门客，和孔穿辩论过。这两位学者是名家的代表人物。现存有《公孙龙子》一书。《庄子·天下》篇也有关于他们的思想资料。

一、诡辩主义的两大类型

战国时代的"名家"学说，和希腊的"智者"相似，都是所谓"诡辩派"。在这些学者中，一派以惠施为代表，讲"合同异"，是一种相对主义的学说，一派以公孙龙为代表，讲"离坚白"，是一种绝对主义的学说。这可以说是诡辩主义的两大类型，可以把他们各色各样的诡辩说法都概括在这里面。现在我们分别讲述一下：

(一) 惠施的相对主义

惠施主张"合同异",说是"万物毕同毕异"。从同的一方面看,可以说万物都是相同的;从异的一方面看,也可以说万物都是相异的。这样,同和异就没有什么分别,都没有一定,都是相对的。把这种相对主义贯彻下去,他可以主张"天与地卑,山与泽平",天和地、山和泽的高下是相对的;可以主张"龟长于蛇","白狗黑",长短、黑白都是相对的;可以主张"天下之中央"在"燕之北,越之南",主张"今日适越而昔至",今天往越国去而昨天到了,南与北,今与昔,也都是相对的。他说:"日方中方睨,物方生方死。"太阳正在当中,也就是正在斜着;物正在生着,也就是正在死着。他看什么都是变动不居,没有一定的。

惠施这一派的诡辩学者,看到事物性质的相对方面,看到事物处在不断变化中,事物间的差别只是暂时的,因此,在他们的学说中反映了某些客观辩证法的因素。但是,他们把事物的相对的一方面片面地夸大,从而否定了事物本身的固定性,否认了事物间的质的差别和事物间的矛盾对立,抹杀了具体事物的特点。应该知道,事物虽有相对性,但是在特定的条件下,特定的限度内,每一事物都有它一定的稳定性、一定的特点以与其他事物区别。如南与北虽是相对的,但在燕与越之间,越只能是南,而燕只能是北;今与昔虽是相对的,但拿今日与昨日来讲,今日只能是今而昨日只能是昔。这些地方是固定不变的。惠施这班学者把一切都相对化,同也是异,异也是同;黑也是白,白也是黑;长短、高下……都漫无差别,没有一定,尽可以说是什么就算什么,这是一种极端相对主义的诡辩学说。

(二) 公孙龙的绝对主义

公孙龙主张"离坚白",认为石头的坚度、白色的石头本身是三回事彼此分离不相连属的。他从以下两点得出了这样一个奇怪的结

先秦思想 55

论：首先，他认为石头的"坚白"属性是和人的主观感觉联系在一起的。他的论证是，眼只能看见石头的颜色，手只能感触石头的硬度；但眼看不见硬度，所以坚性对视觉说是不存在的；手摸不出白色，所以白色对触觉说是不存在的。根据这种观点，他认为只有"坚"性、"白"性和一般的"石"，并没有坚而又白的具体石头，坚、白、石是彼此分离的。他形而上学地割裂了人的认识作用的统一性，从而否认了物质属性的客观实在性，从主观唯心主义观点提出了"离坚白"的诡辩。其次，他还认为坚白两种属性是脱离石体独立自存的东西。他的论证是：具有"坚白"性质的东西并不限于石头，所以"坚白"是脱离石头独立存在的。他甚至宣称"坚白"也是脱离一切物体能独立自存的东西。他割裂了物质的属性和物体本身的联系，实际上肯定属性是脱离物质而存在的实体，又从客观唯心主义观点提出了"离坚白"的诡辩。

公孙龙还有一个著名的诡辩，就是"白马非马"。他认为"马"的概念表示马的形体，"白"的概念表示马的颜色，"白马"包含着"马"和"白"两种因素，因此不能跟"马"等同起来。他还认为，当人们要"马"的时候，各种颜色的"马"都可以满足要求，但当人们要"白马"的时候，其他颜色的马就不能满足要求了，所以"白马"不是"马"。

在这种学说中，公孙龙看到"马"和"白马"两种名词的用法是有区别的。在内涵上"白马"比"马"多，在外延上"马"包括各种类型的马。因此"马"和"白马"不能混同起来。他看到"个别"和"一般"的差别，这在中国逻辑史上是一个重要贡献。但他夸大了这种区别，形而上学地把"一般"和"个别"割裂开来，否认了二者之间对立而又统一的辩证关系，从而认为实际的白马与马也没有联系。

从这种形而上学的观点出发，他终于肯定一般的马是脱离具体特殊的白马独立存在的。这与列宁所说"一般只能在个别中存在"的真理显然正相敌对。（以上所讲"坚白论"和"白马论"大部分系摘录北大哲学系所编的《中国哲学史讲授提纲》的原文，特此声明。）

公孙龙是专从概念上分析问题的。"白"是一个概念，"马"是一个概念，"白马"又是一个概念。除下白马、黄马、黑马……还有一个"一般"的马。除下白马之白、白雪之白、白玉之白……还有一个"一般"的白。从具体的"白马"上，分析一个抽象的"马"的概念，还分析出一个抽象的"白"的概念。而所谓"白马"者，其名之所指，既非"马"，又非"白"，亦只能自成其为"白马"。"白"与"马"各自独立，"白马"与"马"亦各自独立。在公孙龙眼里，只看见一个一个不相连属的抽象概念而已。惠施把什么都混同起来，公孙龙却把什么都割裂开。前者看什么都可以互相转化，没有一定，是相对主义的典型；后者看什么都是各自独立，不相连属，是绝对主义的典型。他们恰好各走到一个极端。

二、名家学说的市民性

名家学说是市民思想的反映，是从商业都市中孕育出来的。我们可以从三方面来谈这个问题：

（一）从名家的产生地来看

我们知道名家最重要的代表人物惠施和公孙龙，一个是魏人，一个是赵人。传说中的名家首创者邓析又是春秋时代的郑人，而郑就是后来韩国的都城。这样说来，三晋实为名家的产生地。这是很有意义的。司马迁说"三晋多权变之士"，这虽是指公孙衍、张仪一流纵横家而言，但名家的产生和这些"权变之士"实需要同样的社会条件。什么社会条件呢？就是商业发展，都市繁荣，有见闻广博、头脑复杂的大批市民。《吕氏春秋·上农》篇有一段话："民舍本而事末则好智，好智则多诈，多诈则巧法令，以是为非，以非为是。"这段话除开它里面所含重本轻末即重农轻商的意味我们不管外，倒可以用来说明纵

先秦思想　57

横家的起源,而尤其是可用来说明名家的起源。这两家虽然一则向"诈"的方面发展(纵横家),一则向"巧法令"的方面发展(名家),但其"好智"同,其"以是为非,以非为是"同。他们都是以"舍本而事末"的市民为基础,以三晋为其大本营。这实在不是偶然的。

就拿名家最初的策源地郑国来说,当春秋时代,那就是商业最发展的地方。试看《左传》上所载许多郑国商人的故事,如弦高犒师啦,子产拒绝韩宣子向商人去索玉环,郑商人谋出晋智䓨于楚啦,都足见郑国商人特别活跃。在这样一个商业中心地,人们的头脑不会像农民那样单纯,自然很容易出现一些新鲜事物。名家的诡辩,是当时一种新学说,正是"好智""巧法令""以是为非,以非为是"的结晶品。像邓析这样的人,教民争讼,简直把郑国的执政者搞得没有办法,真不愧为"好智""巧法令""以是为非,以非为是"的代表人物。名家托始于他,实在是有道理的。战国时代,商业更发达了。大梁、邯郸都是当时极为繁盛的商业都会,恰好成为惠施、公孙龙一班名家人物活动的地盘。除三晋外,还有擅东海鱼盐之利的齐国,自春秋以来,一向开风气之先,为各种新鲜事物的产生地。战国中叶,齐国的稷下成为全中国学术最灿烂的地方。其中名家人物如田巴之流是不少的。

(二)从名家学说的抽象性和破坏性来看

对于事物的属性或概念作抽象的分析,这是名家学说的一个特征。最显著的如上文所讲公孙龙"白马非马"的学说,完全是在抽象的概念里绕圈子。公孙龙并且单有一篇讲"指物",认为"物莫非指"。什么是"指"?就是每一个名词所指的概念。"物莫非指"者,也就是说每一个名词是一个概念。譬如说"马"是一个概念,"白"是一个概念,"白马"也是一个概念。这不仅公孙龙,一般说来,名家都是重视这个"概念"、重视这个"名词"的,所以荀子批评他们道:"惠子蔽于辞而不知实。"(《解蔽》篇)司马谈也批评他们道:"名家苛察缴绕，使人不得反其意，专决于名而失人情。"(《史记·太史公自序》)他们都是攻击名家专在名词上诡辩而不合于实情。他们重在"物"，名家重在"指"。他们重在认识具体的事物，名家重在分析抽象的概念。

我以为这种抽象性的学说，是都市的产物，是市民思想的反映。

在农村中，在自然经济条件下，一尺布只是一尺布，一斗米只是一斗米，映射在人们眼中的全是这些具体的个别的事物，所以抽象的思想是不容易发生的。但是在都市中，在商品经济条件下，情形就不同了。在市场上，货币起着重要的作用，货币把一切商品都抽象化了。

一尺布不是一尺布，一斗米也不是一斗米，它们间性质的差异完全失掉而都由若干数量的货币来代表。因此，从市民中间就很容易孕育出抽象性的学说。在先秦诸子中，名家正是市民思想的代表，所以他们特别长于抽象的分析。各家学说在这一方面很受他们的影响。

名家学说的另一个特征是它对于传统的思想信仰的破坏性。不管"合同异"也好，"离坚白"也好，乃至什么"鸡三足""卵有毛""白狗黑""犬可以为羊"……总而言之，"以是为非，以非为是"，一反大家向来的说法。这对于传统的思想信仰显然具有极大的破坏性。在这里，什么传统的是非善恶的标准都被他们一脚踢开了。

所以荀子批评他们"不法先王，不是礼义，而好治怪说，玩琦辞。"(《非十二子》篇)他们管什么"先王"，什么"礼义"呢。好"怪"，好"琦"，也可以说是新兴的市民思想反对旧思想传统的反映。

(三) 从名家的社会政治思想来看

名家不单是玩弄诡辩，也不单是破坏传统的思想信仰，他们还自有一套社会政治思想。虽然他们关于这方面的言论大都失传，但是从他们仅传的几段逸事中，亦可以略窥他们主张的大概，兹简述如下：

一曰泛爱。《庄子·天下》篇述惠施所讲的十事，其最后的一条即："泛爱万物，天地一体也。"这自然是很明显主张"泛爱"。就连

先秦思想

公孙龙的白马非马论也和这种思想有关系。当公孙龙和孔穿辩论这个问题的时候，曾经举出一个故事道：楚王出去打猎，把弓失掉了，楚王不让去找，说是楚人失弓，楚人得之，何必找呢。孔子听说了，就批评道：楚王很仁义，但是还不彻底。只需说"人"丢了弓，还是"人"得到它就对了，何必加上个"楚"字？照这样说，孔子既然可以把"楚人"和"人"区别开，为什么我就不可以把"白马"和"马"区别开呢？原来公孙龙"异白马于所谓马"，等于"异楚人于所谓人"。单讲"白马非马"，你只感觉到它的名学上的意味，可是一推论下去，说是爱"楚人"不算爱"人"，这就牵涉到伦理道德方面，显然其中也包含了一种泛爱思想。

二曰偃兵。"偃兵"就是停止战争的意思，是一种反战或"非攻"的思想。由"泛爱"而主张"偃兵"，也是很自然的。《吕氏春秋》里面有公孙龙讲偃兵的两段故事，一是游说燕昭王，一是游说赵惠文王，可见公孙龙是到处作反战运动的。惠施为着避免战争而不惜牺牲自己"去尊"的主张，可见他对于反战运动也很热心。

三曰去尊。惠施有一种"去尊"的学说，很可注意。《吕氏春秋·爱类》篇载："匡章谓惠子曰：公子学去尊，今又王齐王，何其倒也？"下边是惠施回答的话，大概是说"王齐王"可以避免战争，救民之死，所以就牺牲了自己"去尊"的学说。这和名家"泛爱""偃兵"的主张显然很有关系。至于"去尊"是怎样讲法，这一学说的内容是什么，这里并没有解释。但据匡章的话看来，既然"去尊"，就不应该"王齐王"，不应该尊齐王为王，"去尊"和"王齐王"互相冲突，那么，也许"去尊"就是不要尊奉谁为"王"，就是不要"王"的意思。倘若真是这样，那就格外值得重视了。

四曰制法。名家并不单是"诡辞以乱法"，他们自己也还要制法。如为名家所托始的邓析，就是一方面"巧法令"，钻郑国现行法的空子，把他们搞乱得没办法，同时，他自己却另制一套法，后来也被郑国采用了，虽然他自身被杀。据《吕氏春秋》记载，惠施也曾给魏国制过法。法成了，叫人民看，叫惠王看，叫翟翦看，都说好。但是翟蒉认为好是好,却是不可用。为什么呢?他说:譬如举大木的,大家前呼后应,唱着哟嗬哟嗬的调子,这个调子对于举大木是很好的。难道说没有更好听的"郑卫之音"吗?可是"郑卫之音"对于举大木的并不如哟嗬哟嗬这个调子合适。照这看起来,惠施所制的法一定是很漂亮,很动人,所以谁看见都说好。但是从翟蒉批评他好而不可用这一点来看,也许他制的法,在当时可能行不通,有一点"唱高调"的意味。虽然是一种新法,然而和当时法家如商鞅一班人所制定的新法恐怕又有些不同吧。

五曰正名。这并不是儒家正名分的意思,而是所谓"名以正形,形以正名",是一种综核名实的主张。在《公孙龙子》里面,明说是"疾名实之乱,……欲推是辩以正名实而化天下焉";"古之明王,审其名实,慎其所谓"。可知名家以"正名实"为一种政治手段。但是名家的正名实和法家又自不同。法家注重的是循名以责实,而名家却是要因实以制名。上述的引文里,一则曰"欲推是辩",再则曰"慎其所谓",可知名家功夫全用在辨析名词上。辨析名词的实际用处在厘定法令。如邓析、惠施都曾以巧于辨析名词而制成漂亮的新法典。

假使这些法典能够保存下来的话,我们从那里面也许可以看见名家正在政治上应用的许多琦辞妙义,也许还有些"非常异义可怪之论"吧。

从以上所述,可知名家的社会政治思想有许多地方可以和墨家相通。但是我们必须注意,名家和墨家有根本不能混同的地方:其一,名家没有墨家那样会党式的组织;其二,名家没有墨家那样刑徒般的生活;其三,两家虽都有浓厚的名学兴趣,但是名家是违反常识的,如离坚白,合同异;墨家是合于常识的,如合坚白,离同异,彼此恰恰相反;其四,名家自有来源,他们托始于邓析,并没有奉墨翟为始祖,所以庄子、荀子都把惠施和墨子分别论述,没有把他们列成一家。大概名家很带些商人气息,可以说代表着市民中的上层;墨家和手工业者都有关系,可以说代表着市民中的下层。他们虽然都反映些市民思想,但是又各自具有显著的特色。

韩　非

韩非（约公元前280—前233年）是韩国的一个公子，曾师事荀卿，和李斯为同学。秦始皇看见他的著作，大为赞赏。后来他出使于秦，却被害了。他是"法家"的一位重要代表人物，综合了他以前法家的各种学说，并且从荀卿和老子的学说中吸取些东西。他的遗著《韩非子》，是现存法家著述比较完整的一部。

一、法、术、势

战国时代实际政治上的趋势，是从贵族政治过渡到君主集权政治，也就是从氏族贵族的统治过渡到新兴地主的统治。法家学说正反映了这种趋势，也可以说，是适应这种趋势而产生出来的。在韩非以前，早就有商鞅讲"法"，申不害讲"术"，慎到讲"势"，都是法家的重要代表人物。到了韩非，更把这些学说一炉而冶，可以说集法家之大成。我们现在就以韩非为代表，把"法""术""势"的大旨谈一谈：

(一) 法

什么是"法"？韩非说："法者，编著之图籍，设之于官府，而布之于百姓者也。"(《难三》)又说："法者，宪命著于官府，刑罚必于民心，赏存乎慎法，而罚加乎奸令者也。"(《定法》)制为一定的条文，由官府向人民公布出去，使大家明白知晓，一体遵守，顺令者赏，犯禁者罚，这就叫作"法"。我们知道，直到春秋晚期，郑子产铸刑书，才有向人民公开的法律。在这以前，只有所谓"礼"，并无所谓"法"。那班氏族贵族们只是依照着古老的传统和流行的风俗习惯作些临时规定来进行统治，并没有成文法典公布出来，作为大家共同遵守的客观标准。到法家如商鞅这般人物出来，不论亲疏贵贱一裁于法，这可以说是一种革命性的政治变革。韩非是主张"法治"，主张以"法"为治的，任"法"而不任"人"，所以说："使法择人，不自举也；使法量功，不自度也。"(《有度》)

有什么都通过"法"去做，个人聪明才智放在一边。这可以说是依"法"办事，靠"制度"办事。如果没有一套"法"、一套"制度"，而单凭个人的聪明才智，这就要如所说："释法术而任心治，尧不能正一国。去规矩而妄意度，奚仲不能成一轮。"(《用人》)

离开规矩准绳而专凭个人心灵手巧，那能济得什么事。"法"就是规矩准绳，就是一切言论行事的客观标准。所以韩非教人"不游意于法之外，不为惠于法之内，动无非法"(《有度》)。只许依"法"办事，多一点少一点都不行，这是唯一的、至上的。因而一切言论行事有不合于"法"者在所必禁。他说："明主之国，无书简之文，以法为教；无先王之语，以吏为师。"(《五蠹》)"明主之国，令者，言最贵者也；法者，事最适者也。言无二贵，法不两适。故言行而不轨于法令者必禁。"(《问辩》)这是连学术思想也要用"法"统一起来，后来李斯"别黑白而定一尊"，正是这一主张的实现。

先秦思想

(二) 术

什么是"术"？韩非说："术者藏之于胸中，以偶众端，而潜御群臣者也。"(《有度》)"术"是人君驾驭群臣的手段，须要藏在心中，暗自运用。"法"是公开的，而"术"却是秘密的。所以说："法莫如显，而术不欲见。"(《有度》)单有"法"而无"术"，那就会被奸人所欺骗，所利用。在《韩非子》中，有"七术""六微"……之说，如《内外储说》诸篇所述，备极险刻。

总而言之，都是些阴谋权术、防奸的手段，这里也不必多讲了。

(三) 势

韩非兼重"法""术"，而其"法""术"所以能行，又全仗一种威势，或者说权力。他说："夫马之所以能任重引车致远道者，以筋力也。万乘之主，千乘之君，所以制天下而征诸侯者，以其威势也。威势者，人主之筋力也。"(《人主》)又说："桀为天子，能制天下，非贤也，势重也。尧为匹夫，不能正三家，非不肖也，位卑也。"(《功名》)人君处在有"威势"的地位，那种"威势"就是他的"筋力"，就是他统治人民的一种力量。他毫不客气地把政治认为一种统治权力，打破了儒家政治与道德混在一起的那种家长式的政治思想。他执赏罚"二柄"，用"威势"以推行其"法"。

而所谓"术"者，亦不外善用其"势"，使其"法"推行有效的种种手段而已。

总之，韩非主张加重君主的权力、"威势"，以"术"御群臣，使全国人一切言论行事都准乎"法"——这正是当时新兴地主所需要，适合于当时政治上新趋势的君主集权下的法治主义。

二、反德化论

法家所主张的是法治、术治、势治，和儒家所讲那一套唯心主义的家长式的礼治、德治正相对立，所以韩非昌言攻击儒家的德化论。

儒家编造出许多古圣人的德化故事，如讲什么帝舜亲自到历山去耕田以感化农民，到河滨去打鱼以感化渔民，到东夷去做陶器以感化陶匠，辛辛苦苦，到处以德化民，看来是多么仁爱呵！韩非根本不信这些故事，揭穿了它的虚伪性。并且认为即使真像故事所说，今年到这里去感化几个人，明年到那里去感化几个人，天下这么大，人这么多，一个舜怎么会感化过来？这未免太笨了。要照韩非的办法，很干脆，那就是："赏罚使天下必行之。令曰，'中程者赏，不中程者诛'。令朝至暮变，暮至朝变，十日而海内毕矣。"（《难一》）看"法治"多么容易见效，又何必"劳而少功"地去搞什么"德化"呢？他根本不像德化论者那样，要求人人都变成"士君子"，自觉自愿地都趋向于"善"，而只是想用法术威势制服住人，使不为恶不作乱就够了。所以他说：

> 夫圣人之治国，不恃人之为吾善也，而用其不得为非也。恃人之为吾善也，境内不什数；用人不得为非，一国可使齐。为治者用众而舍寡，故不务德而务法。夫必恃自直之箭，百世无矢，恃自圆之木，千世无轮矣。自直之箭，自圆之木，百世无有一，然而世皆乘车射禽者，何也？隐栝之道用也。虽有不恃隐栝，而有自直之箭，自圆之木，良工弗贵也。何则？乘者非一人，射者非一发也。虽不恃赏罚，而有恃自善之民，明主弗贵也。何则？国法不可失，而所治非一人也。（《显学》）

他的政治目标有明确的限度，就是只使民"不得为非"。"自善之民"，也就是说自然合乎统治者要求的人，和"自直之箭""自圆之木"一样，总是极少数极个别的。"人人有士君子之行"，这是儒家的空想。绝大多数人是非加以矫正约束，非加以"隐栝"是不会合乎规格的。所以他"不务德而务法"。德化之说非不美，但是不如法治的"论卑易行"有实效。韩非对那些用仁义治国者极力嘲笑着：

> 夫婴儿相与戏也，以尘为饭，以涂为羹，以木为胾，然至日晚必归饷者，尘饭涂羹可以为戏而不可食也。夫称上古之传颂辩而不悫，道先王仁义而不能正国者，此亦可以为戏而不可以为治也。（《外储说左上》）

他把"仁义"看作"尘饭涂羹"，没有一点实际用处，只能随便玩一玩，作一种点缀，却不可用以治国。他不讲什么"仁政"，明显地反对均产，反对布施，而主张自由竞争。他说：

> 语治者多曰："与贫穷地，以实无资。"今夫与人相若也，无丰年旁入之利，而独以完给者，非力则俭也。与人相若也，无饥馑疾疚祸罪之殃，独以贫穷者，非侈则惰也。侈而惰者贫，而力而俭者富。
> 今上征敛于富人，以布施于贫家，是夺力俭而与侈惰也。而欲索民之疾作而节用，不可得也。（《显学》）

这是明白站在新兴地主的立场上说话，明白为他们自主兼并土地作辩护。照他的说法，地主都是由勤俭致富，而贫穷都是由于侈惰，活该。他不管什么顺民心不顺民心。他说：

> 今不知治者，必曰得民之心。欲得民之心而可以为治，则是伊尹、管仲无所用也，将听民而已矣。民智之不可用，犹婴儿之心也。
> ……昔禹决江浚河而民聚瓦石，子产开亩树桑而人谤

訾。禹利天下，子产存郑，皆以受谤，夫民智之不足用亦明矣。(《显学》)

他把民众都看成傻孩子，什么也不懂，根本不要听他们。这和商鞅所谓"愚民可与乐成，难与图始"，所谓"智者作法，愚者治焉；贤者制礼，不肖者拘焉"一类的话，最足表现法家独裁专制的本色。

他们都是独断独行，悍然不顾，一意进取，对于德化论者那些好听话他们都一脚踢开。韩非根本把人性看得极坏。儒家像孟子，主张性善，其主张德化自不必说。就连荀子，号称为性恶论者，但是他仍以为"涂之人可以为禹"，可以"化性而起伪"，并没有说人根本就不会好，所以他也仍然主张德化。韩非却不然了。他才是真正极端的性恶论者，把人都看得像鬼蜮一般，只知势利，纯是机诈，什么道德仁义，都不过仅有此说吧。他看君臣之间都是斗心眼儿。"上下一日百战"。甚至父母妻子都不可信，"人主之疾死者不能得半"，大概都被他的亲近者害死了。他说得真是骇人听闻。像这样世界还使用上"德化"了吗？本来周末是中国社会大变动的时代，积古相传的道德礼教到此时都成废物，失掉了约束人心的作用。韩非是新兴统治阶级的代言者，其反对过时的"德化"空论那是很自然的。

三、功用主义

韩非是实事求是的，有唯物主义者的色彩。他听言观行总要看有没有"功用"。他说："夫言行者，以功用为之的彀者也。"(《问辩》) 言行必须以"功用"为标准，正像射箭必须有一定的箭靶子一样。如果"无的放矢"，不管射到哪里，那么随便谁都可以算是善射者了。他还打个比方：

> 人皆寐则盲者不知，皆嘿则喑者不知。觉而使之视，问

而使之对，则盲喑者穷矣。(《六反》)

不经实际考验，谁都可以鬼混，一考验，那些没真正本领的人就露底了。所以"明主听其言必责其用，观其行必求其功"(《六反》)。任何好名义，倘若经不起实际的考验，没有实际的"功用"，他绝不信那一套。他极力攻击当时那种"所用非所养，所养非所用"的不合理现象，反对一切"微妙之言"。他说：

> 今境内之民皆言治，藏管商之法者家有之，而国愈贫。言耕者众，执耒者寡也。境内皆言兵，藏孙吴之书者家有之，而兵愈弱。
>
> 言战者多，被甲者少也。故明主用其力不听其言，赏其功必禁无用。(《五蠹》)
>
> 今世主察无用之辩，尊远功之行，索国之富强，不可得也。博习辩智如孔、墨，孔、墨不耕耨，则国何得焉。修孝寡欲如曾、史，曾、史不攻战，则国何利焉。(《八说》)

极严格地拿"功用"甄别一切言行，一切虚文粉饰之习。他只知道富国强兵，一心一意，专务耕战。凡是和耕战无直接关系，无当于富国强兵之用者，一概不取。因此一切"微妙之言"，乃至"管商之法""孙吴之书"，以及"慈惠""贞信""修孝寡欲"，都在摈弃之列。这种极端严格的功用主义正是当时新兴地主阶级思想的反映。

四、历史思想

法家颇有一点历史进化观念，不像儒家的复古守旧。如商鞅说过："前世不同教，何古之法？帝王不相复，何礼之循？……当时而立法，因事而制礼。礼法以时而定，制令各顺其宜。……治世不一道,便国不法古。"(《商君书·更法》篇)这是法家的变法哲学,和儒家古今一理的见解显然不同,在韩非书中,这种思想发挥得格外透彻。如:

> 今有构木钻燧于夏后之世者,必为鲧禹笑矣。有决渎于殷周之世者,必为汤武笑矣。然则今有美尧舜禹汤文武之道于当今之世者,必为新圣笑矣。是以圣人不期循古,不法常可,论世之事,因为之备。(《五蠹》)

他居然提出个"新圣"来,把尧舜禹汤文武这许多古代圣王都加以否定,这种说法实在是尖锐,大胆。所谓"论世之事,因为之备",所谓"事因于世,而备适于事",所谓"世移则事异,事异则备变",显然见得历史是变动不居的,和商鞅所说正是同样意思,他并且把历史分明划出三个时代:

> 上古竞于道德,中世逐于智谋,当今争于气力。(《五蠹》)

这样讲三个时代的特征——道德、智谋、气力——比《商君书》中所谓"上世亲亲而爱私,中世上贤而说仁,下世贵贵而尊官"(《开塞》)更为明确。一时代有一时代的需要,一时代有一时代的事业。

还有最值得注意的,就是韩非不仅讲历史演变,并且还讲到历史演变的动力。为什么古代是那样,现在是这样?为什么历史要演变呢?在这里韩非提出一种"人口史观"。他说:

> 古者,丈夫不耕,草木之实足食也;妇人不织,禽兽之皮足衣也。不事力而养足,人民少而财有余,故民不争。是以厚赏不行,重罚不用,而民自治。今人有五子不为多,子又有五子,大父未死而有二十五孙。是以人民众而货财寡,事力劳而供养薄,故民争。虽信赏累罚而不免于乱。……

先秦思想　69

是以古之易财非仁也，财多也；今之争夺非鄙也，财寡也。轻辞天子非高也，势薄也；重争土橐非下也，权重也。（《五蠹》）

照韩非的看法，古今的差异，根本上说来，不过是一个地广人稀，一个是人稠地窄。人口总是日渐加多，土地总是日渐嫌少，生活总是日渐困难。因此"上古竞于道德，中世逐于智谋，当今争于气力"，遂成为历史演变必然的趋势了。这种历史观，从现在看来，当然是荒谬的，但是反映了当时社会发展的某些情况。他明明说"仁义宜于古不宜于今"。何以故？古时人少，现在人多故。他明明替"今之争夺"辩护，说是"非鄙"。其辩护的理由归结到人口问题上。根据这种理由，对外不妨侵略，对内可以自由兼并，于是乎有所谓"耕战"政策。这些地方最能表现法家的新兴地主阶级的色彩。

第二章

秦汉经学

胡适

胡适 （1891—1962）
北京大学研究所哲学门主任、文学院院长、校长

原名嗣穈，后改为适、适之，安徽绩溪人。他著述丰富，在文学、哲学、史学、考据学、教育学、伦理学、红学等诸领域都有较深研究并开风气之先。1917年发表新文学运动的第一篇文章《文学改良刍议》，是五四新文化运动的重要代表人物。著作收入《胡适文存》《胡适文集》等。

汉初道家

汉兴时，儒生如叔孙通之流颇得信用。儒家重"辨上下，定民志"，故叔孙通所定朝仪使汉高祖叹赏道："吾乃今日知为皇帝之贵也！"那时的儒生眼见叔孙通"得君行道"，都以为"叔孙生圣人，知当世务！"叔孙通不但制定朝仪，还制定了汉朝的"宗庙仪法"及"汉诸仪法"，在儒家发达史上，要算第一个大功臣，理该配享孔子。

但是那时的儒生，在政治上虽占势力，在思想界却比不上"道家"。汉初的功臣如张良的"学道，欲轻举"，"愿弃人间事从赤松子游"，又造出"圯下受书"，"谷城黄石"等等邪说，便隐隐地种下了汉代的"道士的宗教"。同时的曹参尊重"治黄老言"的胶西盖公，实行"贵清静而民自定"的治道。文帝实行薄葬短丧，也不是一个儒教信徒。文帝的窦皇后，最好"黄帝老子言"，故"景帝及诸窦不得不读老子尊其术"（《汉书·外戚传》上）。景帝、武帝时，淮南王安招致方术之士，著书二十一篇，为道家最完备的书，又有"中篇八卷，言神仙黄白之术"（《汉书·本传》）。当时的学者如司马谈之流，极崇拜道家，以为兼有诸家的长处。所以我们可说汉初的一百年（高帝至武帝），是道家发达的时代。

汉武帝建元元年，卫绾奏"所举贤良或治申商、韩非、苏秦、张仪之言，乱国政，请皆罢"。诏可。五年，置五经博士。后来董仲舒对策，"以为诸不在六艺之科、孔子之术者，皆绝其道，勿使并进"。武帝竟实行"罢黜百家，表章六经"。（此事不知在何年。）从此儒学成为"国教"了！但无论何种学说，无论何种宗教，一到了"一尊"的地位，便是死期已到，更无进化的希望。所以罗马的君士但丁大帝认天主教为国教，而基督教死；汉武帝认儒术为国教，而儒学死。况且当时汉武帝名为尊重儒术，其实他年年求神仙、任方士、祠五畤，想天赐祥瑞；所行所为，全是当日的方士迷信。所以那时的儒者如董仲舒一流人，也不能跳出这种方士的迷信。于是有阴阳五行、灾异图纬的儒学。所以汉代自武帝到东汉初年的一百多年，是"道士的儒学"时代。

这种"道士的儒学"在东汉时，并不曾消灭。后来道家的道士派，和道士派的儒家互相帮助，互相影响，到了汉末，遂发生张道陵的道教。但是东汉思想界，却出了几个人物，极力攻击"道士派"的道家和"道士派"的儒家。这班人物的第一个先锋，是王充。王充的《论衡》抱定"疾虚妄"的宗旨，建立一种"评判的哲学"。这种"评判精神"的精神，起于王充，张衡继起，也攻击图谶的虚妄。汉末的"人伦""月旦"的风气，也只是这种"评判精神"的表示。后来评判的风气，变成了政治的评判，遂造成十八年的党锢大祸。献帝建安年间，思想家如孔融、祢衡、仲长统诸人，一方面代表这种评判的精神，一方面遂开魏晋人自由旷达的风气。所以汉代思想的第三时期，自王充到仲长统，可以叫作"评判的时代"，这是汉代思想变迁的大势。

汉代哲学的第一时代是道家全盛时代。如今须说"道家"之名作何意义。古代本没有什么"道家"。道是一个"达名"，所包极广。《庄子·天下篇》所举老聃、关尹、墨翟、慎到、庄周等等，都称"道术"。道即是路，即是方法。故老子、孔子、墨子……所要得的，都只是"道"。但其间却有个分别，老子的道，完全是天道，是自然之理。孔子、荀子、孟子的道偏重人道，是人事之理。墨子所说，以"天志"为本，是有意志的天道。后来这个"达名"的道，渐渐的范围狭小下来，单指老子一派的自然之理。《庄子》《韩非子》所说的道，都属于此派。"达名"竟变成"类名"了。到了后来，"道家"一名竟成"私名"，起初单指那一派以天道（自然）作根本的哲学，后来汉末道教发生，道家竟成了道士的名称。自从道教称"道家"以后，那一派自然哲学便改称"老氏"或混称"老庄"，不叫作"道家"了。

汉代的道家，乃是专指那自然派的哲学。当秦汉之际，儒墨之争虽已消灭，儒法之争却甚激烈。那时的焚书大祸，便是儒法之争的结果。秦时法家战胜，儒家大失败。到了汉初，如上章所说，儒生又战胜了。这个时代，只有那与人无忤、与世无争的自然派哲学，不曾受政治上的影响。这一派的哲学，当秦汉之际，不但没有消灭，还能吸收各家的长处，融会贯通，渐渐的变成一个集大成的学派。

依我看来，汉初一百年的道家哲学竟可以算得是中国古代哲学的一个大结束。古代的学派，除了墨家一支之外，所有精华，都被道家吸收进去，所以能成一个集大成的学派。这是汉代道家的特色。如今且引司马谈《论六家要指》的话，作我这段议论的证据。他说：

> 夫阴阳、儒、墨、名、法、道德，此务为治者也，直所从言之异路，有省有不省耳。（此下论各家得失）……道家使人精神专一、动合无形，赡足万物，其为术也，因阴阳之大顺，采儒墨之善，撮名法之要。与时推移，应物变化，立俗施事，无所不宜。指约而易操，事少而功多。……（此下分论各家得失）道家无为，又曰，无不为，其实易行，其辞难知。其术以虚无为本，以因循为用。无成势，无常形，故能究万物之情。不为物先，不为物后，故能为万物主。有法无法，因时为业。有度无度，因物与合。故曰："圣人不朽，

秦汉经学

时变是守。"

> 虚者,道之常也。因者,君之纲也。群臣并至,使各自明也。其实中其声者谓之端,实不中其声者谓之窾(音款,空也)。窾言不听,奸乃不生,贤不肖自分,白黑乃形。在所欲用耳,何事不成。乃合大道,混混冥冥,光耀天下,复反无名。凡人所生者神也,所托者,形也。神大用则竭,形大劳则敝,形神离则死。……不先定其神,而曰我有以治天下,何由哉?(《史记》卷一三○)

看他说道家"因阴阳之大顺,采儒墨之善,撮名法之要",便是说道家是一个集大成的学派。

读者须知"集大成"三个字,不过是"折衷派"的别名。看得起他,就说是"集大成";看不起他,就说是"折衷派"。汉代道家属于折衷派,自不可讳。但这一派却真能融合各家的好处,真能把各家的学说格外发挥得明白晓畅。所以我觉得他颇当得起"集大成"的称号。

汉代的道家哲学,最完备的莫如《淮南子》一部书。故下章用这书代表道家的哲学。

淮 南 子

淮南王刘安，为高祖少子淮南厉王长的儿子。孝文六年，厉王谋反被废，不食而死。孝文八年，封长四子为列侯，时年"七八岁"。（据《汉书·四十四》）十六年，徙封为淮南王。至武帝元狩二年，淮南王谋反，被诛。是年为西历纪元前一二一年。（安生时约在前一八〇年）"淮南王为人，好书、鼓琴，不喜弋猎狗马驰骋，亦欲行阴德，拊循百姓，流名誉，招致宾客方术之士数千人，作为《内书》二十一篇，《外书》甚众，又有《中篇》八卷，言神仙黄白之术，亦二十余万言"（《汉书·四十四》）。今所传只有《内书》二十一篇，名为《鸿烈》。据高诱序说，淮南王"与苏飞、李尚、左吴、田申、雷被、毛被、伍被、晋昌等八人，及诸儒大山、小山之流，共讲论道德，总统仁义，而著此书。……号曰《鸿烈》。鸿，大也。烈，明也。以为大明道之言也。"淮南王谋反被杀时，汉吏尽"捕王宾客在国中者，……上下公卿治，所连引与淮南王谋反之列侯二千石，豪杰数千人，皆以罪轻重受诛"（《汉书·四十四》）。此次大狱，杀了许多学者，如上文所举的伍被、左吴等皆在其内（《汉书·四十五》）。这是

秦汉经学　77

道家哲学中衰的一个原因。那时汉武帝本在提倡儒学，罢黜百家，如今道家变成了反叛的学派，自然更容易沉沦消灭了。这是道家中衰的第二个原因。从此汉代的哲学，便完全成了"道士的儒学"时代。

《韩非子》内有《解老》《喻老》两篇，文笔与《五蠹》《显学》诸篇不类，绝不是韩非所作，大概是秦汉时的道家所作。（章太炎极推崇这两篇，以为"说《老子》者宜据韩非为大辅"。但太炎亦知韩非他篇亦多言术由其所习不纯。不知此正足证此两篇本非韩非之书。韩非生平最痛恨"微妙之言，上知之论"，他岂肯费功夫去替《老子》作大传呢？）《解老篇》说：

> 道者，万物之所然也，万理之所稽也。理者，成物之文也。道者，万物之所以成也。故曰，道理之者也。物有理不可以相薄。物有理不可以相薄，故理之为物之制。万物各异理，而道尽稽万物之理。故不得不化。不得不化，故无常操。无常操，是以死生气禀焉，万智斟酌焉，万事废兴焉。……凡道之情，不制不形，柔弱随时，与理相应。万物得之以死，得之以生；万物得之以败，得之以成。

这一段论"道"，是道家哲学的根本。"道"即是天地万物自然之理。《淮南子》论道，与此相同。《原道训》说：

> 夫道者，覆天载地，廓四方，柝八极；高不可际，深不可测；包裹天地，禀授无形；……故植之而塞于天地，横之而弥于四海，施之无穷而无所朝夕；舒之幎于六合，卷之不盈于一握；……横四维而含阴阳，纮宇宙而章三光；甚淖而滒，甚纤而微；山以之高，渊以之深，兽以之走，鸟以之飞，日月以之明，星历以之行。

这段论"道"一为万物"所以成"的原因,二为无所不在。(看《庄子·知北游篇》"东郭子问"一节)这就是天道,就是自然,属于宇宙论。

但"道"还有一个意思。《人间训》说:

> 居知所为,行知所之,事知所秉,动知所由,谓之道。道者,置之前而不轻,错之后而不轩,内之寻常而不塞,布之天下而不窕。

这个道是道术,是方法,一切知识论、名学、人生观、政治哲学,都属于这个道。

道就是自然。这是从老子以来的道家所公认的。《淮南子》说自然,发挥得更尽致。《俶真训》说:

> 有"始"者,有未始有"有始"者,有未始有夫"未始有有始"者;有"有"者,有"无"者,有未始有"有无"者,有未始有夫"未始有有无"者。

最初的时代是"未始有夫未始有有无"的时代,那时

> 天地未剖,阴阳未判,四时未分,万物未生;汪然平静,寂然清澄,莫见其形。

第二时代是"未始有夫未始有有始"的时期,那时

> 天含和而未降;地怀气而未扬,虚无寂漠,萧条霄霁,无有仿佛;气遂而大通冥冥者也。

秦汉经学　79

第三个时代是"未始有有无"的时代,那时

> 包裹天地,陶冶万物,大通混冥;深闳广大,不可为外;析豪剖芒,不可为内;无环堵之宇而生有无之根。

第四个时代是"未始有有始"的时代,那时

> 天气始下,地气始上,阴阳错合,相与优游,竞畅于宇宙之间;被德含和,缤纷茏苁,欲与物接而未成兆朕。

第五个时代是"有始"的时代,那时

> 繁愤未发,萌兆牙櫱,未有形埒垠堮;无无蠕蠕,将欲生兴而未成物类。

第六个时代是"有有"的时代,那时

> 物掺落,根茎枝叶,青葱苓茏,雚扈炫煌;蠉飞、蠕动、跂行、喙息;可切循把握而有数量(雚扈旧作萑蔰,今依王念孙校改)。

这是万物发生的时代,同时又是"有无"时代。因为万"有"虽然发生了,但若无"无",还不能有生长变化的作用。那"无"便是"有"的作用。"无"的性质是:

> 视之不见其形,听之不闻其声,扪之不可得也,望之不可极也;储与扈冶(高注:褒大意也),浩浩瀚瀚,不可隐仪揆度而通光耀者。

以上说天地万物初起,都由于自然。循序变化,无有主宰。"有有"以后,万物自然变迁,自然进化也,无有主宰。《原道训》说:

夫萍树根于水,木树根于土;鸟排虚而飞,兽蹍实而走,蛟龙水居,虎豹山处,天地之性也。两木相摩而然,金火相守而流,员者常转,窾者主浮,自然之势也。是故春风至,则甘雨降,生育万物,羽者妪伏,毛者孕育,草木荣华,鸟兽卵胎。莫见其为者而功既成矣。秋风下霜,倒生挫伤,鹰雕搏鸷,昆虫蛰藏,草木注根,鱼鳖凑渊。莫见其为者灭而无形。木处榛巢,水居窟穴,禽兽有芄(高注,蓐也。旧作芄,今依王念孙校改),人民有室;陆处宜牛马,舟行宜多水;匈奴出秽裘,于越生葛绵:各生所急以备燥湿,各因所处以御寒暑。并得其宜,物便其所。由此观之,万物固以自然,圣人又何事焉!

这一段末节所说,很合近人所说"适者生存"的道理。万物的处境不同,若不能适合于所处境地的种种天行地利,便不能生存。所以不得不"各生所急以备燥湿,各因所处以御寒暑"。能如此适合处境,能如此"并得其宜,物便其所",方才可以生存。《修务训》说:

夫天之所覆,地之所载,包于六合之内,托于宇宙之间,阴阳之所生,血气之精,含牙戴角,前爪后距,奋翼攫肆,蚑行蛲动之虫,喜而合、怒而斗,见利而就,避害而去,其情一也。虽其所好恶与人无以异,然其爪牙虽利,筋骨虽强,不免制于人者,知不能相通,才力不能相一也。各有其自然之势,无禀受于外,故力竭功沮。夫雁顺风而飞,以爱气力;衔芦而翔,以备矰弋。螳知为垤,貛貉为曲穴,虎豹有茂草,野彘有茭莦,樏梠,垜虚连比,以像宫室,阴

秦汉经学　81

以防雨,景(王引之云,景当作晏。)以蔽日。此亦鸟兽之所以知,求合于其所利。(所以知疑当作以所知)

这一段说物竞天择适者生存的道理,更为明白。共分三层说。第一,各种生物都有"见利而就,避害而去"的天性。这种天性,近世生物学者称为"自卫的天性"。第二,各种生物,虽同有自卫的天性,却有种极不相同的自卫的能力。这种能力,限于天成,若不能随外境变化,便不能应付外境的困难,便不能自卫。("无禀受于外",当作"若外境之势力不能发生相当之变化"解。)第三,生物都能随外境而发生形体机能上之变化,以"求合于其所利",以自谋生存。一切生物进化,都由于此。

《淮南子》因深信"万物固以自然",故主张无为。《原道训》说:

是故圣人内修其本而不外饰其末,保其精神,偃其智故;漠然无为而无不为也,澹然无治而无不治也。所谓无为者,不先物为也;所谓无不为者,因物之所为也。所谓无治者,不易自然也;所谓无不治者,因物之相然也。

道家下"无为"的界说,以此为最明白。所说"不先物为""不易自然",只是一个"因"字。《原道训》说:

九疑之南,陆事寡而水事众,于是人民被发文身,以像鳞虫,短绻不绔以便涉游,短袂攘卷(高注,卷,卷臂也。)以便刺舟:因之也。雁门之北,狄不谷食,贱长贵壮,俗尚气力,人不弛弓,马不解勒,便之也。

这就是"因物之所为","因之物相然"。
《淮南子》论"无为"注重一个"因"字,已如上文所说。他又恐怕人误会无为的真义，把无为解作完全消极的意思。所以他又有《修务》一篇，反覆申明"无为"是积极的主张。这是《淮南子》的特色。《修务训》说：

> 或曰："无为者，寂然无声，漠然不动，引之不来，推之不往；如此者，乃得道之像。"吾以为不然。尝试问之矣。若夫神农、尧、舜、禹、汤，可谓圣人乎？……以五圣观之，则莫得无为明矣。……（以下历论五圣之功业）……此五圣者，天下之盛主，劳形尽虑，为民兴利除害而不懈。……且夫圣人者，不耻身之贱而愧道之不行，不忧命之短而忧百姓之穷。……圣人之忧民如此其明也，而称以"无为"，岂不悖哉？（看原文）

以上论消极的无为是不可有的。以下更论无为的积极意义：

> 夫地势水东流，人必事焉，然后水潦得谷行；禾稼春生，人必加功焉，故五谷得遂长。听其自流，待其自生，则鲧、禹之功不立而后稷之智不用。
>
> 若吾所谓无为者，私志不得入公道，嗜欲不得枉正术；循理而举事，因资而立功，推自然之势而曲，故不得容者。（旧脱功字，推作权，王念孙依《文子·自然篇》校补功字，改权为推。）事成而身弗伐，功立而名弗有，非谓其感而不应攻而不动者。
>
> 若夫以火熯井，以淮灌山，此用己（己即上文所谓私志）而背自然，故谓之有为。若夫水之用舟，沙之用鸠，泥之用輴，山之用蔂，夏渎而冬陂，因高为山（山旧作田，依王校改），因下为池，此非吾所谓"为之"。

秦汉经学　83

这不但是《淮南子》的特色,正是"无为"与佛家的"寂灭"的根本不同之处。

荀子批评庄子的哲学说道:"庄子蔽于天而不知人,由天谓之,道尽因矣。"道家的流弊在于信天太过,以为人事全无可以为力之处,势必造成一种听天安命,"靠天吃饭"的恶劣心理。《淮南子》似乎能斟酌庄子、荀子两家的长处,造成一种天人互助的哲学,上文所引的"地势水东流,人必事焉,然后水潦得谷行;禾稼春生,人必加功焉,故五谷得遂长",便是这个道理。《原道训》说:

> 所谓天者,纯粹朴素,质直皓白,未始有与杂糅者也。所谓人者,偶䁢智故,(䁢字今字书无义。此字疑与丛脞之脞音义略同,䁢字今从肉,非也。偶䁢即上文杂糅之意。)曲巧伪诈,所以俯仰于世人,而与俗交者也。故牛歧蹄而戴角,马被髦而全足者,天也。络马之口,穿牛之鼻者,人也。(《庄子·秋水篇》,牛马四足,是谓天。落马首,穿牛鼻,是谓人。)

《淮南子》虽然把天与人分得这样明白,但他却并不完全任天不任人。老子任天太过,要废去一切人为的制度,以归于无名之朴,所以说"绝圣弃智","绝学无忧"。庄子任天太过,故说"庸讵知吾所谓天之非人乎?所谓人之非天乎?"《淮南子》虽极崇拜自然,同时却又极注重人事。故《修务训》说:

> 世俗废衰而非学者多。人性各有所修短,若鱼之跃,若鹊之驳,此自然者,不可损益。
> 吾以为不然。夫鱼者跃,鹊者驳也,犹人马之为人马,筋骨形体,所受于天不可变。以此论之,则不类矣。夫马之为草驹之时,跳跃扬蹄,翘尾而走,人不能制;龁咋足以噆

肌碎骨，蹶蹄足以破卢陷匈。及至围人扰之，良御教之，掩以衡扼，连以辔衔，则虽历险超堑，弗敢辞。故其形之为马，马不可化；其可驾御，教之所为也。马，聋虫也，而可以通气志（而疑当作不），犹待教而成，又况人乎？

这就是荀子所说的"化性起伪"。这就是《淮南子》的教育学说。《修务训》又说：

今夫盲者不能别昼夜、分白黑。然而搏琴抚弦，参弹复徽，攫掾拂，手若蔑蒙，不失一弦。使未尝鼓瑟者，虽有离朱之明，攫掇之捷，犹不能屈伸其指。何则？服习积贯之所致。故弓待檠而后能调，剑待砥而后能利。……木直中绳，揉以为轮，其曲中规。騠栝之力，唐碧坚忍之类，犹可刻镂以成器用，又况心意乎？

"木直中绳"三句直抄《荀子·劝学篇》。老、庄的天道论，如今竟和荀子、韩非的人事论合为一家。这又是"折衷派"的一种特色了。

庄子说一切生物"无动而不变，无时而不移"。所以说"是亦一无穷，非亦一无穷"。这种观念，认定天下无一成不变的是非，本是极重要的学说。可惜庄子因此便生出一种消极的是非观念，以为是非既然都无穷尽，我们何必又去斤斤的争是非呢？所以他说："与其誉尧而非桀，不如两忘而化其道。"这就错了。人类社会的进步，全靠那些斤斤争是非的维新家。若是人人都"不遣是非"，绝没有人为的改良进步。所以到了后来，韩非一方面承认历史进化论，一方面却主张人为的变法。所以韩非说，"世异则事异，事异则备变"；又说，"圣人不期修古；不法常可；论世之事，因为之备"。《淮南子》论是非，也是折衷于庄子和韩非两派。《齐俗训》说：

> 天下是非无所定，世各是其所是而非其所非。所谓是与非各异，皆自是而非人。由此观之，事有合于己者，而未始有是也；有忤于心者，而未始有非也。故求是者，非求道理也，求合于己者也。去非者，非批邪施也，去忤于心者也。忤于我，未必不合于人也。合于我，未必不非于俗也。

这种完全主观的是非论，比庄子还要更激烈些，和希腊哲学家Protagoras所说"人是万物的准则：有便是有，无便是无，都以人为准则"极相像。（看《西洋哲学大纲》三篇第二章）《齐俗训》举了几条例来证明是非全由于"观点"的不同。一例是《老子》的"治大国若烹小鲜"或以为宜宽，或以为宜严。二例是师旷以琴撞晋平公，平公不罪师旷；孔子以平公为是，韩非以为非。三例是亲母为儿子"治疡秃而血流至耳"，人皆以为爱儿子；若是继母，人便以为恨儿子了。四例是"从城上视牛如羊，视羊如豕"。五例是"窥面于盘水则员，于杯则隋"。以上各例都只是由于"所从观者异也"。（看原书）

不但是观点不同故是非之见不同，时势不同，是非也不同。《齐俗训》说：

> 当舜之时，有苗不服，于是舜修政偃兵，执干戚而舞之。当禹之时，天下大雨，禹令民聚土积薪，择邱陵而处之。武王伐纣，载尸而行，海内未定，故为三年之丧（原文有误，今依王念孙校改正）。禹遭洪水之患，陂塘之事，故朝死而暮葬。此皆圣人之所以应时耦变，见形而施宜者也。今之修干戚而笑镢插，知三年而非一日，是从牛非马，以征笑羽也。以此应化，无以异于弹一弦而会《棘下》（高注，乐名。）夫以一世之变，欲以耦化应时，譬犹冬被葛而夏被裘。夫一仪不可以百发，一衣不可以出岁。仪必应乎高下，衣必适乎寒暑。是故世异则事变，时移则俗易。故圣人论世

而立法，随时而举事。

这不是合庄子、韩非于一炉吗？

道家常说"因"，往往作"仍旧"解，所以有守旧的流弊。《淮南子》虽属道家却极力主张变法改良。所以有道家的好处，而没有道家的短处。上文所引一节的末两句，竟是全用韩非的话。《淮南子》中有好几处反覆申明这个变法革新的道理。如《泛论训》说：

> 先王之制，不宜则废之；末世之事，善则著之。是故礼乐未始有常也。故圣人制礼乐而不制于礼乐。……苟利于民，不必法古；苟周于事，不必循旧。……故圣人法与时变，礼与俗化；衣服器械，各便其用；法度制令，各因其宜。故变古未可非，而循俗未足多也。

这和庄子的"不谴是非，以与世俗处"，绝不相同了。两家所以不同之故，都由于两家的进化论有根本的不同。庄子蔽于天而不知人，故他说生物进化都是被动的适合，如"鹄不日浴而白，乌不日黔而黑"之类。所以他主张要人随顺天然，"正而待之"。《淮南子》说生物进化都由于"以所知求合于其所利"，这个"求合"的"求"字，便是自动的适合。（自动与被动的适合说，详九篇第一章之末。）《泛论训》说：

> 故民迫其难则求其便，困其患则造其备，人各以其所知去其所害，就其所利。

这是完全自动的适合。故说：

> 法度者，所以论民俗而节缓急也。器械者，因时变而

秦汉经学　87

> 制宜适也。故圣人作法而万物制焉，贤者立礼而不肖者拘焉。……夫殷变夏，周变殷，春秋变周，三代之礼不同，何古之从？……知法治所由生，则应时而变。不知法治之源，虽循古终乱。今世之法籍与时变，礼义与俗易。为学者循先袭业，据籍守旧教，以为非此不治。是犹持方枘而周员凿也。欲得宜适致固焉，则难矣。

这种进化的精神，是《淮南子》的特别长处。学者往往把《淮南子》看作老、庄的一流，知其同而不知其大异，故我特别为他详细表章出来，要人知道这书是"集大成"的，不单是一种"折衷派"。

《淮南子》的知识论，也很有价值。《原道训》说：

> 人生而静，天之性也。感而后动，性之害也。物至而神应，知之动也。知与物接而好憎生焉。好憎成形而知诱于外，不能反己，而天理灭矣。（《礼记·乐记》作"人生而静，天之性也。感于物而动，性之欲也。物至而知知，然后好恶形焉。好恶无节于内，知诱于外，不能反躬，天理灭矣"。）

这是当时儒家学说的影响。荀子论心也主张"虚一而静"。上文所引《原道训》一节，大概是当时公认的知识论。"物至而神应，……知与物接而好憎生焉"，不但合儒家的学说，并且与墨家所说，也无冲突。这一段的前面，有一段道：

> 夫镜水之与形接也，不设智故，而方圆曲直弗能逃也。

这与荀子所说"人心譬如槃水，正错而勿动，则湛浊在下，而清明在上，则足以见须眉而察理"，同一道理。因为外物变化纷繁，头绪千万，若人心不能镇静，必被外物拖来扯去，绝不能作一身的主宰，也绝不能应付百物的纷烦。儒家的正心，佛家的禅定，后世学者的主静主敬，都只是这个道理。

凡是主静，并不把主静作最后目的。因为那些学者以为心不静不能应物，故要主静。主静，只是应变的预备。《齐俗训》说："若转化而与世竞走，譬犹逃雨也，无之而不濡。"此说不纯静的害处，又说：

> 故通于道者，如车轴不运于己，而与毂致千里，转无穷之原也。不通于道者，若迷惑，告以东西南北，所居聆聆，一曲而辟，忽然不得，复迷惑也。

荀子论心的应用，用"权"作譬喻，说"人无动而不与权俱"。《淮南子》也用"权"作譬喻。《泛论训》说：

> 是故圣人论事之曲直，与之屈伸偃仰；无常仪表，时屈时伸。卑弱柔如蒲苇，非摄（通慑）夺也。刚强猛毅，志厉青云，非夸（旧作本，今从王读。）矜也，以乘时应变也。夫君臣之接，屈膝卑拜，以相尊礼也。至其迫于患也，则举足蹴其体，天下莫能非也。……孝子之事亲，和颜卑体，奉带运履。至其溺也，则捽其发而拯之。非敢骄侮，以救其死也。……此权之所设也。……故忤而后合者，谓之知权；合而后忤者，谓之不知权。

这是说心的应用，全在能"知权"。上文说生物进化全靠能"以所知求合于其所利"；全靠能"迫其难则求其便，困其患则造其备。""困其患，迫其难"，便是"忤"境。遇着"忤"境，要能应付得适宜。这就是"忤而后合"。不能"忤而后合"，便是不知权，便是废物，便是腐儒。

秦汉经学　89

以上说《淮南子》的哲学完了。据我看来，《淮南子》的哲学，不但是道家最好的代表，竟是中国古代哲学的一个大结束。《淮南子》的自叙说：

> 若刘氏之书，观天地之象，通古今之事，权事而立制，度形而施宜；……玄眇之中，精摇靡览；弃其畛挈，斟其淑静；以统天下，理万物，应变化，通殊类；非循一迹之路，守一隅之指。拘系牵连之物而不与世推移也。(《要略》)

这是自认这书是一部"集大成"的书。这一家哲学兼收各家的长处，修正各家的短处，真可算是周秦诸子以后第一家最有精彩的哲学。其中所说无为的真义，进化的道理，变法的精神，都极有价值。只可惜淮南王被诛之后，他手下的学者却遭杀戮。这种极有价值的哲学，遂成了叛徒哲学派，倒让那个"天不变道亦不变"的董仲舒做了哲学的正宗。思想学术到了"天不变道亦不变"的时代，再也不会有进步了？

董 仲 舒

董仲舒，广川人。少年时治《春秋》学，在汉景帝时为博士。武帝即位，仲舒以贤良对策，说"天人相与之际"，能使武帝动听，遂册问他三次，对毕，武帝叫他去做江都王的相。后来废为中大夫。那时辽东的高庙，长陵的高园殿，都被火烧了。仲舒在家推说这两次火灾，以为天意烧去"其不当立者"；因说，"在外而不正，虽贵如高庙，犹灾燔之，况诸侯乎？在内而不正者，虽贵如高园殿，犹燔灾之，况大臣乎？"那时有人把这篇说奏上去，武帝召诸儒讨论，仲舒的弟子吕步舒不知道这是他先生的书，说是"大愚"。于是武帝把仲舒下在狱里；已定死罪，武帝诏赦之。仲舒本来最喜谈灾异，有求雨止雨的方法；如今吃了谈灾异的苦，从此不敢谈灾异了！后来仲舒起为胶西王的相，不久告病回家，死时享高寿。（《汉书·五十六》，参考二十七上。《五行志》。）

董仲舒的书现存的，除《汉书》本传所记三策外，有《春秋繁露》八十二篇。这书性质杂乱，像是经后人补凑过的，不见得是他的原书。

秦汉经学　91

董仲舒在中国文明史上要算一个重要人物。他对策时，请武帝兴太学，重儒术，推明孔氏，罢黜百家，令州郡举茂才孝廉；后来这些主张都见实行，遂使儒术真成一尊的国教。他一方面推崇儒术，一方面讲阴阳灾异之学，遂使儒术变成"道士派的儒家"。

我讲孔子的哲学，最注重《易经》和《春秋》，以为这两部书是孔子哲学的根本所在。《春秋》的传授，不大可考。《史记》和《汉书》都说汉初治《春秋》的人，"于齐鲁（《汉书》无鲁字）自（《汉书》作则）胡母生，于赵自（《汉书》作则。）董仲舒"。《汉书·儒林传》又说"初《书》唯有欧阳，《礼》后，《易》杨，《春秋》公羊而已"。我虽不愿加入古文今文的纷争，但我老实说：从哲学史上看来，《春秋》当以《公羊传》为正宗，《谷梁传》还可供参证，《左传》只可当文学书看，没有哲学史料的价值了。胡母生当景帝时年已老了。他的影响不很大。《史记》说，"汉兴至于五世之间，唯董仲舒为明于《春秋》，其传公羊氏也"。太史公《自序》极推崇董生；董生的势力能压倒一个主张《谷梁传》的公孙丞相，能使《公羊传》独列于学官，可见他的学说影响真不小。细看董生的学说，所有得力受病之处，都在《春秋》。

我常说一部《春秋》是孔门的应用名学。孔子的名学只在一个正名主义；一部《春秋》只是这个正名主义的应用。董仲舒的名学也只是一个正名主义。《春秋繁露》（以下省称《繁露》）说："治天下之端在审辨大，辨大之端，在深察名号。"

"辨"是分别。"大"就是名学上说的"全称"，也叫作"共相"（Universal）。他说治天下的起点在于能晓得辨别大小；辨别大小的起点在于深察名号。他接着说：

> 名者，大理之首章也。录其首章之意，以窥其中之事，则是非可知，逆顺自著。其几通于天地矣。

"大理"是"大之理"。大小的分别最先表现于名字上。今且用原篇中的例：

> 享鬼神者，号一，曰"祭"。祭之教名：春曰祠，夏曰礿，秋曰尝，冬曰烝。

号是大的类名，名是一部分之名。"祭"是类名，大于祠、礿、尝、烝四名。故可说"礿，祭也"；不可说"祭，礿也"。正如人可说"孔子，人也"；不可说"人，孔子也"。所以说大小的分别最先表现即在于名字。认定名所表示的大小分别，用来观察所名之事，即可辨别是非，即可知道逆顺。故接着说：

> 是非之正，取之逆顺；逆顺之正，取之名号；名号之正，取之天地。天地为名号之大义也。

如上文举的例，"礿，祭也"，是"顺"的，即是"是"的。"祭，礿也"，是"逆"的，即是"非"的。从前的儒家虽主张正名，却还有些人知道"名"的原起不过是一种人造的符号。所以荀卿那样注重正名，也不能不承认"名无固宜，约定俗成谓之宜"。董仲舒去古已远，不懂得"名"有心理的和社会的原起，所以竟说"名号之正，取之天地"。这竟把一切名号看作天造地设的，看作天经地义了。他接着说：

> 古之圣人，謞而效天地，谓之号。鸣而施命，谓之名。名之为言鸣与命也。号之为言謞而效也。謞而效天地者为号，鸣而命者为名。名号异声而同本，皆鸣号而达天意者也。天不言，使人发其意。弗为，使人行其中。名则圣人所发天意，不可不深观也。

这一段说名号的原起。謞、效、号及鸣、命、名，古音大概相同。故董仲舒可以附会声音通假的条例，说名号都有神秘的起原；并不是思想的符号，乃是"圣人所发天意"。下文论名号的区别：

> 名众于号，号其大全名也者，名其分别离散也。号凡而略，名详而目。目者，遍辨其事也。凡者，独举其大也。……猎禽兽者号鼱一，曰田。田之散名：春苗、夏狝、秋蒐、冬狩。无有不皆中天意者。……是故事各顺于名，名各顺于天。天人之际，合而为一，同而通理，动而相益，顺而相受，谓之德道。（以上所引皆见《深察名号篇》）

如此说来，名号竟是沟通"天人之际"的线索。深察名号，可以得圣人所发天意；顺了天意，便可使"天人之际，合而为一"。欧洲中古时代的哲学家说"名先于实"（universalia sunt realia ante res）的道理，有一派人以为未有"实"时，上帝心中先有了实的法相意象，故说"名先于实"。董仲舒论名号与这一派正相同。

但董仲舒论名，有时又近于"名在于实"一派。如下文所引：

> 名生于真，非其真，弗以为名。名者，圣人之所以真物也。（《深察名号篇》）
>
> 名者，性之实。实者，性之质。（《实性篇》）

又如：

> 春秋辨物之理，以正其名。名物如其真，不失秋毫之末。（《深察名号篇》）

大概董仲舒论名，以为一物有一物的"真"性。这种真性即含在那物的"名"里。物的"真"性，生于自然，故又说名是表示"天意"的。（古音天真音相近，真读如填、滇。故真属天然而伪训人为。)

因为名是表示物之"真",天之意的,故深察名号,可以得知物理天意;得知物理天意,便可以审是非,定曲直。故说:

> 名之为言真也。故凡百讥有黮黮者,各反其真,则黮黮者还昭昭耳。欲审曲直,莫如引绳,欲审是非,莫如引名之。于是非也,犹绳之于曲直也。诘其名实,观其离合,则是非之情不可以相谰矣。(《深察名号篇》)

这是孔子的正名主义的正式解说。孔子的"政者正也",儒家的"仁者人也","义者宜也","乐者,乐也",都只是用这个方法。独有董仲舒把这种名学说得明白清楚。他说:

> 深察王号之大意,其中有五科:皇科、方科、匡科、黄科、往科,合此五科以一言谓之"王"。……是故王意不普大而"皇则道不能正直而'方';道不能正直而方,则德不能'匡'运周遍;德不能匡运周遍,则美不能'黄';美不能黄,则四方不能'往';四方不能往,则不全于'王'。……深察'君'号之大意,其中亦有五科:元科、原科、权科、温科、群科,合此五科以一言,谓之'君'。"……(同上)

这两个例,都是用声音相近的字来说明字义,有时他也从形体一方面着想。如《王道通篇》说:

> 古之造文者,三画而连其中,谓之王。三画者天地与人也。而连其中者,通其道也。

许慎《说文解字》即引这话说"王"字。可见董仲舒一派的正名

秦汉经学

论无论如何荒诞，在当时颇能引起学者对于文字训诂上的兴趣。

无论他是从声音假借下手，还是从形体构造下手，总而言之，董仲舒的正名论只是教人深察名号，要从名号里面寻出所名的事物的真意义；寻出了这个真意义，然后拿这真意义去审定那事物的是非得失。这是公羊、谷梁两家《春秋》学的根本学说，这是孔门正名主义最明白的解说。

董仲舒的《春秋》学，最得力于正名主义。故说：

> 《春秋》辨物之理，以正其名，名物如其真，不失秋毫之末。故名霣石则后其五，言退鹢则先其六。圣人之谨于正名如此。君子于其言，无所苟而已矣。五石六鹢之辞是也。

凡是偏重名的名学，其结果一定是一种尊上抑下，尊君抑民，尊全体抑个人的伦理政治学说。这是百试不爽的定理。董仲舒说"治天下之端在审辨大"，又说"治国之端在正名"（《玉英篇》）。名是全称，故尊名的人自然趋向最高最大的全称。欧洲中古时代，最大的全称，在天上是"上帝"，在人世是"教会"。中国中古时代，最大的全称，在天上是"天"，在地上是"天子"。故董仲舒《对策》说：

> 臣谨案《春秋》之文，求王道之端，得之于正，正次王。王次春，（此指《春秋》书春王正月）。春者，天之所为也；正者，王之所为也。其意曰，上承天之所为，而下以正其所为，正王道之端云尔。然则王者欲有所为，宜求其端于天。

又说：

> 臣谨案《春秋》谓一"元"之意。一者，万物之所从始也。元者，辞之所谓"大"也。谓一为元者，视大始而欲正本也。《春秋》深探其本而反自贵者始，故为人君者，正心

以正朝廷，正朝廷以正百官，正百官以正万民，正万民以正四方。

又说：

《春秋》之法，以人随君，以君随天……故屈民而伸君，屈君而伸天，《春秋》之志也。(《玉杯篇》)

这是他的人生哲学政治哲学的大纲。他一方面要"屈民而伸君"，一方面又要"屈君而伸天"。总而言之，只是要求一个最大的全称，"融之所谓大"。

这种思想在当时是很切要的。汉初兴时，那许多功臣都是高帝从前的平辈，没有什么君臣名分可言。所以有的"沙中聚语"想谋反，有的在朝廷上"拔剑砍柱、争功妄呼"。后来虽然杀了韩信、彭越，虽然定了朝仪，终不能使人不有"彼可取而代也"的心理。所以汉兴百年之内，有陈豨之反，英布之反，济北王之反，淮南王长之反，吴楚七国之反，淮南衡山王之反。所以当时的要务在于提倡一种"辨上下，定民志"的学说。叔孙通、董仲舒一般人"屈民而伸君"的学说，正是当时所需要。这是尊君的一方面。还有一方面恰与此相反。汉代的专制制度当时虽不曾十分完备，却是非常严酷。如《汉书·刑法志》说汉初夷三族之令道：

当三族者，皆先黥劓。斩左右趾，笞杀之，枭其首，菹其骨肉于市。其诽谤詈诅者，又先断舌。故谓之具五刑。彭越、韩信之属皆受此诛。……孝文二年，……诏尽除收律相坐法。其后（后元元年）新垣平谋为逆，复行三族之诛。

法律如此惨酷无人理，君主的威权遂没有限制。所以那时的儒者又不能不想出一个可以限制君主威权的物事。那时的君主又都是迷信鬼神，信方士，妄想长生不死的人。于是那时的儒者自然想到"天"的观念，要想请出"天"来压倒君主的威权。所以董仲舒一方面要"屈民而伸君"，一方面又要"屈君而伸天"。这是一种不得已的苦心。我们虽不能说那些人先存一个限制君权的观念，但是那些人生在那时代，看着那时势的情形，有意无意之中，遂不能不有这种双方的主张。我们生在二千年后，先怀了二十世纪的成见，对于这种尊君信天的主张，自然不能满意。但是读史的人，须要有历史的观念，须要能替古人设心处地，方才可以懂得古人学说的真意义。例如读董仲舒的《对策》，须先看汉武帝"策问"的题目是什么。武帝问的是"三代受命，其符安在？灾异之变何缘而起？……何修何饰，而膏露降，百谷登，……受天之祜，享鬼神之灵！"董仲舒借着这个机会便发挥他的《春秋》之学，说"视前世已行之事，以观天人相与之际，甚可畏也"的道理。一个"畏"字，很写得出他捧出"天"来吓倒那迷信的皇帝的心理。所以我说这种学说的发生，依历史的眼光看来，是很可原谅的。至于这种学说内容的价值，那另是一个问题，又当别论了。

董仲舒《对策》说"道之大原出于天"，又说"天者，群物之祖也"。《繁露》云"人之人本于天，天亦人之曾祖父也"（《为人者天篇》）。他处处说人是像天的，人道也当效法天道（看《人副天数篇》）。他说天道如下：

> 天道之大者在阴阳。阳为德，阴为刑。刑主杀而德主生。是故阳常居大夏而以生育养长为事；阴常居大冬而积于空虚不用之处。以此见天之任德不任刑也。……王者承天意以从事，故任德教而不任刑。刑之不可以任以治世，犹阴之不可任以成岁也。（《对策》。参观《阴阳义篇》《阳尊阴卑篇》《天道无二篇》。）

这种完全不合论理的议论，本不足取。但他的本意只是要推明"天人"的关系，使人君有所畏惧。他说：

> 国家将有失道之败，而天乃先出灾害以谴告之。不知自省，又出怪异以警惧之。尚不知变，而伤败乃至。以此见天心之仁爱人君而欲止其乱也。自非大亡道之君者，天尽欲扶持而全安之。

又说：

> 《春秋》之所讥，灾害之所加也。《春秋》之所恶，怪异之所施也。书邦家之过，兼灾异之变，以此见人之所为，其美恶之极，乃与天地流通而往来相应。（《对策》）

这两段乃是一切灾异家的根本观念。从此儒学遂成"道士派的儒学"。这个根本观念里面含有几个重要问题。（一）天是有意志的，宇宙是有主宰的。老子、庄子的自然无主宰的天道观念一笔抹倒，自不用说了。即儒家的"一阴一阳之谓道"，也和这说相反。《易》言阴阳即是宇宙中的动静两种力，一开一阖，刚柔相推而生变化，全是自然，无有主宰。如今说天"任"阳"任"德，用一"任"字，便有主宰的意思。至于说"天心仁爱人君"，明说天有意志。这是中国哲学的一大退化。（二）天的意志有种种表示的方法，恶轻的用"灾害"为谴告，重的用"怪异"为警戒，更重的方才降灭亡之祸。这种观念说"人之所为，其美恶之极，乃与天地流通而往来相应"，把"天人"的关系说得如此密切，遂使儒学真成了一种天人感应的宗教。

董仲舒论性，也用他的名学作论证的根据。他说：

> 今世暗于性，胡不试反性之名？性之名非生欤？如其生之自然之资谓之性。性者，质也。诘性之质于善之名，能中之欤？既不能中矣，而尚谓之质善，何哉？性之名不得离质，离质如毛，则非性已，不可不察也（《深察名号篇》，下同）。

这是说性之名单指"生之自然之资",单指"质"。质是无有善恶可言的资质,绝不能说是善的。他说:

> 性比于禾,善比于米。米出禾中,而禾未可全为米也。善出性中,而性未可全为善也。善与米,人之所继天而成于外,非在天所为之内也。天之所为,有所至而止,止之内谓之天性,止之外谓之人事。

又说:

> 性有似目,目卧幽而瞑,待觉而后见。当其未觉,可谓有见质而不可谓见。

这一段说性有可以为善的资质,但不可说本来是善的。董仲舒的阴阳说也影响他的性说,他说:

> 栣众恶于内,弗使得发于外者,心也。故心之为名栣也。人之受气苟无恶者,心何栣哉?(栣有驯扰之意)吾以心之名得人之诚。人之诚有贪有仁。仁贪之气两在于身。身之名取诸天(古音身与天相近,故天竺又名身毒)。天两有阴阳之施,身亦两有贪仁之性。天有阴阳禁,身有情欲栣,与天道一也。

王充说:"董仲舒览孙、孟之书,作情性之说曰,天之大经,一阴一阳;人之大经,一情一性。性生于阳,情生于阴。阴气鄙,阳气仁。曰性善者,是见其阳也。谓恶者,是见其阴者也。"这一段即上文所引之意。

因为性不是本来善的,故须待教化,方才可以为善。董仲舒《对策》道:

> 天令之谓命，命非圣人不行，质朴之谓性，性非教化不成。人欲之谓情，情非度制不节。

儒家本来最重教育，无论是言性善的孟子，言性恶的荀子，言性相近的孔子，都极注重教育。董仲舒是儒家第一个功臣，因为他是第一个有"教育政策"的。他的教育政策主张兴太学，用"考问"之法，行贡举之法，定孔氏为一尊，罢黜百家。中国学术思想的变迁，政教制度的沿革，几乎没有一件不曾受这种政策的影响。

董仲舒的名学把"名"看得极重。凡偏重"名"的名学，一定偏重动机说的人生哲学。这也是百试不爽的定理。他说：

> 《春秋》之论事，莫重于志。……志为质，物为文……《春秋》之序道也，先质而后文，右志而左物。(《玉杯篇》)

又说：

> 《春秋》至意有二端，……小大微著之分也。夫览求微细于无端之处，诚知小之将为大也，微之将为著也。……吾所以贵微重始是也。

这是《春秋》嫡派的动机论。董仲舒是这种学说的极端代表。他对江都王说：

> 夫仁人者，正其谊不谋其利，明其道不计其功。

这一派和墨子、韩非等人的实用主义恰成反对。董仲舒以后，中国的人生哲学几乎完全属于动机派。

秦汉经学

道士派的儒学

本章所谓"道士派的儒学",乃指一切灾异派的《春秋》学,《洪范五行传》派的《洪范》学,占候派的《易》学,及其他有同等性质的儒家。这一派的思想本当不起"哲学"两字,但有两层原因,不能不略讲这些学派。第一,这一派的儒学在中国历史上很占势力,许多迷信,都借他做护身符,许多思想,都受他的束缚羁绊。如日食的迷信、求雨的迷信,不但存在民间,甚至见于政令。又如《易》学,魏晋人推翻了汉人的"道士易",到了邵雍以后,又生一种变相的"道士易";到了清朝,那些汉学家想要推翻宋人的"道士易",不料又恢复了汉人的"道士易"(如惠栋、张惠言的易汉学)。这是第一个不能不讲这一派的原因。第二,东汉、魏晋人的哲学思想,全是这一派道士儒学的反动。不知汉朝的儒学退化到怎样下流的地步,便不能了解王充、王弼一班人的真正价值。若要证明魏晋哲学是中国思想的光明时代,先须懂得魏晋以前的一个时期是中国思想的黑暗时代。这是我讲这一章的第二个原因。

儒家对于"道士派"的关系，也起得很早。孔子是一个老实人，所以他说"知之为知之，不知为不知，是知也"。他的"未能事人，焉能事鬼"，"未知生，焉知死"，"敬鬼神而远之"等话，全和他有病不肯祷神，及"不语怪力乱神"的行为是一致的。他的《春秋》所记灾异，依我看来，不过是因为"灾"是关于民生的大事，"异"是不常见的事，故值得一记，未必有天人感应，上天谴告人君的寓意。《公羊》《穀梁》两传解说灾异各条，除一二条外（如宣十五年"冬蟓生"一条），都不曾说是上天谴告人君，也不曾说是人事的感应。但是荀卿说子思、孟子"案往旧造说，谓之五行"（《荀子·非十二子篇》）。秦始皇封禅泰山，齐鲁的儒生博士七十人议封禅仪节，虽然不中始皇的意，却不是反对封禅的。可见子思以下的儒家已渐渐的趋于"道士派"。

那时的君主又极力提倡道士派。燕昭王、齐威宣王使人入海求神仙；秦始皇功业更盛，长生不死的妄想更利害。汉高祖本是一个没有学术的无赖，所以一面用太牢祭孔子，一面又立了许多淫祠（《见郊祀志》）。文帝信公孙臣的土德说，新垣平的望气说，那时的儒生如贾谊之流，也倡改正朔，易服色，"色尚黄，数用五"种种道士的话。到了武帝迷信鬼神、仙人、方士、封禅、祠灶、祠后土、祠太一，做种种极可笑的事。方士中，如少翁封文成将军；栾大封五利将军，一月中，得四个将军印、封乐通侯。赐列侯甲第、童千人，又以卫长公主妻之，赍金十万斤。……天子亲如五利之茅……又刻玉印曰天道将军，使使衣羽衣，夜立白茅上；五利将军亦衣羽衣，立白茅上受印，以示不臣也。……大见数月，佩六印，贵震天下，而海上燕齐之间莫不搤掔（古腕字），而自言有禁方能神仙矣！（《郊祀志》）

五利将军乐通侯天道将军栾大的信士弟子刘彻，就是那个罢黜百家，表章六经，兴太学，尊儒术的汉武帝。有了这样的皇帝来提倡儒术，儒术自然不能不穿上一件天道将军的"羽衣"，方才可以立得脚住。所以武帝叫那班儒生博士议封禅的典礼，"而群儒采封禅《尚书·周官·王制》之望祀射牛事。……上于是乃令诸儒习射牛，草封禅仪，数年。……"天子欲仿黄帝以接神人……而颇采儒术以文之。群儒既已不能辩明封禅事，又拘于诗书古文而不敢骋。上为封祠器，示群儒，群儒或曰不与古同。……于是上尽罢诸儒弗用。"可怜他们白白地费了"数年"功夫去学射牛，究竟还不配参预那"比德于九皇"的封禅大典！（以上所引书皆见《汉书·郊祀志》）

以上所说，乃是儒学渐渐同化于"道士派"的略史。以下再说"道士派的儒学"。

一、道士派的《春秋》学

《汉书·五行志》说，"景武之世，董仲舒治《公羊春秋》，始推阴阳，为儒者宗"。仲舒本传也说他"治国以《春秋》灾异之变，推阴阳所以错行。故求雨闭诸阳，纵诸阴；其止雨反是"。我们闭了眼睛还可想见那位"一代儒宗"叫人闭了南门，禁人举火，他自己站在北门城楼上指挥用水洒人的妙景（此用颜师古注语意）。上章已说过董仲舒论"天人相与之际"的学说了。他论《春秋》灾异之变的根本学说是：

> 国家将有失道之败，而天乃先出灾害以谴告之；不知自省，又出怪异以警惧之；尚不知变，而伤败乃至。以此见人之所为，其美恶之极，乃与天地流通而往来相应。（《对策》一及三）

这种说话，依我看来，全不是《春秋》记灾异的本意。孔子若真是"不语怪力乱神"，又主张"知之为知之，不知为不知"的人，绝不致有这种思想。况且孔子的天道观念多属于自然的。《论语》里还偶然有主宰的天的观念（如"天生德于予"，"知我者其天乎"之类）。《易·系辞》的天便完全是自然的天。似乎不致有这种完全"谆谆然命之"的天。细看《春秋》所记灾异，都不过因为是"灾"，是"异"，故不能不记，并无他意。例如，隐三年日有食之。《公羊传》曰："何以书，记异也。"五年螟，《公羊传》曰："何以书，记灾也。"又如桓三年一面记"日有食之既"，一面又记"有年"。可见记灾异与记"有年"同为史家本分的事，并无深意。又如宣十五年书"初税亩"，又书"冬蝝生"（"蝝"是蝗虫子）。《公羊》《穀梁》两传都以为是税亩的天灾（《穀梁》此条语意不大明白）。但次年即大书"冬大有年"。又可见书"蝝生"与书"大有年"同为史事，并无天人感应之理。《汉书》说"董仲舒治《公羊春秋》，始推阴阳"。一个"始"字明说他始创这种灾异感应之说，并非《春秋》的原意了。

我以为董仲舒所以造出这种学说的理由，只因为他有一个"屈君而伸天"的观念（说详上章），要想用灾异的话来做一种裁制君权的利器。那是有深意的主张。再不然，便是因为他本是有道士气的人，心中迷信天变阴阳之事，故附会《春秋》以成此说。这是无深意的主张。

无论怎样，董仲舒创出了这灾异派的《春秋》学。这一派的根本方法（逻辑）也要算他所说的为最明白。他说：

> 《春秋》之道，举往以明来。是故天下有物，视《春秋》所举与同比者，精微眇以存其意，通伦类以贯其理，天地之变，国家之事，粲然皆见，亡所疑矣。（"议高庙高园便殿灾"，见《五行志》）

这是一切灾异家的逻辑。其实只是一种极浮浅的"历史的援例法"（Histori cal Analogy）。所重的只在"同比""伦类"的现象。例如《春秋》定二年，两观灾，大意要鲁侯去"僭礼之臣"；哀三年，桓宫牆宫灾，"天意若曰，燔贵而去不义"；哀公不能懂得，故四年亳社又灾。凡此皆天意欲鲁国"去乱臣而用圣人"。这都是历史上的例。今武帝时辽东高庙灾，后来高园便殿又灾，是与《春秋》所书为"同比"，由此类推，可见天意要武帝"视亲戚贵属在诸侯远正最甚者，忍而诛之，视近臣在国中处旁仄及贵而不正者，忍而诛之。……在外而不正者，虽贵如高庙犹灾燔之，况诸侯乎？在内不正者，犹贵如高园便殿，犹燔灾之，况大臣乎？此天意也。"（《五行志》上）这种论理，全是援例类推之法，一切灾异家，无论《春秋》派、《洪范》派，所用的都是这种论理（参看《五行志》）。

附会《春秋》的灾异家，董仲舒之外，如他的弟子眭孟、吕步舒皆是；还有刘向治《谷梁春秋》，刘歆治《左氏传》，两人又皆附会《洪范》，另见下节。

二、道士派的《洪范》学

《洪范》一篇，《左传》引三次，皆称《商书》（《襄三》《文五》《成六》）。《墨子·兼爱下》引作《周诗》；《吕氏春秋》引两次，称《鸿范》（《君守》《贵公》）。《荀子》引两次，称《书》（《修身》《天论》）。汉以前人所引《洪范》的话，不过这几处，却没有一处引到五行之说的；所引的大都是"无偏无党，王道荡荡"等格言。又《孔丛子》论《书》说："《洪范》可以观变。"又说："吾于《洪范》见君子之不忍言人之恶而质人之美也。"若他所说是今本的《洪范》，这话便毫无意义。因此，我疑心《洪范》原本不过是一些道德常识的格言，并无那些道士派的话头。更可疑的是《汉书·五行志》把《洪范》篇首自"惟十有三祀"起，至"彝伦攸叙"一段特别提出，以为是武王问《雒书》，箕子对禹得《雒书》之意；又把"初一曰五行"至"次九曰响用五福畏用六极"，六十五字特别提出，说是"雒书本文"。

《五行志》所引是刘歆的话，刘歆是古代第一个造假书的老手。我疑心《洪范》原文已被后来的阴阳家添入许多道士的话头，又被刘歆附会作《雒书》说"八卦九章相为经纬"，从此《洪范》更成了道士的书了。

这是说《洪范》本文。汉代出了一部《洪范五行传》，为洪范逐章作传，每章说灾异的感应。例如：

> 《经》曰：火曰炎上。《传》曰：弃法律，逐功臣，杀太子，以妾为妻，则火不炎上。
> 《经》曰，貌曰恭。《传》曰，貌之不恭，是谓不肃。厥咎狂，厥罚恒雨，厥极恶。时则有服妖，有龟孽，有鸡祸，有下体，生上之痾，有青眚青祥，唯金沴木。

《洪范五行传》不知是谁作的，相传是伏生所作，似乎太早了一些。武帝时有夏侯始昌，预算到柏梁台要有火灾，后来果然应了。夏侯始昌传他的族子胜。胜依据《洪范五行传》预言霍光废立之谋，因此大见信用。这一派遂渐渐传播，与《春秋》派并立。后来刘向眼见他刘家的权势要被王家夺去了，于是用他从前铸假黄金，（向信"神仙使鬼物为黄金之术"，为宣帝炼金，不验下狱，系当死，得免。）教人诈上变事（向后使其外亲上变事，事发下狱，坐免为庶人。）的作伪手段，先附会《谷梁春秋》，说灾异之故；后来又变计用《洪范》作根据，"集合上古以来符瑞灾异之记，推迹行事，连传祸福，着其占验，比类相从，凡十一篇，号曰《洪范五行传论》"。《洪范》一派，由经到传，由传到传论，遂为灾异学的大成。后来谷永、孔光、刘歆诸人都属于这一派。刘向虽曾经两次以作伪下狱，却居然在历史上博得一个正人忠臣之名。后来他儿子刘歆的作伪手段更高了，居然做了王莽的开国国师。这都是《洪范》派的大人物。（康有为的《新学伪经考》虽然也有过当之处，但他的大意却不错，可供学者参看）

秦汉经学

三、道士派的《易》学

《汉书·儒林传》说：

> 自鲁商瞿子木受《易》于孔子，以授鲁桥庇子庸；子庸授江东馯臂子弓；子弓授燕周丑子家；子家授东武孙虞子乘；子乘授齐田何子装（《史记》作庄）。及秦禁学，《易》为卜筮之书，独不禁，故传受者不绝也。汉兴，田何……授东武王同子中（《史记》作仲）、雒阳周王孙、丁宽、齐服生，皆著《易传》数篇。同授淄川杨何、齐即墨成、广川孟但、鲁周霸、莒衡胡、临淄主父偃，皆以《易》至大官。要言《易》者，本之田何！

田何的弟子丁宽传田王孙，王孙授施雠、孟喜、梁丘贺。孟喜"得易家候阴阳灾变书，诈言师田生且死时枕喜！郄独传喜"。这可见田何一派的《易》学乃是《丁宽传》所说"言训故举大谊"的《易》学。到了孟喜（当昭帝、宣帝时）方才把"候阴阳灾变"的易家并入田王孙一派。后来孟喜传焦延寿。延寿用易推算奸邪盗贼，著有《易林》，六十四卦各有六十四题，总四千零九十六题，每题有辞，如今世之签诗笺辞。如观之贲云："东行无门西出华山，道塞畏难，游子为患。"又如贲之明夷云："作室山根，人以为安一夕巅颠，破我壶殆。"延寿又有分卦直日之法，以一爻主一日，六十卦为三百六十日，余四卦震、离、兑、坎为方伯监司之官。各卦直日用事，以风雨寒温为候，各以其日占其善恶。后来宋人邵雍的《先天卦气图》，即用此法，但去乾、坤、坎、离四卦，与焦氏□延寿传京房，用此法更精明，推说灾异更为灵验，元帝大信用他。后因与石显、五鹿、充宗等有仇，竟死在他们手里。道士派的《易》学，到京房可算大成。后来《易》家所谓"世、应、飞、伏、六位、十甲、五星、四气、六亲、九族、福德、形杀"，皆起于京房。现代的"时宪书"上所载种种禁忌，宜不宜，及天恩天德等名目，大都起于他。他又自称"道人"，可见"道士"一派的正式成立远在张道陵之前。

四、道士派的《诗》学

孔子是一个有文学眼光的人。故他选那部《诗经》替人类保存了三百篇极古的绝妙文学。这部书有无上的文学价值，没有一毫别的用意。不料后来的腐儒以为孔子所删存的诗一定是有腐儒酸气的。所以他们假造《诗序》，把那些绝妙的情诗艳歌都解作道学先生的寓言。如《周南》各篇本多是痴男怨女征夫思妇的情诗，那些腐儒却要说是后妃之德、文王之化。如《关雎》一篇，本写男女爱情，从极无可奈何的单相思到团圆，所以孔子说他"乐而不淫，哀而不伤"；腐儒偏要说是"后妃悦乐君子之德，慎固幽深，若雎之有别焉，然后可以风化天下。夫妇有别则父子亲，父子亲则君臣敬，君臣敬则王化成。"所以《诗》学到了汉朝，可算得遭了一大劫。后来宋儒无论如何总跳不出这个"后妃之德、文王之化"的圈子。

但是这是文学史上的问题（耶教之旧约中多纯粹文学的篇章，也被后人解为宗教神话的寓言），文学变成了道学，却还没变成"道士派"。不料后来有"齐诗"一派，居然把《诗经》也做成道士派的根据。这一派《诗》学的道士可用翼奉做代表。翼奉治齐《诗》，与萧望之匡衡同师（萧、匡也用《诗》论政治得失）。翼奉说"《易》有阴阳，《春秋》有灾异，《诗》有五际"。又说"臣窃学齐《诗》，闻五际之要"。我们究竟不知道他的"五际"是什么东西，大概就是他的"五性"。五性是肝性，静；心性，躁；脾性，力；肺性，坚；肾性，智。（晋约说）他说：

> 诗之为学情性而已。五性不相害，六情更兴废。观性以历，观情以律。明主所宜独用，难与二人共也。

他不但把诗和律历联合起来，还把律历学的诗当作一种政治的秘术。他说：

> 治道要务在知下之邪正。……知下之术，在于六情十二律而已。

他把六情十二律分表如下：

> 北方之情　好　好行贪狼，申子主之。
> 东方之情　怒　怒行阴贼，亥卯主之。
> 南方之情　恶　恶行廉贞，寅午主之。
> 西方之情　喜　喜行宽大，己酉主之。
> 上方之情　乐　乐行奸邪，辰未主之。
> 下方之情　哀　哀行公正，戌丑主之。

他用这法，看人来的时辰是什么，是邪还是正，便可定来人的邪正。如平昌侯去见他，三次都是"正辰加邪时"，便可断定他是一个"邪人"。

这种议论固是荒谬绝伦，但是这种荒谬绝伦的议论在当时居然受经学大师的推荐，得天子的敬礼，元帝还正正经经的同他讨论"善日邪时"与"邪日善时"的区别！只此一端，便可见当时思想黑暗的程度了。

五、扬雄

我说这一章，以董仲舒起，以扬雄作结。扬雄一生别无特长，只会模仿古人。他作赋模仿司马相如，作骚体模仿屈原，作《法言》模仿《论语》，作《太玄》模仿《易》。其他著作如《训纂》《州箴》，无一不是模仿。他是王莽时代的人，认得几个怪字，做的文章都是王莽体。"王莽体"就是古圣人体。刘歆说他的《太玄》只配拿来盖酱瓶，刘歆一生只有这句话还中听！

太玄的"玄"字，即是道家所说的"道"字，只是《易》所说的"道"字。所以他说：

> 玄者，幽摛万类而不见形者也。资陶虚无而生乎规，（捄）神明而定摹；通同古今以开类，摛措阴阳而发气。

这不是"道"吗？又说：

> 玄者，用之至也。见而知之者，智也。视而爱之者，仁也。断而决之者，勇也。

这是生吞活剥《易·系辞传》"仁者见之谓之仁，智者见之谓之智，百姓日用而不知"一段。

《太玄》本身只是新室皇帝时代的新卜书，与王莽、刘歆新造的那些三代古文同一性质。全书分八十一"首"，每首四"重"，每重或为——，或为– –，或为– – –。最上一重名"方"，次名"州"，次名"部"，次名"家"。凡家每首一变，三首复如旧，如 ☰☱☲ 凡部三首一变，九首复如旧，如 ☰☱☲ 凡州九首一变，二十七首复如旧，如 ☰☱☲ 凡方二十七首一变，八十一首复如旧。如 ☰☱☲ 最没道理的是每首有四重，却有九爻，此名为"赞"。赞与每首的"重"

与"昼"绝无关系。只此一事可见《太玄》是《易林》一类的签诗签辞，并不是精心结构的哲学。《太玄》也依卦气分日用事；八十一首，每首九赞，共七百二十九赞。每两赞合为一日，一为昼、一为夜，凡三百六十四日半。再加踦、嬴两赞，共凑成三百六十五日四分之一。这又可见《太玄》是"道士派的儒学"的一部分了。

扬雄死于西历纪元后十八年。隔了九年（西27［年］），王充生。从此中古哲学开一个新时代。但王充以后"道士派"的思想不但不曾消灭，反结晶成了一个势力很大，传播很远的道教，还发生了汉末的黄巾大乱。虽然如此，却有一个区别。王充以前的一百年，"道士派"的思想是中国思想的正宗；王充以后，那一派的思想虽然不曾消灭，却不能不退居旁支小道的地位。所以说，从此中古哲学便开一个新时代了。

王充的《论衡》

王充，字仲任，是会稽上虞的人。他生于建武三年（西历二七）。他的家世很微贱，他的祖父是做"贾贩"的，故人笑他"宗祖无淑懿之基"。他后来到京师做太学的学生，跟班彪受业。他也曾做过本县本郡的小官。元和三年（西历八六），他已五十九岁了，到扬州做治中。章和二年（八八），罢州家居，他从此不做官了。《汉书》本传说他"永元中病卒于家"。大概他死时在西历一百年左右。他著书很多，有《讥俗节义》十二篇（不传），是用俗话做的，又有《政务》一书，是谈政治的书（不传）。又有《论衡》八十五篇（今存，但缺《招致篇》）。他老年时又做了《养性书》十六篇（不传）。《论衡》末卷有他的《自叙》一篇，可以参看。

王充的时代（西历二七至一〇〇）是很可注意的，这个时代有两种特别色彩。第一，那时代是迷信的儒教最盛行的时代。我们看汉代的历史，从汉武帝提倡种种道士迷信以后，直到哀帝、平帝、王莽的时候，简直是一个灾异符瑞的迷信时代。西汉末年最特别的是谶纬的书。（谶字训验，是一种预言，验在后来，故叫做谶。纬是对于经而

秦汉经学

言，织锦的纵丝为经、横丝为纬。图谶之言，都叫作纬书，以别于经书。）王莽当国的时候，利用当时天人感应的迷信，造作了"麟凤龟龙众祥之瑞七百有余"，还不够用。于是他叫人造作许多预言的"符命"。（孺子婴元年〔西历六年〕孟通浚井，得白石，上有丹书，文曰："告安汉公莽为皇帝"。自此以后，符命繁多，王莽一一拜受。初始元年〔西历八年〕有一个无赖少年，名叫哀章，造作铜匮，内藏图书，言王莽为真天子。到黄昏时候，哀章穿着黄衣，捧着铜匮，到高庙里，交给守官。官奏闻，王莽遂亲到高庙拜受金匮，明年，莽遂做皇帝。）图谶的起原很有政治和宗教的意味。汉初的儒生用天人感应的儒教来做那"屈民而伸君，屈君而伸天"的事业。后来儒教总算成功了，居然养成皇帝的尊严，居然做到了"辩上下、定民志"的大功。王莽生在儒教已成功之后，想要做皇帝，很不是容易的事。他不能不也来利用这天人感应的宗教来打破人民迷信汉室的忠心。解铃还须系铃人，儒教造成的忠君观念，只有儒教可以打破。王莽、刘歆一班人拼命造假的经书和假的纬书，正是这个道理。王莽提倡经术，起明堂、灵台、辟雍，求古逸书（即是叫人造假书），添设博士员——骗得四十八万七千五百七十二人上书称颂他的功德。这是儒教的第一步成功。他那七百多种的祥瑞——白雉、凤皇、神雀、嘉禾、甘露、醴泉、禾长丈余、一粟三米，——骗得他的九锡。（九锡是当时九百零二个大儒根据"六艺通义经文所见《周官》《礼记》宜于今者"所定的古礼。）这是儒教的第二步成功。平帝病了，王莽又模仿周公"作策请命于泰畤，载璧秉圭，愿以身代，策金縢，置于前殿，敕诸公勿敢言"。不幸平帝没有成王的洪福，一病遂死了。王莽却因此做了周公，"居摄践阼，如周公故事"。这是儒教第三步成功。但是儒教的周公究竟不曾敢做真皇帝。王莽没有法子，只好造作符命图谶，表示天命已归周公，成王用不着了。于是这个新周公乃下书曰："予以不德托于皇初祖考黄帝之后，皇始祖考虞帝之苗裔，而太皇太后之末属。皇天上帝，隆显大佑，成命统序，符契图文，金匮策书，神明诏告，属予以天下兆民。赤帝汉氏高皇帝之灵，承天命，传国金策之书。予甚祗畏，敢不钦受。"明年，遂"顺符命，去汉号"。读策的时候，王莽亲执小皇帝的手，流涕歔欷，说道："昔周公摄位，终得复子明辟，今予独迫皇天威命，不得如意。"哀叹良久。这出戏遂唱完了。这是儒教的第四步大成功。

这是图谶符命的起原。光武帝中兴，也有许多图谶。（李通造谶曰"刘氏复兴，李氏为辅"。又强华奏赤伏符曰"刘秀发兵捕不道，四七之际火为主"。光武遂即帝位。）故光武很相信这些说谶的人，甚至用图谶来决定嫌疑。（《后汉书·桓谭传》，又《郑兴传》）。光武末年（西历五七），起初灵台、明堂、辟雍，又宣布图谶于天下。明帝（西历五八至七五）、章帝（七六至八八）继续提倡这一类的书，遂使谶纬之书布满天下。汉人造的纬书，有《河图》九篇、《洛书》六篇，都说是"自黄帝至周文王所受本文"。又别有三十篇，说是自初起到孔子九位圣人增演出来的。又有七经纬三十六篇，都说是孔子所作。（《七经纬》是：《易纬》六种、《书纬》五种、《诗纬》三种、《礼纬》三种、《乐纬》三种、《孝经纬》二种、《春秋纬》十三种，详见《后汉书·樊英传注》）这种书的作伪的痕迹，很容易看出。据尹敏（光武时人）说"其中多近鄙别字，颇类世俗之辞"（《后汉书·尹敏传》）。其实单看那些纬书的书名——《钩命决》《是类谋》《元命苞》《文耀钩》《考异邮》等等，——也就可以晓得那些书的鄙陋可笑了。又据张衡说：

> 《春秋元命苞》中有公输班与墨翟，事见战国，非春秋也。又言"别有益州"，益州之置，在于汉世。其名三辅诸陵，世数可知。……至于王莽篡位，汉世大祸，八十篇何为不戒，则知图谶成于哀平之际也。（《后汉书·张衡传》）

这四条证据都是作伪的铁证。但是汉朝的君主和学者都是神迷了心窍，把这些书奉作神圣的经典，用来改元定历，决定嫌疑。（看《律历志》中屡引图谶之处可证。）这种荒谬可笑的迷妄，自然要引起一般

秦汉经学　　115

学者的反动。桓谭、郑兴、尹敏在光武时已极力攻击图谶的迷信。（尹敏最滑稽。他攻击图谶光武不听，他就也在谶书的阙文上补了一段，说"君无口，为汉辅"，光武问他，他说"臣见前人增损图书，敢不自量，窃幸万一"，光武也无可如何。桓谭攻击图谶，光武大怒，说他"非圣无法"，要把他拿下去斩首。）但是迷信已深，这几个人又不能从根本上推翻当时的天人感应的儒教。（郑兴、尹敏都是信灾异之学的，桓谭略好。）故不能发生效果。王充也是这种反动的一个代表。不懂得这个时代荒谬迷忌的情形，便不能懂得王充的哲学。

上文说的谶纬符瑞等等的道士迷信（即是儒教迷信），是西历一世纪的第一种特别色彩。但是那时代又是一个天文学发展的时代。刘歆的三统历是儒教的天文学，是王莽时代的天文学。建武八年（西历三二）已有朱浮、许淑等人请修改历法。从永平五年（六二）到元和二年（八五），是四分历和三统历竞争最烈的时代。四分历最后战胜，遂得颁行（八五年）。当两派争胜的时候，人人都尽力实地测候的功夫。谁的效验最优，谁便占胜利。故杨岑候月食的成绩比官历优，政府就派杨岑署理弦望月食官（六二）。后来张盛、景防等用四分法与杨岑比课，一年之中，他们候月食的成绩比杨岑多六事，政府就派他们代表杨岑署理月食官（六九）。四分历所以能颁行，全靠他的效验远胜太初历。后来贾逵（与王充年岁略相同，死于西历一〇一，年七十二）用这种实验的方法，比较新旧两历，得结果如下：

> 以太初历考汉元（前二〇六），尽太初元年（前一〇四），日朔二十三事，其十七得朔，四得晦，二得二日。新历七得朔，十四得晦，二得三日。（旧历成绩比新历好）
>
> 以太初历考太初元年，尽更始二年（二四），日朔二十四事，十得晦。以新历，十六得朔，七得二日，一得晦。（新历成绩比旧历好）
>
> 以太初历考建武元年（二五），尽永元元年（八九），二十三事，五得朔，十八得晦。以新历，十七得朔，三得晦，

三得二日。(新历成绩比旧历好)

又以新历上考《春秋》中有日朔者,二十四事,失不中者二十三事。(新历成绩狠坏)

实测的结果指出一个大教训,"求度数取合日月星辰,有异世之术。太初历不能下通于今,新历不能上得汉元"。

这种实验的态度是汉代天文学的基本精神。太初历的成立,在于效验,四分历的成立,也在于效验。这种效验是真确可靠的,不比那些图谶纬书的效验是邈茫无稽的。这种科学的态度,在当时自然不能不发生一点影响。王充生在这个时代,他著书的时候正当四分历与太初历争论最烈的时期,(《论衡》著作的时期很可研究。《讲瑞篇》说"此论草于永平之初。……至元和章和之际,孝章耀德天下"。又《恢国篇》记章帝六年事,称今上,《宣汉篇》也称章帝为今上。《齐世篇》称章帝为方今圣明。据此可见《论衡》不是一个时代作的。大概这书初起在永平初年,当西历六十余年,正在四分法初通行的时候,后来随时增添修改,大部分当是章帝时的著作。直至和帝初年还在修改。故有称孝章的地方。此书最后的修正当在西历九十年左右,四分历已颁行了。此书的著作与修正,前后共需三十年,但此后还有后人加入的地方。如《别通篇》提及蔡伯喈,蔡邕生于西历一三三年,王充已死了三十多年了。此外尚有许多后人加入的痕迹,但《论衡》大体是西历六十年至九十年之间作的。这是大概可以无疑的。)他又是很佩服贾逵的人,又很留心当时天文学上的问题(如《说日篇》可为证),故不能不受当时天文学方法的影响。依我看来,王充的哲学,只是当时的科学精神应用到人生问题上去。故不懂得当时的科学情形,也不能了解王充的哲学。

王充的哲学的动机只是对于当时种种虚妄和种种迷信的反抗。王充的哲学的方法,只是当时科学精神的表现。

先说王充著书的动机。他自己说:

秦汉经学

《诗》三百,一言以蔽之,曰,"思无邪"。《论衡》篇以十数,亦一言也,曰,"疾虚妄"。(佚文篇)

他又说:

充既疾俗情,作《讥俗》之书;又闵人君之政,徒欲治人,不得其宜,不晓其务,愁精苦思,不睹所趋,故作《政务》之书;又伤伪书俗文多不实诚,故为《论衡》之书。(《自叙篇》)

他又说:

是故《论衡》之造也,起众书并失实,虚妄之言胜真美也。虚妄之语不黜,则华文不见息。华文放流,则实事不见用。故《论衡》者,所以铨轻重之言,立真伪之平。……其本皆起人间有非,故尽思极心以讥世俗。世俗之性,好奇怪之语,悦虚妄之文。何则?实事不能快意,而华虚惊耳动心也。是故才能之士,好谈论者,增益实事,为美盛之语,用笔墨者,造生空文,为虚妄之传。……至或南面称师,赋奸伪之说;典城佩紫,读虚妄之书。……孟子曰:"予岂好辩哉?予不得已也。"今吾不得已也。虚妄显于真,实诚乱于伪。世人不悟,是非不定,紫朱杂厕,瓦玉杂糅。以情言之,吾心岂能忍哉?……人君遭弊,改教于上,人臣愚惑,作论于下。实得,则上教从矣。冀悟迷惑之心,使知虚实之分。实虚之分定,而后华伪之文灭。华伪之文灭,则纯诚之化日以孳矣。(《对作篇》)

他又说:

> 《论衡》就世俗之书订其真伪，辨其实虚。……俗传蔽惑，伪书放流。……是反为非，虚转为实，安能不言？俗传既过，俗书又伪。若夫……《淮南书》言共工与颛顼争为天子，不胜，怒而触不周之山，使天柱折，地维绝。尧时，十日并出，尧上射九日。鲁阳战而日暮，援戈挥日，日为却还。世间书传多若等类，浮妄虚伪，没夺正是。心溃涌，笔手扰，安能不论？（《对作篇》）

这几段都可写出王充著书的动机。他的哲学的宗旨只是要对于当时一切虚妄的迷信和伪造的假书，下一种严格的批评。凡是真有价值的思想，都是因为社会有了病才发生的（王充所谓"皆起人间有非"）。汉代的大病就是"虚妄"。汉代是一个骗子的时代。那二百多年之中，也不知造出了多少荒唐的神话，也不知造出了多少谬妄的假书。（我们读的古代史，自开辟至周朝，其中也不知有多少部分是汉代一班骗子假造出来的。）王莽、刘歆都是骗子中的国手。谶纬之学便是西汉骗子的自然产儿。王充对于这种虚妄的行为，实在看不上眼。我们看他"心溃涌，笔手扰"，"吾不得已也"，"吾岂能忍哉"的话，便可想见他的精神。他的书名是《论衡》。他自己解释道："论衡，论之平也。"（自叙）又说："论衡者，所以铨轻重之言，立真伪之平。"衡即是度是权衡的衡。即是估量，即是评判。《论衡》现存八十四篇，几乎没有一篇不是批评的文章。最重要的如：

《书虚》（第十六）、《道虚》（二四）、《语增》（二五）、《儒增》（二六）、《艺增》（二七）、《对作》（八四）等篇，都是批评当时的假书的。

《问孔》（二八）、《非韩》（二九）、《刺孟》（三十）是批评古书的。

《变虚》（十六）、《异虚》（十八）、《感虚》（十九）、《福虚》（二十）、《祸虚》（二一）、《龙虚》（二二）、《雷虚》（二三），是批评假书中记载的天人感应的事的。

秦汉经学

《寒温》（四一）、《谴告》（四二）、《变动》（四三）、《招致》（第四十四篇，今阙）四篇是从根本上批评当时儒教的天人感应论的。

《讲瑞》（五十）、《指瑞》（五一）、《是应》（五二）是批评当时的祥瑞论的。

《死伪》（六三）、《纪妖》（六四）、《订鬼》（六五）、《四讳》（六八）、《间时》（六九）、《讥日》（七十）、《卜筮》（七一）、《难岁》（七三）、《诘术》（七四）等篇，是批评当时的许多迷信的。

《论衡》的精神只在"订其真伪，辨其实虚"八个字。所以我说王充的哲学是评判的哲学。他的精神只是一种评判的精神。

现在且说王充的批评方法。上文我说王充的哲学只是当时科学的方法适用到天文学以外的问题上去。当时的天文学者最注重效验，王充的批评方法也最注重效验。他批评当时的灾异学派说：

变复之家不推类验之，空张法术惑人君。（《明雩》）

他是属于自然主义一派的道家的（说见下）。但他嫌当时的自然学派也不注重效验的方法。他说：

道家论自然，不知引物事以验其言行，故自然之说未见信。（《自然》）

他又说：

凡论事者，违实不引效验，则虽甘义繁说，众不见信。（《知实》）

他的方法的根本观念，只是这"效验"两字。他自己说：

事莫明于有效，论莫定于有证。空言虚语，虽得道

心,人犹不信。……唯圣心贤意,方比物类,为能实之。(《薄葬》)

我们若要懂得王充说的"效验"究竟是什么,最好是先举几条例:

(例一)儒者曰:"日朝见,出阴中。暮不见,入阴中。阴气晦冥,故没不见。"如实论之,不出入阴中。何以效之?

夫夜,阴也,气亦晦冥。或夜举火者,光不灭焉。……火夜举,光不灭,日暮入,独不见,非气验也。

夫观冬日之出入,朝出东南,暮入西南。东南西南非阴,(古以北方为阴)何故谓之出入阴中?

且夫星小犹见,日大反灭,世儒之论虚妄也。(《说日》)

(例二)雷者,太阳之激气也。……盛夏之时,太阳用事,阴气承之。阴阳分事则相校轸。校轸则激射。激射为毒,中人,辄死,中木,木折,中屋,屋坏。人在木下屋间,偶中而死矣。何以验之?

试以一斗水灌冶铸之火,气激蘩裂,若雷之音矣。或近之,必灼人体。天地为炉大矣,阳气为火猛矣,云雨为水多矣,分争激射,安得不迅?中伤人身,安得不死?……

雷者,火也。何以验之?(这两句,今本倒置,今以意改正。)以人中雷而死,即询其身。中头则须发烧焦,中身则皮肤灼燎。临其尸,上闻火气。一验也。道术之家以为雷烧石色赤,投于井中,石焦井寒,激击大鸣。若雷之状。二验也。人伤于寒,寒气入腹,腹中素温,温寒分争,激气雷鸣。三验也。当雷之时,电光时见,大若火之耀。四验也。当雷击时,或燔人室屋及地草木。五验也。

夫论雷之为火有五验,言雷为天怒无一效。然则雷为天

怒,虚妄之言。(《雷虚》)

古文"效"与"验"可以互训。(《广雅·释言》效,验也。《吕览·察传》篇注及《淮南·主术》注,验,效也。)王充的效与验也只是一件事。效验只是实验的左证。这种左证大略可分为两种:(一)是从实地考验本物得来的。如雷打死人,有烧焦的痕迹,又有火气,又如雷能燔烧房屋草木,都属于这一种;(二)是本物无从考验观察,不能不用譬喻和类推的方法,如阴中气可举火,又可见星,可以推知日入不是入阴气中;又如用水灌火能发大声,激射中人能烧灼人,可以推知雷为阴气与阳气的激射;这都属于第二类。第一种效验,因当时的科学情形,不容易做到。(只有天文学在当时确能做到了,医学上的验方也是如此。)王充的书里,用这种实地试验的地方,比较的很少。他用的效验,大都是第二种类推的效验。他说的"推类验之"与"方比物类"都是这一类的效验。这种方法,从个体推知个体,从这物推知那物,从名学上看来,是很容易错误的。但是有时这种类推法也很有功效。王充的长处在此,他的短处也正在此。

这种重效验的方法,依我看来,大概是当时的科学家的影响。但是科学家的方法固然注重证验,不过我们要知道证验是科学方法的最后一步。科学方法的第一步是要能疑问。第二步是要能提出假设的解决。第三步方才是搜求证据来证明这种假设。王充的批评哲学的最大贡献就是提倡这三种态度——疑问、假设、证验。他知道单有证验是不够用的。证验自身还须经过一番评判,方才站得住。例如墨家说鬼是有的,又举古代相传杜伯一类的事为证验(《墨子·明鬼篇》)。王充驳道:

> 夫论不留精澄意,苟以外效立事是非,信闻见于外,不诠订于内,是用耳目论,不以心意议也。夫以耳目论,则以虚象为言。虚象效,则以实事为非是。故是非者不徒耳目,必开心意。墨议不以心而原物,苟信闻见,则虽效验章明,

犹为失实。失实之议难以教，虽得愚民之欲，不合智者之心。(《薄葬》)

这一段说立论的方法，最痛快，最精采。王充的批评哲学的精神只是注重怀疑，注重心意的"诠订于内"。诠订就是疑问，就是评判。他自己说《论衡》的方法是：

论则考之以心，效之以事。浮虚之事，辄立证验。(《对作》)

看他先说"考之以心"，后说"效之以事"，可见他的方法最重心意的诠订，效验不过是用来帮助心意提出的假设，使他立得住脚。不曾诠订过的证验，王充说："虽效验章明，犹为失实。"有时诠订已分明，便可不须再求证验，也能成立。例如汉儒说上古圣王太平之世，厨房里自生肉脯，像一种蒲扇，摇动生风，寒凉食物。使他不腐败，故名萐脯。王充驳道：

太平之气……能使厨自生肉萐，何不使饭自蒸于甑，火自燃于灶乎？……何不使食物自不臭？何必生萐以风之乎？(《是应》)

儒者又说尧时有蓂荚夹阶而生，月朔生一荚，至十五日而十五荚；十六落一荚，至月晦落完。王充驳他道：

夫起视堂下之荚，孰与悬历日于扆坐旁，顾辄见之也？天之生瑞，欲以娱王者，须起察乃知日数，是生烦物以累之也。且荚，草也。王者之堂，旦夕所坐。古者虽质，宫室之中，草生辄耘，安得生荚而人得经月数之乎？(《是应》)

秦汉经学　123

儒者又说尧时有草名叫屈轶,生于庭,见了佞人便能指出。王充驳道:

> 夫天能故生此物以指佞人,不使圣王性自知之,或佞人本不生出,必复更生一物以指明之,何天之不惮烦也?……经曰:"知人则哲,惟帝难之。"人含五常,音气交通,且犹不能相知,屈轶,草也,安能知佞?如儒者之言是,则太平之时草木逾贤圣也。(《是应》)

王充书里这一类的怀疑的批评最多,往往不用证验,已能使人心服。有时他的怀疑或假设,同普通的信仰相去太远了,不容易使人领会信从,那时他方才提出证验来。(如上文所引"日不入阴中"及"雷者火也"两个假设。)

总之,王充在哲学史上的绝大贡献,只是这种评判的精神。这种精神的表现,便是他的怀疑的态度。怀疑的态度,便是不肯糊里糊涂的信仰,凡事须要经我自己的心意"诠订"一遍,"订其真伪,辨其实虚",然后可以信仰。若主观的评判还不够,必须寻出证据,提出效验,然后可以信仰。这种怀疑的态度,并不全是破坏的,其实是建设的。因为经过了一番诠订批评的信仰,方才是真正可靠的信仰。凡是禁不起疑问的信仰,都是不可靠的,譬如房屋建筑在散沙上,当不住一阵风雨,就要倒了。

汉代的许多迷信都挂着"儒教"的招牌。许多极荒谬的书都假托是儒家所谓圣人作的。这种虚妄诈伪的行为,和当时人迷信假书的奴性,引起了王充的怀疑态度。王充明明的说当时有许多书是假造的。他说:

> 世信虚妄之书,以为载于竹帛上者,皆圣贤所传,无不然之事,故信而是之,讽而读之。睹真是之传与虚妄之书相违,则谓短书不可信用。(汉代的古书长二尺四寸,后

出的新书篇幅减短，仅长一尺，故名短书。看《论衡·正说篇》。)……夫世间传书诸子之语，多欲立奇造异，作惊目之论，以骇世俗之人；为谲诡之书，以著殊略之名。(《书虚》)

他又说：

> 才能之士好谈论者，增益实事，为盛溢之语；用笔墨者，造生空文，为虚妄之传。听者以为真然，说而不舍；览者以为实事，传而不绝。(《对作》)

他不但怀疑那些假造的书，并且攻击当时儒生说经的种种荒谬。他说：

> 儒者说五经，多失其实。前儒不见本末，空生妄说。后儒信前师之言，随旧述故，滑习辞语。苟名一师之学，趋为师教授，及时蚕仕，汲汲竞进，不暇留精用心，考实根核，故虚说传而不绝，实事没而不见，五经并失其实。(《正说》)

我们知道当时经师的荒谬，便知道王充说的"五经并失其实"并非过当的责备。(《正说篇》引当时说经家的话："春秋二百四十二年者，上寿九十，中寿八十，下寿七十，孔子据中寿三世而作，三八二十四，故二百四十年也"，又"《尚书》二十九篇者，法北斗七宿也，四七二十八篇，其一曰斗矣，故二十九"。)怪不得王充要痛骂，王充不但攻击当时的经师，就是古代的圣贤也逃不了他的批评。他有《问孔》《非韩》《刺孟》三篇，我们可引他对于孔子的态度作例：

> 世儒学者好信师而是古，以为贤圣所言皆无非，专精讲习，不知难问。夫贤圣下笔造文，用意详审，尚未可谓尽

得实。况仓卒吐言，安能皆是？……案贤圣之言，上下多相违，其文前后多相伐者，世之学者不能知也。……凡学问之法，不为无才，难于距师核道实义，证定是非也。……世之解说说人者，非必须圣人教告乃敢言也。苟有不晓解之问，造难孔子，何伤于义？诚有传圣业之知，伐孔子之说，何逆于理？（《问孔》）

我们虽不必都赞同他的批评，（有许多批评是很精到的，例如他评孟子"王何必曰利"一节，）但这种"距师""伐圣"的精神是我们不能不佩服的。

王充生平最痛恨的就是当时的天人感应的儒教。从前天文学还在幼稚时代，把人类看作与天地并立的东西，把人看得太重要了，人类遂妄自尊大，以为"人之所为，其美恶之极，皆与天地流通而往来相应"（董仲舒语），善政可招致祥瑞，恶政必招致灾异。《汉书·天文志》说的"政失于此，则变见于彼，犹景之象形，响之应声"，这可以代表这种迷信。王充所以能打破这种迷信，大概是受了当时天文学进步的影响。天文家测候天象，渐渐的知道宇宙有无穷的大，人类在这个大宇宙之中，真算不得什么东西。知道了人类的微细，便不会妄自尊大，妄想感动天地了。正如王充说的：

人在天地之间，犹蚤虱之在衣裳之内，蝼蚁之在穴隙之中。蚤虱蝼蚁为逆顺横从，能令衣裳穴隙之间气变动乎？……天至高大，人至卑小。筳不能鸣钟而萤火不爨鼎者，何也？钟长而筳短，鼎大而萤小也。以七尺之细形，感皇天之大气，其无分铢之验，必也。（《变动》）

天文学的进步不但打破人类妄自尊大的迷误，又可以使人知道天行是有常度的，是自然的，是不会受人事的影响的。王充说：

> 在天之变，日月薄蚀。四十二月，日一食。五六月，月亦一食。（五六月，湖北局本作五十六月。按《说日篇》云："大率四十一二月日一食，百八十日月一蚀，蚀之皆有时"，故改正，西汉天文家测定五个月又二十三分之二十为一个月食之限，故知五十六月必误也。）食有常数，不在政治。百变千灾，皆同一状，未必人君政教所致。（《治期》，又《寒温篇》"水旱之至，自有期节。百灾万变，殆同一曲"与此同。）

这种议论自然是天文学发达时代的产物。古代荀子也有"天行有常，不为尧存，不为桀亡"的话。

王充的话竟可算是荀子的《天论》新得了科学的根据。

王充说："日月食有常数，不在政治，百变千灾，皆同一状。"王充对于一切灾异，都持这个态度。我们只能举一条最痛快的驳论，不能遍举了。他说：

> 世之圣君莫有若尧汤。尧遭洪水，汤遭大旱。如谓政治所致，则尧汤恶君也。如非政治，是运气也。运气有时，安可请求？世之论者，犹谓"尧汤水旱，水旱者时也"。"其小旱湛，皆政也。"假令审然。何用致湛？……世审称尧汤水旱，天之运气，非政所致。夫天之运气，时当自然，虽雩祭请求，终无补益。而世又称汤以五过祷于桑林时，立得雨。夫言运气，则桑林之说绌。称桑林，则运气之论消。世之说称者，竟当何由？救水旱之术，审当何用？（《明雩》）

以上所述，大半都是侧重批评破坏一方面的。王充的绝大贡献就在这一方面。中国的思想若不经过这一番破坏的批评，绝不能有汉末与魏晋的大解放。王充的哲学是中古思想的一大转机。他不但在破坏的方面打倒迷信的儒教，扫除西汉的乌烟瘴气，替东汉以后的思想打

秦汉经学

开一条大路；并且在建设的方面，提倡自然主义，恢复西汉初期的道家哲学，替后来魏晋的自然派哲学打下一个伟大的新基础。

我们且看王充哲学的建设方面。

自从淮南王失败后，自然派的哲学被儒教的乌烟瘴气遮住了，竟不能发展。只有道家的一小支派——炼金炼丹的神仙家——居然与天人感应的儒教拉得拢来，合成汉代儒教的一部分（汉武帝与刘向便是绝好的例）。但道家理论一方面的天道自然观念，与天人感应的儒教根本上不能相容，故无人提倡。直到王充起来，他要推翻那天人感应的迷信，要打破那天人同类的天道观念（Anthropomorphism）不能不用一种自然的天道观念来代他。试看他的《谴告篇》说：

> 夫天道，自然也，无为。如谴告人，是有为，非自然也。黄老之家论说天道，得其实矣。……"变复之家"损皇天之德，使自然无为转为人事，故难听之也。

看这寥寥的几句，可见王充的天道论与他的反对迷信是有密切关系的，又可见他的天道论是从道家哲学里面产生出来的。《物势篇》说：

> 儒者论曰："天地故生人"，此言妄也。夫天地合气，人偶自生也。犹夫妇合气，子则自生也。夫妇合气，非当时欲得生子。情欲动而合，合而生子矣，夫妇不故生子，以知天地不故生人也。然则人生于天地也，犹鱼之于渊，虮虱之于人也，因气而生，种类相产。万物生天地之间，皆一实也。……天地合气，物偶自生矣。……何以验之？如天故生万物，当令其相亲爱，不当令之相贼害也。或曰："五行之气；天生万物，以万物含五行之气，五行之气更相贼害。"曰："天当以一行之气生万物，令之相亲爱，不当令五行之气反使相贼害也。"或曰，"欲为之用，故令相贼害。

贼害，相成也。……金不贼木，木不成用；火不烁金，金不成器。故诸物相贼相利，含血之虫相胜服，相啮噬，相啖食者，皆五行气使之然也。"曰："天生万物欲令相为用，不得不相贼害也，则生虎狼蝮蛇及蜂虿之虫皆贼害人，天又欲使人为之用耶？……凡万物相刻贼，含血之虫则相服，至于相啖食者，自以齿牙顿利，筋力优劣，动作巧便，气势勇桀。若人之在世，势不与适，力不均等，自相胜服。以力相服，则以刃相贼矣。夫人以刃相贼，犹物以齿角爪牙相触刺也。力强，角利，势烈，牙长，则能胜；气微，爪短，则诛；胆小，距顿，则服畏也。人有勇怯，故战有胜负。胜者未必受金气，负者未必得木精也。"（《物势》）

看这一大段的主意，只是要推翻当时天人同类的"目的论"（Teleology）。老子、庄子、慎到、《淮南子》一系的哲学，无论怎样不同，却有一点相同之处，就是不承认天是有意志的，有目的的。王充也只是攻击一个"故"字。（《淮南子》说的"智故""曲故"，现在俗话说的"故意"，即是故字的意义。）天地是无意志的，是无目的的，故不会"故"生人，也不会"故"生万物。一切物的生死变化都是自然的。这是道家哲学的公同观念。王充的自然哲学和古代的自然哲学不同之处，就在王充受了汉代思想的影响，加上了一个"气"的观念。故说："因气而生，种类相产，万物生天地之间，皆一实也。"故说：

> 试依道家论之。天者，普施气。……夫天之不故生五谷丝麻以衣食人，由（同犹）其有灾变不欲以谴告人也。物自生而人衣食之，气自变而人畏惧之。……如天瑞为故，自然焉在？无为何居？（《自然》）

自然主义的天道观解释万物的生长变化，比那目的论的天道观满

秦汉经学　　129

意得多了。王充说：

> 草木之生，华叶青葱，皆有曲折，象类文章，谓天为文章，复为华叶乎？宋人或刻木为楮叶者，三年乃成。孔子曰："使地三年乃成一叶，则万物之有叶者寡矣。"如孔子之言，万物之叶，自为生也。自为生也，故能并成。如天为之，其迟当若宋人刻楮叶矣。观鸟兽之毛羽，毛羽之采色，通可为乎？……春观万物之生，秋观其成，天地为之乎？物自然也？如谓天地为之，为之必用手，天地安得万万千千手，并为万万千千物乎？诸物之在天地之间也，犹子在母腹中也。母怀子气，十月而生，鼻、口、耳、目、发、肤、毛理、血脉、脂腴、骨节、爪齿，自然成腹中乎？母为之也？偶人千万不名为人者何也？鼻、口、耳、目非性自然也。（《自然》）

这一段论自然主义和目的论的优劣，说得最明白。我们试想一个有意志的上帝在这个明媚的春光里忙着造作万物，"已拼腻粉涂双蝶，更着雌黄滴一蜂"（杨诚斋诗）。请问这种宇宙观能使我们满意吗？即使有人能承认这种目的论的天道观，即使有人能承认这个"无事忙"的造化者，那么，天地之间万物互相残杀，互相吞吃，——大鱼吃小鱼，人又吃大鱼，蚊虫臭虱又咬人，——难道这都是这个造化者的意志吗？

王充的自然论一方面要打破一个"故"字，一方面要提出一个"偶"字（故是目的论，偶是因缘论），故他再三说"人偶自生""物偶自生"，偶即是无意志的因缘凑合。他说：

> 长数仞之竹，大连抱之木，工技之人裁而用之，或成器而见举持，或遗材而遭废弃。非工技之人有爱憎也，刀斧之加（之加二字，湖北本作如字，今依下文改。）有偶然

也。蒸谷为饭，酿饭为酒。酒之成也，甘苦异味。饭之熟也，刚柔殊和。非庖厨酒人有爱憎也，手指之调有偶适也。调饭也，殊筐而居；甘酒也，异器而处；虫堕一器，酒弃不饮；鼠涉一筐，饭捐不食。夫百草之类，皆有补益。遭医人采掇，成为良药；或遗枯泽，为火所烁。等之金也，或为剑戟，或为锋铦。同之木也，或梁于宫，或柱于桥。……（《幸偶》）

凡人操行有贤有愚，及遭祸福，有幸有不幸。举事有是有非，及触赏罚有偶有不偶。并时遭兵，隐者不中。同日被霜，蔽者不伤。中伤未必恶，隐蔽未必善。隐蔽幸，中伤不幸。（《幸偶》）

王充把天地间一切现象和一切变化都看作无意识的因缘偶合。这种幸偶论，一方面是他的自然主义的结果，一方面又是他的命定论的根据。道家本是信命定说的。儒家虽然注重人事，但孔子的天道观念也是自然主义，（如"天何言哉，四时行焉，百物生焉，天何言哉"。）也信天道自然无为，故儒家信"死生有命，富贵在天"。孟子也是信命定论的。儒家只有一个荀子不信命。（看他的《天论》与《非相篇》。）老庄一系没有不信命的。（庄子更说得详细）。墨家信仰一个有意志又能赏善罚恶的天，故不能不反对有命说。墨子说：

执有命者之言曰："上之所赏，命固且赏，非贤故赏也。上之所罚，命固且罚，非暴故罚也。"……今用执有命者之言，则上不听治，下不从事。上不听治则政乱；下不从事，则财用不足。（《墨子·非命上》）

汉代的儒生要造出一种天人感应的宗教来限制当时的君权，故不能不放弃"原始的儒教"的天命论，换上墨教的"天志"论。古代儒教的天命论是如孟子说的"莫之为而为者，天也；莫之致而致者，命

秦汉经学　131

也"(《孟子·万章篇》)。孟子又说:"莫非命也,顺受其止","夭寿不贰,修身以俟之,所以立命也。"(《尽心篇》)这种命定主义与道家"化其万化而不知其禅之者,焉知其所终,焉知其所始,正而待之而已耳",正没有一点分别。汉代的新儒教表面上也信天命,但他的天命已不是孟子"莫之致而致,夭寿不贰"的命。乃是孟子最反对的那个"谆谆然命之"的天命。这种"谆谆然命之"的天命论,并不是儒家的遗产,乃是墨教的信条。汉代一切《春秋》派、《洪范》派、《诗》派、《易》派的天人感应论,都含有这个有意志能赏罚,能用祥瑞灾异来表示喜怒的天帝观念。

王充因为要推翻这"谆谆然命之"的天命,故极力主张那"莫之致而至"的命。他说命有两种:(一)是禀气厚薄之命,(二)是所当触值的命。(《气寿篇》)分说如下:

第一,禀气的命。"夫禀气渥则其体强,体强则其命长。气薄则其体弱,体弱则命短。"(《气寿》)"人禀元气于天,各受寿夭之命,以立长短之形。……用气为性,性成命定。体气与形骸相抱,生死与期节相须。形不可变化,命不可减加。"(《无形》)这一种命,王充以为就是"性"。故他说"用气为性,性成命定"。他又解释子夏"死生有命"一句道:"死生者,无象于天,以性为主。禀得坚强之性,则气渥厚而体坚强,坚强则寿命长,寿命长,则不夭死。禀性软弱者,气少泊而性羸窳则寿命短,短则夭死。故言有命,命即性也。"(《命义》)这一种命,简单说来,只是说人受生的时候,禀气偶然各有不同;人所受的气即是性,性即是命,这种命是不可加减的。

第二,触值的命。这一种是从外面来的。人禀气也许很强,本可长寿,但有时"遭逢外祸累害",使他半途夭折。这种外来的累害,属于触值的命,王充说:

> 非唯人行,凡物皆然。生动之类,咸被累害。累害自外,不由其内。……物以春生,人保之。以秋成,人必不能保之。卒然牛马践根,刀镰割茎,生者不育,至秋不成。不

> 成之类遇害不遂，不得生也。夫鼠涉饭中，捐而不食。捐饭之味与彼不污者钧，以鼠为害，弃而不御。君子之累害与彼不育之物，不御之饭，同一实也。俱由外来，故为累害。修身正行，不能来福，战栗戒慎，不能避祸。福祸之至，幸不幸也。（《累害》）

王充这样说法，把祸福看作偶然的遭逢，本是很有理的。（参看上文引的《幸偶篇》）。可惜他终究不能完全脱离当时的迷信。他解说"富贵在天"一句话道："至于富贵所禀，犹性所禀之气，得众星之精。众星在天，天有其象，得富贵象，则富贵，得贫贱象，则贫贱，故曰在天。……贵或秩有高下，富或赀有多少，皆星位尊卑小大之所授也。"（《命义》）这种说法，便远不如触值遭逢说的圆满。富贵贫贱与兵烧压溺其实都应该归到外物的遭逢偶合。王充受了当时星命骨相的迷信的影响，（他有《骨相篇》，很赞成骨相的迷信。）故把富贵贫贱归到星位的尊卑大小，却不知道这种说法和他的《逢遇》《累害》《幸偶》等篇是不相容的。既说贫富定于天象，何以又说祸福由于外物的累害呢？

王充的命定论虽然有不能使人满意的地方，但是我们都可以原谅他，因为他的动机只是要打破"人事可以感动天道"的观念，故他极力提倡这种"莫之致而至"的命定论，要人知道死生富贵贫贱兵烧压溺都是有命的，是不能改变的。他要推翻天人感应的宗教，故不知不觉的走到极端，主张一种极端的有命论。

不但人有命，国也有命。王充这种主张，也是对于天人感应的灾异祥瑞论而发的。他说：

> 世谓古人君贤则道德施行，施行则功成治安。人君不肖则道德顿废，顿废则功败治乱。……如实论之，命期自然，非德化也。……夫贤君能当治安之民，不能化当乱之世。良医能行其针药，使方术验者，遇未死之人得未死之病也。如

秦汉经学　133

命穷病困，则虽扁鹊末如之何。……故世治非贤圣之功，衰乱非无道之致。国当衰乱，贤圣不能盛。时当治，恶人不能乱。世之治乱在时不在政。国之安危在数不在教。贤不贤之君，明不明之政，无能损益。（《治期》）

这种极端的国命论，初看了似乎很可怪，其实只是王充的有命论的自然趋势。王充痛恨当时的天人感应的政治学说，故提倡这种极端的议论，他的目的只是要人知道"祸变不足以明恶，福瑞不足以表善。"（《治期篇》中的语）他这种学说，也有很精采的部分，例如他说：

夫世之所以为乱者，不以贼盗众多，兵革并起，民弃礼仪，负畔其上乎？若此者，由谷食乏绝，不能忍饥寒。夫饥寒并至而能无为非者寡。然则温饱并至而能不为善者希。……让生于有余，争起于不足。谷足食多，礼义之心生。礼丰义重，平安之基立矣。故饥岁之春，不食亲戚；穰岁之秋，召及四邻。不食亲戚，恶行也。召及四邻，善义也。为善恶之行不在人质性，在于岁之饥穰。由此言之，礼义之行，在谷足也。案谷成败自有年岁，年岁水旱，五谷不成，非政所致，时数然也。必谓水旱政治所致，不能为政者莫过桀纣，桀纣之时宜常水旱。案桀纣之时无饥耗之灾。灾至自有数，或时返在圣君之世。实事者说尧之洪水，汤之大旱，皆有遭遇，非政恶之所致；说百王之害，独为有恶之应；此见尧汤德优，百王劣也。审一足以见百，明恶足以照善。尧汤证百王。至百王遭变非政所致，……五帝致太平非德所就，明矣。（《治期》）

这是一种很明茎的"唯物的历史观"。最有趣的就是，近世马克思（Marx）的唯物史观也是和他的"历史的必然趋向说"是相关的；

王充的唯物观也是和他的"历史的命定论"是在一处的。

这种国命论和班彪一流人的《王命论》大不相同。班彪（生西历三年，死四五年）生当王莽之后，眼见隗嚣、公孙述一班人大家起兵想做皇帝，故他的"王命论"只是要人知道天命有归，皇帝是妄想不到的。故他说：

> 帝王之祚必有明圣显懿之德，丰功厚利积累之业，然后精诚通于神明，流泽加于生民，故能为鬼神所福飨，天下所归往。未见运世无本功德不纪，而得崛起在此位者也。世俗见高祖兴于布衣，不达其故，以为适遭暴乱，得奋其剑；游说之士至比天下于逐鹿，幸捷而得之，不知神器有命，不可以智力求也。悲夫，此世所以多乱臣贼子者也。……夫饿馑流隶，……亦有命也。况乎天子之贵，四海之富神明之祚，可得而妄处哉？故虽遭罹阨会，窃其权柄，勇如信布（韩信、黥布），强如梁籍（项梁、项籍），成如王莽，然辛润镬伏锧，烹醢分裂，又况么䴖尚不及数子，而欲暗干天位者乎？……英雄诚知觉悟，畏若祸戒，……距逐鹿之瞽说，审神器之有授，毋贪不可几，……则福祚流于子孙，天禄其永终矣。（班彪《王命论》）

这种王命论是哄骗那些野心的豪杰的。王充的《国命论》是规劝那些迷信灾异祥瑞的君主的。我们知道他们当时的时势，便可懂得他们的学说的用意。懂得他们的用意，便能原谅他们的错谬了。

第三章
魏晋玄学

汤用彤

汤用彤（1893—1964）
北京大学教授、校务委员会主席、副校长

字锡予，湖北黄梅人，哲学家、佛学家、教育家、国学大师。专治佛教史、中国古代哲学史和印度哲学史等，对玄学与佛学的关系、中国佛教史的发展规律、魏晋玄学的本末有无之辩等问题，均有创见。主要著作有《汉魏两晋南北朝佛教史》《魏晋玄学论稿》等，论著编为《汤用彤全集》。

言意之辨

章太炎《五朝学》有云:"俗士皆曰,秦汉之政踔踔异晚周,六叔(魏、晋、宋、齐、梁、陈)之俗孑尔殊于汉之东都。其言虽有类似。魏晋者俗本之汉,陂陀从迹以至,非能骤溃。"(《章氏丛书·文录》卷一)夫历史变迁,常具继续性。文化学术虽异代不同,然其因革推移,悉由渐进。魏晋教化,导源东汉。王弼为玄宗之始,然其立义实取汉代儒学阴阳家之精神,并杂以校练名理之学说,探求汉学蕴摄之原理,扩清其虚妄,而折衷之于老氏。于是汉代经学衰,而魏晋玄学起。故玄学固有其特质,而其变化之始,则未尝不取汲于前代前人之学说,渐靡而然,固非骤溃而至。今日而欲了解玄学,于其义之所本,及其变迁之迹,自不可忽略也。

复次,研究时代学术之不同,虽当注意其变迁之迹,而尤应识其所以变迁之理由。理由又可分为二:一则受之于时风。二则谓其治学之眼光之方法。新学术之兴起,虽因于时风环境,然无新眼光新方法,则亦只有支离片段之言论,而不能有组织完备之新学。故学术,新时代之托始,恒依赖新方法之发现。夫玄学者,谓玄远之学。学贵玄远，则略于具体事物而究心抽象原理。论天道则不拘于构成质料（cosmology），而进探本体存在（ontology）。论人事则轻忽有形之粗迹，而专期神理之妙用。夫具体之迹象，可道者也，有言有名者也。抽象之本体，无名绝言而以意会者也。迹象本体之分，由于言意之辨。依言意之辨，普遍推之，而使之为一切论理之准量，则实为玄学家所发现之新眼光新方法。王弼首唱得意忘言，虽以解《易》，然实则无论天道人事之任何方面，悉以之为权衡，故能建树有系统之玄学。夫汉代固尝有人祖尚老庄，鄙薄事功，而其所以终未舍弃天人灾异通经致用之说者，盖尚未发现此新眼光新方法而普遍用之也。

由此言之，则玄学统系之建立，有赖于言意之辨。但详溯其源，则言意之辨实亦起于汉魏间之名学。名理之学源于评论人物。《抱朴子·清鉴篇》曰：

> 区别臧否，瞻形得神，存乎其人，不可力为。自非明并日月，听闻无音者，愿加清澄，以渐进用，不可顿任。

盖人物伪似者多，辨别极难。而质美者未必优于事功，志大者而又尝识不足。前者乃才性之名理，后者为志识之名理，凡此俱甚玄微，难于辨析。而况形貌取人必失于皮相。圣人识鉴要在瞻外形而得其神理，视之而会于无形，听之而闻于无音，然后评量人物，百无一失。

此自"存乎其人，不可力为"；可以意会，不能言宣（此谓言不尽意）。故言意之辨盖起于识鉴。晋欧阳建《言尽意论》(《艺文类聚》十九）曰：

> 世之论者以为"言不尽意"，由来尚矣。至乎通才达识咸以为然。若夫蒋公之论眸子，钟、傅之言才性，莫不引此为谈证。

魏晋间名家之学流行，而言不尽意则为推求名理应有之结论。时人咸喜月旦品题，自渐悟及此义。故当时通才达识咸以为然。而魏世蒋济著论谓观眸子可以知人，钟会傅嘏之辨论才性，为名理上最有名之讨论（按会嘏均《四本论》中人。又钟傅或指太傅钟繇，然繇未闻论才性），均引言不尽意以为谈证。尤可见此说源于名理之研求，而且始于魏世也。欧阳建主张言可尽意，而其论中亦述及言不尽意之义。其文曰：

　　　　夫天不言而四时行焉，圣人不言而鉴识存焉。形不待名而圆方已著，色不俟称而黑白已彰。然则名之于物无施者也，言之于理无为者也。

　　名家原理，在乎辨名形。然形名之检，以形为本，名由于形，而形不待名，言起于理，而理不俟言。然则识鉴人物，圣人自以意会，而无须于言。魏晋名家之用，本为品评人物，然辨名实之理，则引起言不尽意之说，而归宗于无名无形。夫综核名实，本属名家，而其推及无名，则通于道家。而且言意之别，名家者流因识鉴人伦而加以援用，玄学中人则因精研本末体用而更有所悟。王弼为玄宗之始，深于体用之辨，故上采言不尽意之义，加以变通，而主得意忘言。于是名学之原则遂变而为玄学家首要之方法。

　　案《周易》系辞云："子曰，书不尽言，言不尽意。然则圣人之意，其不可见乎。"夫易建爻象，应能尽意（参看李鼎祚《集解》引虞翻、陆绩、侯果、崔憬之注），其曰"言不尽意"者自有其说。王辅嗣以老庄解《易》，于是乃援用《庄子·外物篇》筌蹄之言，作《易略例·明象章》，而为之进一新解。文略曰："尽意莫若象，尽象莫若言。"

　　然"言者所以明象，得象而忘言。象者所以存意，得意而忘象"。"是故存言者非得象者也，存象者非得意者也。"然则"忘象者乃得意者也，忘言者乃得象者也"。因此言为象之代表，象为意之代表，二者均为得意之工具。吾人解《易》要当不滞于名言,忘言忘象,体会其所蕴之义,则圣人之意乃昭然可见。王弼依此方法,乃将汉易象数之学一举而廓清之,汉代经学转为魏晋玄学,其基础由此而奠定矣。

王弼之说起于言不尽意义已流行之后,二者互有异同。盖言不尽意,所贵者在意会;忘象忘言,所贵者在得意。此则两说均轻言重意也。唯如言不尽意,则言几等于无用,而王氏则犹认言象乃用以尽象意,并谓"尽象莫若言""尽意莫若象",此则两说实有不同。然如言不尽意,则自可废言,故圣人无言,而以意会。王氏谓言象为工具,只用以得意,而非意之本身。故不能以工具为目的,若滞于言象则反失本意,此则两说均终主得意废言也。

王氏新解,魏晋人士用之极广,其于玄学之关系至为深切。凡所谓"忘言忘象""寄言出意""忘言寻其所况""善会其意""假言""权教"诸语皆承袭《易略例·明象章》所言。兹归纳群言,缕陈其大端于下:

第一,用于经籍之解释。王弼作有《论语释疑》,书已佚,大旨当系取文义难通者为之疏抉(故于《论语》十卷只有释疑三卷)。子贡曰:"回也闻一以知十,赐也闻一以知二。"夫回赐优劣固为悬殊,然二、十之数,依何而定?张封溪曰:"一者数之始,十者数之终。颜生体有厚识,故闻始则知终。子贡识劣,故闻始裁知至二也。"其说牵强泥于文义。而王弼曰:"假数以明优劣之分,言己与颜渊十裁及二,明相去悬远也。"(皇疏三)又"子曰:'君子而不仁者有矣夫,未有小人而仁者也'"。孔安国注云:"虽曰君子,犹未能备也。"是君子犹可不仁,其义颇为费解。而王弼曰:"假君子以其小人之辞,君子无不仁也。"(皇疏七)此均以假言之说释《论语》中之滞义。其后晋人注疏多用此法,如《论语》"子曰:'吾不复梦见周公。'"李充注曰:"圣人无想,何梦之有,盖伤周德之日衰,哀道教之不行,故寄慨于不梦。"

(皇疏四)又"季子然问仲由冉求可谓大臣欤?"缪协称中正曰:"所以假言二子之不能尽谏者,以说季氏虽知贵其人而不能敬其言也。"（皇疏六）凡魏晋南朝之解经依此法者甚多，不必详述，但凡会通其义而不拘拘于文字者皆根据寄言出意之精神也。

汉代经学依于文句，故朴实说理，而不免拘泥。魏世以后，学尚玄远，虽颇乖于圣道，而因主得意，思想言论乃较为自由。汉人所习章句，魏晋所尚者曰"通"。章句多随文饰说，通者会通其义而不以辞害意。《左氏传》杜注曰："诗人之作各以情言，君子论之，不以文害意。故《春秋传》引《诗》不皆与今说《诗》者同，后皆仿此。"（隐公元年）不以文害意（文本《孟子》），盖亦源于寄言出意之旨，而为魏晋玄学注解之通则也。魏晋注疏恒要言不烦，自抒己意。书之大旨或备于序文，如郭象注《庄子》之序是也。学问之体要，或具分述于"品目义"（谓篇名下之解释）中，张湛《列子》篇名之注是也。二者均谓之"通"，原在总论大义。至若随文作注，亦多择其证成己意处会通其旨略。未必全合于文句。故向秀观书鄙章句（颜延年《五君咏》），陶渊明好读书不求甚解，每有所会，欣然忘食。（《五柳先生传》）《世说·轻诋篇》注引《支遁传》曰：

> 遁每标举会宗，而不留心象喻，解释章句或有所漏，文字之徒多以为疑。谢安石闻而善之，曰：此九方皋之相马也，略其玄黄而取其骏逸。

沙门支道林为东晋谈玄之领袖，其所制作，群公赏为"名通"，其为学风格如此，南方之习尚可知矣。《世说·文学篇》曰：

> 褚季野语孙安国云："北人学问渊综广博。"孙答曰："南人学问清通简要。"支道林闻之曰："圣贤固所忘言，自中人以还，北人看书如显处视月，南人学问如牖中窥日。"

支所言固亦譬成孙、褚之理，但"显""牖"谓学之广、约，"日""月"指光之明、暗，自是重南轻北，而其归宗于忘言得意，则

魏晋玄学　143

尤见玄学第一义谛之所在也。

第二，忘象忘言不但为解释经籍之要法，亦且深契合于玄学之宗旨。玄贵虚无，虚者无象，无者无名。超言绝象，道之体也。因此本体论所谓体用之辨亦即方法上所称言意之别。二义在言谈运用虽有殊，但其所据原则实为同贯。故玄学家之贵无者，莫不用得意忘言之义以成其说。崇尚虚无者魏晋人士甚多，不能详陈。唯其最早有二系：一为王、何，一为嵇、阮。王辅嗣兼综名理，其学谨饬。汉代易学，拘拘于象数，繁乱支离，巧伪滋盛，辅嗣拈出得意忘象之义，而汉儒之学，乃落下乘，玄远之风，由此发轫。此为通常人所熟知，无须具论。

至若嵇叔夜则宅心旷达，风格奔放。其学与辅嗣大异，然得意废言之旨，固亦其说之骨干，兹请略陈之。盖王氏谨饬注重者本体之宗统，嵇氏奔放欣赏者天地之和美。嵇叔夜深有契于音乐，其宇宙观察颇具艺术之眼光（阮嗣宗亦同）。虽思想浮杂难求其统系，然概括言之，其要义有二。首则由名理进而论音声，再则由音声之新解而推求宇宙之特性。（一）名理之学本在校练名实，然其后乃因言象之讨论进而为无名之说。嵇康《声无哀乐论》本引及得意（文曰，能反三隅者得意之言），论中曾谓圣人鉴识不借言语。盖心不系于所言，言或不足以证心。

> 夫言非自然一定之物，五方殊俗，同事异号，举一名以为标识耳。

言为工具，只为心意之标识。意有定旨，而言则可因俗而殊。由此而可知声仅可有和音，而哀乐则因人心而不同。故嵇氏之意托大同于声音，归众情于人心。"和声无象"，不以哀乐异其度，犹之乎得意当无言，不因方言而异其所指也。（二）夫声无哀乐（无名），故由之而"欢戚并见"，亦犹之乎道体超象（无名），而万象由之并存。于是乃由声音而推及万物之本性。故八音无情，纯出于律吕之节奏，而自然运行，亦全如音乐之和谐。阮嗣宗《乐论》曰："夫乐者，天地之体、万物之性也。""昔者圣人之作乐也，将以顺天地之性，体万物之生也。"中散之义根本与步兵相同。综上所言，嵇氏盖托始于名学而终归于道家，其论证本亦用忘言得意之义也。

第三，忘言得意之义，亦用以会通儒道二家之学。汉武以来，儒家独尊，虽学风亦随时变，然基本教育固以正经为中心，其理想人格亦依儒学而特推周、孔。三国、晋初，教育在于家庭，而家庭之礼教未堕。故名士原均研儒经，仍以孔子为圣人。玄学中人于儒学不但未尝废弃，而且多有著作。王、何之于《周易》《论语》，向秀之《易》，郭象之《论语》，固悉当代之名作也。虽其精神与汉学大殊，然于儒经甚鲜诽谤。（阮嗣宗非尧舜，薄汤武，盖一时有激而发。）《论语》子见南子本孔安国所疑（《集解》三），王仲任并大加非议（《论衡·问孔篇》），然王弼祖尚老学，而于此不但不愿如仲任之问孔，而且巧为之说，以释安国之疑。文云（皇疏三）：

> 案本传，孔子不得已而见南子，犹文王拘羑里，盖天命之穷会也。子路以君子宜防患辱，是以不悦也。
> 否泰有命，我之所屈不用于世者，乃天命厌之，言非人事所免也。重言之者，所以誓其言也。

夫天地四时犹有消息，而况人乎。此玄学家山涛引《易经》以答嵇绍之语。（见《世说·政事篇》，参看《言语篇》张天锡答王中郎。）是义自非关汉代之阴阳，而指魏晋之自然。辅嗣引此以为孔书辩护，虽阳尊儒道而阴已令道家夺儒家之席矣。玄学人注经，巧为解释，大率类此，不必详举。

虽然孔子重仁义，老庄尚道德；儒书言人事，道家谈玄虚，其立足不同，趣旨大异。儒书多处如子见南子之类，虽可依道家巧为解说，而（甲）六经全豹实不易以玄学之管窥之，又（乙）儒书与诸子中亦间有互相攻击之文，亦难于解释。前者为儒道根本之差异，后者为文句上之冲突，二者均不得不求一方法以救之。此法为何？忘言得意之义是矣。

（甲）玄学贵尚虚无，而圣人（孔子）未尝致言。儒书言名教，老庄谈自然。凡老庄玄学所反复陈述者均罕见于儒经，则孔老二教，全面冲突，实难调和。魏晋人士于解决此难其说有二。其一则谓虚无之义固为圣人所体，但教化百姓如不用仁义名教，则虽高而不可行，此说见王弼答裴徽之语（《世说·文学篇》及注），郭象之《庄子注》序。然与言意之辨无关，兹可不论。其二则以虚无为本，教化为末，本末者即犹谓体用。致用须有言教（儒经），而本体（玄旨）则绝于言象。吾人不能弃体而徒言其用，故亦不能执著言教，而忘其象外之意。《论语》孔子曰："予欲无言"，又曰："天何言哉。"王弼解之（皇疏九）已用此旨：

> 夫立言垂教，将以通性，而弊至于湮。寄旨传辞，将以正邪，而势至于繁。既求道中，不可胜御，是以修本废言，则天而行化。

"寄旨"于言，本以出意。如言教而至于繁（如汉人之学），则当反求其本，修本者废言，则天而行化。此仍本得意忘言之义（何晏《集解》云，言益少故欲无言，旨趣与王不同）。晋人张韩（严可均谓"韩"疑"翰"误）作《不用舌论》（《艺文类聚》十七）引"天何言哉"，其解释与王说亦同，原文曰：

> 余以留意于言，不如留意于不言。徒知无舌之通心，未尽有舌之必（疑本不字）通心也。仲尼云："天何言哉，四时行焉。""夫子之文章可得而闻也。夫子之言性与天道不可得而闻。"（下略）

盖得意者废言，世人徒知晓晓然称赏得意，而不识废言然后得意，仲尼所云，均示废言之义，然则圣人固以言教人（儒书），而其本实在于无言也（至道虚无）。

张韩所引《论语·性与天道章》，尤为魏晋人士所尝道。《论语》"子贡曰：'夫子之文章可得而闻也，夫子之言性与天道不可得而闻也。'"按性与天道，汉儒与晋人所解悬殊，甚见学风之不同，兹姑不论。其"不可得而闻"一语，汉儒似有二解。

（一）《史记·天官书》云：

> 孔子论六经，纪异而说不书，至天道性命不传，传其人不待告，告非其人，虽言不著。

此则不可得闻，谓非其人则不传。

（二）桓谭上光武疏（《后汉书》本传，参看《汉书·张禹传》）云：

> 观先王之记述，咸以仁义正道为本，非有奇怪虚诞之事，盖天道性命圣人所难言也。自子贡以下不得而闻，而况后世浅儒能通之乎。

此则天道性命均圣人所难言。自子贡以下，不可得而闻。上述二解虽稍殊，然其取义均与上引张韩之语根本不同。推求张氏之意，性与天道事绝言称（任昉《答示七夕诗启》语）。天本无言，自不得闻。执可闻之教，可道之道（用），而欲穷理尽性（体），则直认用为体，误指为月矣。是以留意于言，不如留意于不言，即得意忘言之旨也。

综上所陈，则立言设教虽有训人之用（儒书），而天道性命本越言象，故无言自为圣人之所体（玄学道本无言）。夫如是则圣人所言，虽与玄学之旨殊，而于圣人所无言处探求之，则虚无固仍为圣人之真性，与老庄之书所述者无异也。魏晋人士既持此说，于是乃一方解答儒书与老庄何以面目全殊，一方则以老庄为本，儒教为末。学者当不存言而忘其意，修其末而反废其本也。此虽调和孔老，而实崇道卑儒

魏晋玄学　147

也。按魏世荀粲解释性与天道一章以儒经为糠秕，其说较上述尤为极端。《魏志》引何劭《荀粲传》云：

> 粲诸兄并以儒术论议，而粲独好道。常以为子贡称夫子之言性与天道不可得闻，然则六籍虽存，固圣人之糠秕。粲兄俣难曰：易亦云，圣人立象以尽意，系辞焉以尽言，则微言胡为不可得而闻见哉。粲答曰：盖理之微者，非物之象所举也。今称立象以尽意，此非通于意外者也。系辞焉以尽言，此非言乎系表者也。斯则象外之意，系表之言，固蕴而不出矣。

至道超乎象外，出乎系表。性与天道，自不可得而闻，然则六经固圣人之糟粕（详皇疏九）先王之陈迹也（《庄子·天运篇》及郭注）。荀粲之义盖本之言不尽意，与王弼说忘言得意者不同，而弼并亦无糠秕六经之意，盖粲独好道，而弼言圣人体无（圣人谓孔子，见《世说·文学篇》弼答裴徽），实阴相老庄，阳崇孔氏。表面上仍以儒家为本位，故不能如粲之攻击儒书也。夫儒经既为糠秕，则孔、老差异根本推翻。二教冲突乃浅识者之自扰。然粲此说本言不尽意义应有之结论。由此可见言意之辨，于玄学之建立关系至大也。

总之，玄学家主张儒经圣人，所体者虚无；道家之书，所谈者象外。圣人体无，故儒经不言性命与天道；至道超象，故老庄高唱玄之又玄。儒圣所体本即道家所唱，玄儒之间，原无差别。至若文字言说均为方便，二教典籍自应等量齐观。不过偏袒道家者则根据言不尽意之义，而言六经为糠秕，荀粲是也。未忘情儒术者则谓寄旨于辞，可以正邪，故儒经有训俗之用，王弼是矣。（上引皇疏九孔子无言王弼说及《世说》王答裴徽语）二说因所党不同，故所陈互殊。然孔子经书，不言性道。老庄典籍，专谈本体。则老庄虽不出自圣人（孔子）之口，然其地位自隐在六经以上，因此魏晋名士固颇推尊孔子，不废儒书，而其学则实扬老庄而抑孔教也（查《抱朴子·尚博篇》崇奉正经，而以诸子为"筌蹄"，其说与时人不同。盖葛洪黜浮华奖礼教，以神仙为内，儒术为外，犹是汉人之旧习，非玄学中人也）。

（乙）根本差异之调和如上述。然老庄之书绝圣弃智，而儒家著作亦鄙薄诸子。此类文句，冲突显然，甚为难通。按子书中之毁非圣人，莫明于《庄子》。儒家之轻鄙庄老则有《法言》。因是向、郭注《庄》，李轨注《法言》，均不能不于此项困难之处，设法解决，其法为何，仍为寄言出意是也。

"向子期以儒道为一"（谢灵运《辨宗论》），郭象袭取其注，立义亦同。《庄子·大宗师》孔子自谓游方之内，而《庄子》之文所宗者固乃游方之外（子桑户等三人），其言显以孔子为陋。然郭象则会通儒道，谓游外者必弘内，文有曰：

> 是故庄子将明流统之所宗（谓游外）以释天下之可悟。若其就称仲尼之如此（若直谓孔子弘内），或则将据所见以排之（六经文字乃众人所知见），故超圣人之内迹而寄方外于数子（子桑户等）。宜忘其所寄以寻述作之大意，则夫游外弘内之道坦然自明，而《庄子》之书，故是超俗盖世之谈矣。

由此言之，读《庄子》须忘言得意，乃能了然其所言实不背于孔子之学，而可知庄子并无毁仲尼之意。按《世说·文学篇》云：向秀"大畅玄风"，而《晋书》本传曰：庄注出世而"儒墨之迹见鄙，道家之言遂盛矣"。夫玄风之畅，儒学之消沉，自不始于向秀。然向、郭之注庄，不但解庄绝伦，而其名尊圣道，实唱玄理，融合儒道，使不相违，遂使赖乡夺洙泗之席。王、何以来，其功最大。按郭注开始，即告吾人读《庄》之法，须"要其会归，遗其所寄"。可知此义与向、郭之学关系甚大，余已另有文论之（《北大四十周年纪念册》乙编上），兹不赘。

扬雄《法言》尊孔教而排诸子。《修身篇》以韩非、庄子并言。

东晋李轨注（秦氏影宋本）曰：

> 庄周与韩非同贯，不亦甚乎。惑者甚众，敢问何谓也？曰，庄虽借喻以为通妙，而世多不解。韩诚触情以言治，而阴薄伤化。然则周之益也其利迂缓，非之损也其害交急。仁既失中，两不与耳，亦不以齐其优劣比量多少也，统斯以往，何嫌乎哉。又问曰，自此以下凡论诸子莫不连言乎庄生者，何也？答曰，妙旨非见形而不及道者之言所能统，故每遗其妙寄，而去其粗迹。一以贯之，应近而已。

《君子篇》李注亦曰：

> 此章有似驳庄子，庄子之言远有其旨。不统其远旨者，遂往而不反，所以辨之也。各统其所言之旨，而两忘其言，则得其意也。

李轨以为无为之本乃圣人与老子所同（《问道篇》注），而注中所陈颇袭向、郭注《庄》之义（兹不能详）。其于扬子诽议庄周，亦同用寄言之法，解释其抵牾，其事与《庄子注》全同。则李弘范虽名注儒书，实宗玄学也。

第四，言意之辨，不唯与玄理有关，而于名士之立身行事亦有影响。按玄者玄远。宅心玄远，则重神理而遗形骸。神形分殊本玄学之立足点。学贵自然，行尚放达，一切学行，无不由此演出。阮籍《答伏义书》有曰：

> 徒寄形躯于斯域，何精神之可察。

形骸粗迹，神之所寄。精神象外，抗志尘表。由重神之心，而持寄形之理，言意之辨，遂亦合于立身之道。卢湛《赠刘琨诗》有曰：

> 谁谓言精，致在赏意。不见得鱼，亦忘厥饵。遗其形骸，寄之深识。

嵇康《赠秀才入军诗》有曰：

> 俯仰自得，游心泰玄，嘉彼钓叟，得鱼忘筌，郢人逝矣，谁与尽言。

魏晋士大夫心胸，务为高远，其行径虽各有不同，而忘筌之致，名士间实无区别也。概括论之，汉人朴茂，晋人超脱。朴茂者尚实际。故汉代观人之方，根本为相法，由外貌差别推知其体内五行之不同。汉末魏初犹颇存此风（如刘劭《人物志》），其后识鉴乃渐重神气，而入于虚无难言之域。即如人物画法疑即受此项风尚之影响。抱朴子尝叹观人最难，谓精神之不易知也。顾恺之曰"凡画人最难"，（张彦远《历代名画记》卷一）当亦系同一理由。《世说·巧艺篇》云：

> 顾长康画人或数年不点目精，人问其故，顾曰："四体妍蚩，本无关于妙处，传神写照正在阿堵中。"

数年不点目睛（《人物志》谓征神于目），具见传神之难也。四体妍蚩，无关妙处（参看同书顾长康画裴楷），则以示形体之无足轻重也。汉代相人以筋骨，魏晋识鉴在神明。顾氏之画理，盖亦得意忘形学说之表现也（魏晋文学争尚隽永，《文心雕龙》推许隐秀，隽永谓甘美而义深长，情在词外曰隐，状溢目前曰秀，均可知当时文学亦用同一原理，此待另论之。）

魏晋名士谈理，虽互有差别，但其宗旨固未尝致力于无用之言，而与人生了无关系。清谈向非空论，玄学亦有其受用。彼神明之贵尚，象外之追求，固可有流弊遗害国家，然玄理与其行事仍求能一

魏晋玄学　151

贯，非空疏不适实用之哲理也。大凡欲了解中国一派之学说，必先知其立身行己之旨趣。汉晋中学术之大变迁亦当于士大夫之行事求之。汉世以察举取士，而天下重名节。月旦品题，乃为士人之专尚。然言貌取人，多名实相乖，由之乃忽略"论形之例"而竟为"精神之谈"（《抱朴子·清鉴篇》），其时玄风适盛，乃益期神游，轻忽人事，而理论上言意之辨，大有助于实用上神形之别。世风虽有迁移，而魏晋之学固出于汉末，而在在与人生行事有密切之关系也。

魏晋名士之人生观，既在得意忘形骸。或虽在朝市而不经世务，或遁迹山林，远离尘世。或放弛以为达，或佯狂以自适。然既旨在得意，自指心神之超然无累。如心神远举，则亦不必故意忽忘形骸。读书须视玄理之所在，不必拘于文句。行事当求风神之萧朗，不必泥于形迹。夫如是则身虽在朝堂之上，心无异于在山林之中。"名教中自有乐地"，不必故意造作也。（山涛言名教有乐地语，亦另含一义，兹不赘。）故嵇阮之流，虽贵"得意，忽忘形骸"（《晋书·阮籍传》），而何劭（敬祖）《赠张华诗》则曰："奚用遗形骸，忘筌在得鱼。"二者均用得意忘言之旨也。

夫依何劭之义得意者固尝抗迹尘表。而既已得意，亦不必执著，务期忽忘形骸。《广弘明集》载东晋（原作"陈"，误）张君祖（张翼，字君祖，晋东海太守，详唐窦蒙《述书赋》注，载《法书要录》卷五。）《咏怀诗》云："运形不标异，澄怀恬无欲"，"何必玩幽闲，青衿表离俗"，盖得何劭之旨。夫沙门居山林，绝俗务，不但义学与玄理相通，即其行事亦名士所仰慕，故晋世佛法大行，竺法将遁居西山（疑为宣城之华阳山），张君祖特作诗以嘲之。而康僧渊（康原作"庚"，误）亦以诗答。康序谓君祖之诗"虽云言不尽意，盖亦几矣"。

实则依忘言得意论之，牵于俗务，固未忘言；远遁西山，亦未必得意。居士若果澄怀无欲，则在朝市中，亦可以忘筌（张诗曰，"居士亦有党"，可称为明代居士派之远祖）。君祖答诗有曰：

冲心超远寄，浪怀邈独往。众妙常所晞，维摩余所赏

（维摩居士未出家）。苟未体善权，与子同佛仿，悠悠诫满域，所遗在废想。

既言不尽意，则所贵者自在得意。既贵得意，而碍于形迹，则徒得至道之仿佛，外虽貌似，而内未神全。拘拘然恪守言教，而未了言教本为方便。佛家善权方便，本合于玄家得意忘形之义。故君祖言及，以嘲僧人。夫沙门康僧渊序中叹"言不尽意"，而岂知君祖固善于言意之妙谛也耶。（王坦之《沙门不得为高士论》意亦同，看《世说·轻诋篇》所记。）

复次，观上述四端，可知言意之辨，在玄理中其地位至为重要。

魏晋佛学为玄学之支流，自亦与之有关系，今请进而论之。玄学之发达乃中国学术自然演化之结果，佛学不但只为其助因，而且其入中国本依附于中华之文化思想以扩张其势力。大凡外国学术初来时理论尚晦，本土人士仅能作支节之比附。及其流行甚久，宗义稍明，则渐可观其会通。此两种文化接触之常例，佛学初行中国亦然。其先比附，故有竺法雅之格义。及晋世教法昌明，则亦进而会通三教。于是法华权教，般若方便，涅槃维摩四依之义流行，而此诸义，盖深合于中土得意忘言之旨也。

佛教来华，在于汉之中叶。佛学始盛，约在桓灵之世。安世高于桓帝时到中夏，其学稽古，善于禅教。当其讲说，悉就经中之事数，逐条依次，口解其义。盖西方沙门，除初步知识外，始受佛学，疑均诵"毗昙"。毗昙（阿毗达磨）者即"对法"，盖对于佛所说之法加以整理划一。最初之形式，如《长阿含》之《十报法经》，依数目之次序（四谛五阴等），逐项陈述。此原附于"契经"（修多罗）之中，其后分出，别立"对法"，为三藏之一。"对法"亦名摩得立迦，原义即为目录，盖佛说之纲目也。故毗昙学家长于阐明法数（因称为"数学"学）。然佛学名相，本难了解，而欲中国人信受，尤不得不比附此土已有之理论。故五阴四大乃比于元气五行（见《察微王经》），而真谛俗谛乃比于常道与可道（道安之说）。两晋之间竺法雅讲经乃立

魏晋玄学　153

格义，以经中事数拟配外书，授之门徒。此种比附条例，当系承汉末以来授经者所积累，法雅不过总其成，广而述之耳。按事数之书，其性质颇与汉人象数之学相同，而五阴四大尤与汉代之理论相通。故格义者疑精神上大体仍依附汉学。按道安乃玄学家，然其在河北时，汉代学风实甚显著，由此可以推知竺法雅之学，似亦承汉学之旧风也。

华人融合中、印之学，其方法随时代变迁，唐以后为明心见性，隋唐为判教。而晋与南朝之佛学则由比附（格义）进而为会通，其所用之方法，仍在寄言出意。佛教玄学之大师，首推西晋竺法护，法护月支人，专弘般若方等之学。般若学扫除名相，其精神与"数学"家极不相同（因此而佛教之谈玄者称曰义学以别之），而汉末佛徒安玄，学宗大乘，"常与沙门讲论道义，世谓之为都尉玄。"（《祐录》十五）疑中国般若家讲经，早已有人与数论家不同。而般若方便之义，法华权教之说，均合乎寄言出意之旨。（维摩四依至罗什译文乃显，支谦所译文晦不明。）竺法护宗般若译法华，故名士推为名僧中之山涛。（孙绰《道贤论》）按《法华经》于中国宗教及文学上影响甚大，而在哲理上则虽有天台依之建立宗义，然其崇拜法华（法华谶议），大唱圆顿止观（法华三昧），根本仍均注重宗教方面。但什公前后，法华亦备受义学沙门所尊崇。然考其故则不在宗教而在玄理。夫《法华经》本为般若实相学之羽翼。慧观《法华宗要序》（《祐录》八）引经颂曰：

> 是法不可示，言辞相寂灭。

此颂出于方便品，慧观特提出此文，必由罗什所指示。夫至道绝言超象，则文句亦圣人真意之糟粕耳。如此则二乘及一切教法悉为权说。夫玄学前既以得意之说混一孔老。此则依权教之义，亦可会通三教。夫道一而已矣，圣人之意，本自相同，而圣人之言则因时因地而殊。吾人绝不可泥于文字之异，而忘道体之同。故晋代人士咸信至道玄远，本源无二致。而善权救物，枝末可有短长。本一末异，同归殊途。学者要当不滞于末而忘其本，不以指为月，得鱼忘筌，得意忘言，斯乃可矣。

佛教玄理既亦主得意忘象，则自推魏安世高系之小乘毗昙，于是大乘义学因之兴盛，小乘数学由之消沉。故得意之说虽亦会通内外，而与格义比附，精神上迥然有别。格义限于事数，而忘言则超于象外。东晋佛徒释经遂与名士解儒经态度相同。均尚清通简要，融会内外，通其大义，殊不愿执著文句，以自害其意。故两晋之际有名僧人，北方首推释道安，则反对格义；南方倾倒支道林，则不留心文句。于法开"深思孤发，独见言表"。释慧远本不废儒经。然道既忘言，故读般若经而叹儒道九流皆为糠秕，其所持理由疑与荀粲之言相同。苻秦之末年，一切有部颇流行中国。然未久而鸠摩罗什来华，什公本排有部毗昙，崇尚无相空宗。故其弟子虽亦颇习有部，但极轻视事数名相。僧叡《十二门论序》（《祐录》十一）云：

正之以十二则有无兼畅，事无不尽。事尽于有无，则忘功于造化。理极于虚位，则表我于二际。然则表我在乎落筌，筌忘存乎遗寄。筌我兼忘，始可几乎实矣。

昙影《中论序》（《祐录》十一）云：

夫万化非无宗，而宗之者无相；虚宗非无契，而契之者无心。故至人以无心之妙慧而契彼无相之虚宗，内外并冥缘智俱寂，岂容名数于其间哉。但悕玄之质趣必有由，非名无以领数，非数无以拟宗，故遂设名而召之，立数而辨之。然则名数之生生于累者，而可以造极而非其极，故何常之有耶？是故如来始建真觉应物接粗启之以有（此指有部），后为大乘乃说空法，化适当时所悟不二（大乘实说，小乘乃权说，本《法华经》旨）。流至末叶象教之中，人根肤浅道识不明，遂废鱼守筌，存指忘月，睹空教便谓罪福俱泯，闻说

魏晋玄学　　155

相（谓有部）则谓之为真，是使有无交兴，生灭迭争，断常诸边，纷然竞起。

河西道朗，不闻其为罗什弟子，然要亦承受"关、河之学"，其《涅槃经序》（《祐录》八）云：

任运而动则乘虚照以御物，寄言蹄以通化。
或（惑）我生于谬想，非我起于因假，因假存于名数。故至我超名数而非无。

凡此上所引，一方受什公反对毗昙之影响，一方亦源出玄学得意忘言之说也。什公弟子中持此说最坚，用之最广，而最有关系者为竺道生。生公深得维摩四依、法华方便之真谛。伏膺般若绝言、涅槃超象之玄旨。于是悟曰："象者理之所假，执象则迷理；教者化之所因，束教则愚化。"（《广弘明集》慧琳《道生法师诔》）轻鄙滞文之徒，全以理为依归，故净土人所崇拜，而视为接粗之迹（道生有《佛无净土论》）。报应人所欣惧，而解为方便之言。（道生有《善不受报义》）烧身为无上功德，而生公以为经文本意，乃示更有重于身之宝。（看《法华经·药王本事品》生公疏）"观音"乃大众所诵持，而生公谓圣人权引无方，故寄之于名号。（看《法华经·观世音普门品》疏。按《法华》所叙述之神话奇迹，道生恒指为寄言出意，兹姑不具陈。）忽略形迹之筌蹄，而冥会本体于象外。虽未尝呵佛骂祖，全弃渐修，然其学不拘文句，直指心性，固虽上继什公亦且下接曹溪，虽居晋末宋初，而已后开唐宋之来学矣。

夫得意忘言之说，魏晋名士用之于解经，见之于行事。为玄理之骨干，而且调和孔老。及至东晋佛学大盛，此说黜格义之比附，而唱法华诸经之会通。于是一则弃汉代之风，依魏晋之学；二则推翻有部，专弘般若；三则同归殊途，会合三教。又按佛经事数密如稠林，不但毗昙书中，罗列满纸，即般若诸经，亦逐项破斥，此既中华所无，故颇不易悟，然废言落筌之方既通行当代，故通释佛典者只需取其大意，略其名相，自不害其弘旨。故晋人佛教撰述殊不以事数为意，大异于隋唐之注疏。即如僧肇，实得印度学之精髓，而文字不用名相，其面目与玄学家之论说同。(参看《文心雕龙·论说篇》)夫佛经事数，华人所难，而领会大意则时风所尚。晋代人士既变佛经之烦重，为玄学之"会通"，自易为学术界所接受。然则以言说为方便，非但为当日释家之紧要条目，而佛学之大见流行盖亦系于此也。

魏晋玄学流别略论

溯自扬子云以后，汉代学士文人即间尝企慕玄远。凡抗志玄妙者，"常务道德之实，而不求当世之名。阔略杪小之礼，荡佚人间之事"（冯衍《显志赋》）。"逍遥一世之上，睥睨天地之间。不受当世之责，永保性命之期"。（仲长统《昌言》）则其所以寄迹宅心者，已与正始永嘉之人士无或异。而重玄之门，老子所游。谈玄者必上尊老子。故桓谭谓老氏其心玄远与道合。冯衍"抗玄妙之常操"，而"大老聃之贵玄"。傅毅言"游心于玄妙，清思于黄老"（《七激》）。仲长统"安神闺房，思老氏之玄虚"。则贵玄言，宗老氏，魏晋之时虽称极盛，而于东汉亦已见其端矣。

然谈玄者，东汉之与魏晋，固有根本之不同。桓谭曰："扬雄作玄书，以为玄者天也，道也。言圣贤著法作事，皆引天道以为本统。而因附属万类王政人事法度。"亦此所谓天道，虽颇排斥神仙图谶之说，而仍不免本天人感应之义，由物象之盛衰，明人事之隆污。稽察自然之理，符之于政事法度。其所游心，未超于象数。其所研求，常在乎吉凶。（扬雄《太玄赋》曰："观大易之损益兮，览老氏之倚伏。"张衡因"吉凶倚伏，幽微难明，乃作《思玄赋》"。）魏晋之玄学则不然。

已不复拘拘于宇宙运行之外用，进而论天地万物之本体。汉代寓天道于物理。魏晋黜天道而究本体，以寡御众，而归于玄极（王弼《易略例·明象章》）；忘象得意，而游于物外。（《易略例·明象章》）于是脱离汉代宇宙之论（cosmology or cosmogony）而留连于存存本本之真（ontology or theory of being）。汉代之又一谈玄者曰："玄者，无形之类，自然之根。作于太始，莫之与先。"（张衡《玄图》）此则其所谓玄，不过依时间言，万物始于精妙幽深之状，太初太素之阶。其所探究不过谈宇宙之构造，推万物之孕成。及至魏晋乃常能弃物理之寻求，进而为本体之体会。舍物象，超时空，而研究天地万物之真际。

以万有为末，以虚无为本。夫虚无者，非物也。非无形之元气，在太始之时，而莫之与先也。本无末有，非谓此物与彼物，亦非前形与后形。命万有之本体曰虚无，则无物而非虚无，亦即物未有时而非虚无也。汉代偏重天地运行之物理（按扬雄、张衡之玄亦有不同，兹不详析），魏晋贵谈有无之玄致。二者虽均尝托始于老子，然前者常不免依物象数理之消息盈虚，言天道，合人事；后者建言大道之玄远无朕，而不执著于实物，凡阴阳五行以及象数之谈，遂均废置不用。因乃进于纯玄学之讨论。汉代思想与魏晋清言之别，要在斯矣。

玄学兴起之原因，兹姑不详论。但道家老庄与佛家般若均为汉晋间谈玄者之依据。其中心问题，在辨本末有无之理。然名流竞起，新义迭出。其所据尝有殊，其著眼亦各别。嵇康《卜疑》曰："宁如老聃之清净微妙，守玄抱一乎。将如庄周之齐物变化，洞达而放逸乎。"是则当时虽雅尚老庄，然其通释，固不必相同。谈老谈庄亦可各异。至于佛家般若性空，虽风行当代，而毗昙言有，亦复东来。童寿沙门与觉贤禅师，空义互殊，竟构仇怨。（《高僧传·佛陀跋多罗传》）而在什公前后，般若称六家七宗，或谓有十二家。则西国所传既不相同，中土立说亦各自异。详研魏晋僧俗之著述，其最重要之派别有四。兹分述之于下。

魏晋玄学　159

一

其一，为王辅嗣之学，释氏则有所谓本无义。其最要著作为《老子王注》。其形上之学在以无为体。其人生之学以反本为鹄。《晋书·王衍传》曰："何晏、王弼立论，天地万物皆以无为本。"盖王、何深识宗极之贞一，至道之纯静。其着眼在贞一纯全之本体。万象纷陈，制之者一。品物咸运，主之者静。《周易》王注曰：

> 凡动息则静，静非对动者也。语息则默，默非对语者也。然则天地虽大，富有万物，雷动风行，运化万变，寂然至无，是其本矣。

万有群变以无为本。是则万有归于一本。群变原即寂无。未有非于本无之外，另有实在，与之对立。故虽万物主富，变化之烈，未有不以无为本也。此无对之本体（Substance），号曰无，而非谓有无之无。

因其为道之全，故超乎言象，无名无形。圆方由之得形，而此无形。

白黑由此得名，而此无名。（参看《列子·天瑞篇》注引何晏《道论》）万有群生由之以成，而非器形之所谓生。形器之生，如此生彼，昭然二物。而宇宙之本，虽开物成务，然万物未尝对本而各有实体。《老子》三十九章，王注曰：

> 物皆各得此一以成。既成，而舍以居成。居成，则失其母。

无对贞一之本体，为物之本原。即谓万有群生，皆各不离此本而别为实有。唯人若昧于所以成，而自居于其成。一犯人之形，而曰人也，人也。则失其本，丧其母，永堕于有为之域，宥于有穷之量。夫自居于有穷之量者，未能全其用也。"执一家之量者，不能全家。执一国之量者，不能成国。"（《老子》四章王注）故人必法天法道，冲而用之。冲而用之，乃本体全体之用。不自居于成，不自宥于量，舍有穷之域，反乎天理之本。故反本者，即以无为体。以无为体，则能以无为用（即冲而用之）。以无为用，则无穷而无不载矣。（《老子》三十八章注，《周易》复卦注）

由上所言，王氏形上之学在以无为本，人生之学所反本为鹄。西晋释氏所谓本无宗者，义当相似，而不免失之太偏。本无宗人，有释道安、竺道潜、竺法汰。道安弟子慧远，法汰弟子道生之学亦可谓为其枝叶。（道生象外之谈，并重反本，与王弼同，兹不赘。但生公之学精深，非其前辈所及。）安、潜、汰等之著作少存，难详其异同。"本无"者乃"真如"之古译。佛家因以之名本体。道安解曰："无在元化之先，空为众形之始，故称本无。非谓虚豁之中，能生万有也。"（《名僧传抄》）本无者，非谓虚豁而指诸法之本性，无名无形之本体。本体本性，绝言超象，而为言象之所资。言象之域，属于因缘。本性空寂，故称本无。（道安之学，早晚不同，理论甚杂，其立说颇存汉人思想之余习，兹不详叙。）故道安高足慧远法师释本无义曰："因缘之所有者，本无之所无。本无之所无者，谓之本无。本无之与法性，同实而异名也。"（慧达《肇论疏》）然则本无义者，以真如法性为本无，因缘所生为末有。且古德尝视外书之"本末"即内典之"真俗"。故以安公本无为真谛，末有为俗谛。（慧达疏）又安曰："世俗者可道之道。无为（真谛）者，常道。"（语见《合放光光赞略解序》。此盖晋代所谓之格义。格义乃以经中事数拟配外书。）则安公之根本义，仍自取证于《老子》。按王辅嗣之学，固以其《老子注》为骨干。而万有以无为本，又道安等与之有同信。则释氏之本无宗者，实可谓与王氏同流也。唯稽考古籍，本无宗未免过于着眼在实相之崇高，而本末遂形对立。故僧肇曰："本无者，情尚于无多，触言以宾无。"此讥其崇无之太偏也。又评之曰："此直好无之谈，岂谓顺通事实，即物之情哉？"此斥其画本末为两截，因而蹈空也。又南齐周颙作《三宗论》,其第二宗"空假名",虽称为于道邃缘会之说,但亦犯此病。讥之者遂名之为案苊义。盖体用对立,则空中无有,有中无空。如苊沉举体并没,苊浮举体并出,出时无没,没时无出也。又周氏谓老子属于空假名宗。盖空假名宗执着无相主体为真,而空假名。无相独真,假名纯空。独真与纯空,自不能相容,而分有无为二截。周颙以为老子仅能有知其有,无知其无。有无不相即,故属于此宗。又此宗既贵无太过,而离有。因之于有之外,别立无之宗义。周氏言虚无之学"有外张义",故谓老子不出于此宗也。按《老子》本义如何,自为另一问题。但两晋南朝之解老者,疑多有此弊。故周颙只许老子属于第二宗也。

二

其二,为向秀、郭象之学,在释氏则有支道林之即色义。其主要著作为向、郭之《庄子注》。其形上之学主独化,其人生之学主安分。独化者,物各自然,无使之然也。世称罔两(郭注景外之微阴也)待景,景待形,形待造物。而郭象则曰:罔两非景之所制,而景非形之所使,形非无(造物)之所化。故造物者无物,而有物各自造。知有物之自造而无所待,则罔两之因景,有景必有形,皆自然而并生,俱出而俱没,岂有相资前后之差哉?万物均不为而自尔,各无待于外而同得,乃天地之正也。(参看《齐物论》郭注)盖王弼贵无,向、郭则可谓为崇有,崇有者则主物之自生、自然。(见裴颜《崇有论》)夫物自然而然,而不知其所以然。突然自生,而无所使之生。则万物无体,无所从生。古来号万物所从生为天,为道,为无。然向秀曰:"天也者万物之总名也。"(《弘明集》罗含《更生论》)

郭象曰:"夫天籁者,岂复别有一物哉?即众窍比竹之属,接乎有生之类,会而共成一天耳。"(《齐物论》注)然则非生物者乃为天,而物自生耳。道者亦非别有一物也。牛之理即在筋骨。宰牛之道,直寄于技。故道可谓无所不在，而所在皆无。因曰道无能而至无。言万物得于道者，亦以明其自得耳。（参看《养生主》注及《知北游》"有先天地生者"段注）至于无，即无有也。依独化之义，有且不能生有，而况无乃能生有哉？庄、老之所以屡称无者，正在明生物者无物，而自生耳。（参看《在宥篇》注）

王弼与向、郭均深感体用两截之不可通。故王谓万物本于无，而非对立。向、郭主万物主自生，而无别体。王既着眼在本体，故恒谈宇宙之贞一。向、郭既着眼在自生，故多明万物主互殊。二方立意相同，而推论则大异。又王弼既深见于本末之不离，故以为物象虽纷纭，运化虽万变，然寂然至无，乃为其本。万殊即归于一本，则反本抱一者，可见天地之心，复其性命之真。向、郭亦深有见于体用之不二，故言群品独化自生，而无有使之生。万物无体，并生而同得。因是若物能各当其分，各任其性，全其内而无待于外，则物之大小虽殊，其逍遥一也。（参看《逍遥游》注）王言反本抱一，故必得体之全，则物无不理。若安于有限，居于小成，则虽"穷力举重，亦不能为用"（《老子》四章注）。向、郭主安分自得，故物各以得性为至，自尽为极。若全马之性，"任其至分，而无铢毫之加"（《养生主》注），则驽马亦可足迹接乎八荒之表。（参看《马蹄篇》注）驽马之与良骥，得其性则俱济也。又王之所谓自然与向、郭义亦颇有不同。

自然一语本有多义。王主万象之本体贞一。故天地之运行虽繁，而有宗统。"物无妄然，必由其理。故繁而不乱，众而不惑。"（《易略例·明象》）故自然者，乃无妄然也。至若向、郭则重万物之性分。物各有性，性各有极。物皆各有其宗极，而无使之者。故自然者即自尔也，亦即块然、掘然、突然也。由王之义，则自然也者并不与佛家因果相违。故魏、晋佛徒尝以二者并谈，如释慧远之《明报应论》是矣。由向、郭义，则自然与因果相悖。故反佛者亦尝执自然以破因果，如范缜之《神灭论》是矣。自然与因果问题，为佛教与世学最重要争论之一。其源盖系于立义之不同，其大宗约如上之二说。亦出于王与向、郭形上学说之不同也。

魏晋玄学　163

支道林以通庄命家。其学疑亦深受向、郭之影响。孙绰作《道贤论》,以支遁比向子期,当有见而云然。《世说·文学篇》注引支公《妙观章》文曰:

夫色之性也,不自有色。色不自有,虽色而空。故曰"色即为空,色复异空"(《般若》经文)。

又慧达《肇论疏》引其《即色论》云:

吾以为"即色是空,非色灭,空"(维摩经文),此斯言至矣。何者?夫色之性,色不自色(三字依上段加),虽色而空,如知不自知,虽知恒寂也。

所谓色不自色者,即明色法无有自性。"不自"者,即无支持(support, or substantum)之谓。亦即谓其色虽有,而自性无有。然色既不自有,则虽有色,而是假有。假有者"虽色而非色",(《肇论》述即色义语)亦即是空。又空者古译为无。世人常以空无为本。支道林与向、郭同主万象纷纭,无本无体。夫色象既无体(即无自性),则非别有空。无体,故曰"色复异空"。非别有空,故曰"色即是空"。既主色无体,无自性,则非色象(appearance)灭坏之后,乃发见空无之本体(reality)。故曰"非色灭,空"也。僧肇《不真空论》述即色义曰:

夫言色者,但当色即色,岂待色色而后为色哉。(唐元康疏云,此文乃肇述支公语意,并非破即色之言)

此谓色不待色色而后为色,即是谓色不待色色之自性。色虽假有,本性空无。当此假有之色即是色(故曰当色即色),非另有色色之自性也。《知北游》郭注有曰:"明物物者无物,而物自物耳。"又曰："既明物物者无物，又明物主不能自物，则为之者谁哉，皆忽然而自尔耳。"支公所言，与此文义均同。其不同处，仅《庄子》注粗称曰万物，《即色论》析言曰形色耳。（支公有知不自知等语，但疑仅为陪衬。论既名即色，则其所论，自只关于形色。）周颙《三宗论》之第一宗为"不空假名"，即支道林义：

> 不空假名者，但无性实，有假，世谛不可全无，为鼠喽栗。（《大乘玄论》卷一）

此谓法无自性，但有假名。世谛诸法虽有，而是假有。空自性，而不空假名。故如鼠喽栗，栗中肉尽，而外壳宛然犹存也。向、郭、支遁之义，盖至南朝尚为流行也。

至若《世说》载支公通《逍遥游》，卓然标新理于二家之表。似若支与向、郭立义悬殊，此则亦不尽然。盖向、郭谓万物小大虽差，而各安其性，则同为逍遥。然向、郭均言逍遥虽同，而分有待与无待。有待者必得其所待，然后逍遥。无待者则与物冥而循大变。不唯无待，而且能顺有待，而使其不失其所待。（参看《世说》注引向、郭注，及《逍遥游》"乘天地之正"段郭注。）有待者，芸芸众生。无待者，圣人神人。有待者自足。无待者至足。支公新义，以为至足乃能逍遥。实就二家之说，去其有待而存其无待。郭注论逍遥，本有"至足者不亏"之言。（至足本作至至，今从释文改。）支公曰，"至人乘天正于高兴，游无穷于放浪"，亦不过引申至足不亏之义耳。按佛经所示圣贤凡人区画井然。支公独许圣人以逍遥，盖因更重视凡圣之限也。

三

其三，为心无义。其四为不真空义。今按玄学者辨有无之学也。

僧肇居东晋末叶，品评一代学术，总举三家，一心无，二即色，三本无。周颙在南齐之世，会合众师玄义，定为三宗，一不空假名，二空假名，三假名空。不空假名与即色实为一系。空假名与本无颇有相同。是则王弼本无之学，以及向、郭与即色之说，均源远流长，为魏晋南朝主要之学说也。假名空者，上接不真空义，乃僧肇之学，自在三家之外。至若心无，仅流行于晋代，故周颙《三宗》遂未言及也。

心无义虽不行南朝，然颇行于晋代，而为新颖可注意之学说。盖玄学家诠无释有，多偏于空形色，而不空心神。六家七宗，识含宗以三界为大梦，而神位登十地。幻化宗谓世谛诸法皆空，而心神犹真。

缘会亦主色相灭坏。至若即色，则就色谈空。凡此"无义"虽殊，而均在色，故悉可称为"色无义"也。独有支愍度乃立"心无义"，空心而不空色，与流行学相径庭，故甚可异也。《世说·假谲篇》注曰：

> 旧义者曰："种智是有（原作有是），而能圆照。然则万累斯尽，谓之空无。常住不变，谓之妙有。"
>
> 无义者曰："种智之体，豁如太虚。虚而能知，无而能应。居宗至极，其为无乎。"

旧义与无义之别，在一以心神为实有，一以心神为虚豁。晋末刘遗民者，亦心无义家。其致僧肇书中有曰：

> 圣心冥寂，理极同无，不疾而疾，不徐而徐。

此即心无义也。肇答书有曰：

> 闻圣有知，谓之有心。闻圣无知，谓等太虚。

前者乃旧义，后者即心无义（按《高僧传》载道恒执心无义，慧远与论难反复。恒神色微动，未即有答。远曰："不疾而速，杼柚何为？"不疾而速，疑亦道恒所引用，与刘遗民同。而远公则更就恒所引用之言，以讥其踌躇。谢朓《酬德赋》"意搔搔以杼柚，魂营营以驰骛"。杼柚谓徘徊也）。又心无义之特点，不仅在空心，而亦在不空形色。

心无各师，其心无之解释疑不全相同。而其空心不空色，则诸人所同。故肇公述曰："心无者，无心于万物，而万物未尝无也。"心无义颇风行南方。道恒在荆州，竺法汰大集名僧，与之辩难二日。其学为时所重视可知。《世说》载愍度与一伧道人谋救饥，而立此义。其事未必实。但由此可见心无义为骇俗之论，而颇流传一时。盖自汉以来，佛家夙主住寿成道。神明不灭，经修炼以至成佛。若心神空无，则成佛无据。即精于玄理之僧俗，于心神虚豁之义，亦所未敢言。及至罗什东来，译中百二论，识神性空主义始大明。（参看《祐录》僧叡《维摩序》）故肇评心无义曰："此得在于神静，而失在于物虚。"许其神静为得，亦可见此义不全为什公门人所鄙弃也。

四

其四，为僧肇之不真空义。夫玄学者，乃本体之学，为本末有无之辨。有无之辨，群义互殊。学如崇有，则沉沦于耳目声色之万象，而所明者常在有物之流动。学如贵无，则流连于玄冥超绝之境，而所见者偏于本真之静一。于是一多殊途，动静分说，于真各有所见，而未尝见于全真。故僧肇论学，以为宜契神于有无之间，游心于动静之极，不谈真而逆俗，不顺俗而违真，知体用之一如，动静之不二，则能穷神知化，而见全牛矣。

《不真空论》曰："夫至虚无生者，般若玄鉴之妙趣，有物主宗极者。"般若说空（至虚无生）在扫除封惑，以显示有物之宗极。原夫

魏晋玄学　　167

宗极之至虚无生者，谓"万物主自虚"。虚者无相，实相本为无相，非言象之所可得，故物非有。自虚者不假虚而虚物，不外体而有用，故物非无。夫宗极无相，则不可计度而谓有实物。既无实物，即不可物物。故论曰："如此则非无物也。物非真物。物非物，故于何而可物。"既非无物（无物则非至虚无生，而为顽空），故曰非无。物非可物（可物则堕于名象），故曰非有。至极之体，体用一如，真俗不乖，空有不外。俗不乖真，故物非有。空不外有，故物非无。非有曰空，非无而假（不真）。空故不真，空假相即。故非有非无，即所以显示真际之即伪即真，即体即用也。

然世之论者，未了体用之一如，实相之无相，而分割有无，于实相上着相。于是有也，无也，均执为实物，而不能即万物之自虚。故心无论曰，无者心无，而万物实有。万象咸运，岂可谓无。无者盖心如太虚，无累而能应。故必涤除万物，杜塞视听，寂寥虚豁，而后为真谛。是乃不知圣人"即万物之自虚，故物不能累其神明也"。本无论者，贵尚于无（本体 substance），而离于有。无义竞张，均在"有"外。于是无为实物，与有对立。故妄解般若经曰，非有者无此有，非无者，无彼无。既执实物，乃分彼此。分别彼此，即堕入言象。然真谛独静于名象之外，岂曰文言之所能辨者欤。又既贵无而离有，则万有落空而独在。于是无既为真，有则纯伪。真者实有，伪者实幻。而不知佛典所言之"幻"谓如幻，而非谓实无。谓假号不真，而非谓无有。如此则非无物也，物非真物也。故曰："譬如幻化人，非无幻化人，幻化人非真人也。"即色论者，偏于崇有，而不知言象所得之非有。故言色未尝无，而无者色色之自性。自性实无，色相实有。陈义虽与本无论相背，而其分割有无则相符。执着有无，"宰割以求通"，乃堕入名象之域。夫有也，无也，心之影响也。言也，象也，影响之所攀缘也（肇公《寄刘遗民书》语）。执着有无，则仅沉溺于影响，因乃分别言象，以为攀缘。由此而言象之物，实有而非不真。夫言象之物既为真有，则般若经何能谓至虚无生为有物之宗极哉！因不知至虚无生非有物之宗极，故向、郭注《庄》，言至无即实无，而万物实有。是不知万物名言所得，假号不真。夫"物无当名之实，名无得物之功。……名不当实，实不当名。名实无当，万物安在"。既万物安在，则所谓众窍比竹之属，接于有生之类会者，固亦未尝为实有也（故僧肇评即色论"未领色之非色"）。肇公继承魏晋玄谈极盛之后，契神于有无之间，对于本无论之著无，而示以万法非无。对于向、郭、支遁之著有，而诏之以万法非有。深识诸法非有非无，乃顺第一真谛，而游于中道矣。

总上所陈，王弼注《老》而阐贵无之学。向、郭释《庄》而有崇有之论。皆就中华固有学术而加以发明，故影响甚广。释子立义，亦颇挹其流风。及至僧肇解空第一。虽颇具谈玄者之趣味，而其鄙薄老、庄（见《高僧传》），服膺佛乘，亦几突破玄学之藩篱矣。周彦伦《三宗论》假名空宗，谓上承肇公之学。周之言曰："世学未出于前二宗，而第三宗假名空则为佛之正说，非群情所及。"斯盖有所见而云然也。

魏晋玄学与文学理论

今之论者以为各民族文化各有其文化之类型,一代哲学思想各有其思想之方式。盖谓各种文化必有其特别具有之精神,特别采取之途径,虽经屡次之革新与突变,然罕能超出其定型。此实源于民族天性之不同,抑由于环境之影响,抑或其故在兼此二者,或别有故,兹姑不论。而观察往昔之哲学思想而归纳之称为属于某时代者,固因其有特殊之方法、态度,因而较之前代有新异之理论,故在此一文化史中占显明之分野,而此一时代之哲理家(思想家)亦罕能超出其时代之定式,其故何在兹亦不论。但此一时代各种文化活动靡不受此新方法、新理论之陶铸而各发挥此一时代之新型,而新时代之形成即在其哲学、道德、政治、文学艺术各方面均有同方向之新表现,并因此种各方面之新表现而划为另一时代。研求此一新时代欲明了其特点,自必详悉其文化各方面之新动向,而尤需考察此各方面之相互关系也。

所谓魏晋思想乃玄学思想,即老庄思想之新发展。玄学因于三国、两晋时创新光大,而常谓为魏晋思想,然其精神实下及南北朝(特别南朝)。其所具之特有思想与前之两汉、后之隋唐,均有若干差异。而此一时代之新表现亦不仅限于哲学理论，而其他文化活动均遵循此新理论之演进而各有新贡献。本文所论在指明玄学与其时文学实同为此新时代之出品，而文学受玄学之影响其根本处何在。

古今持论言玄学影响于文学者多矣，然文学姑分为技巧与思想两方面，而通常所言玄学与文学之关系自在思想方面。此所谓思想，谓文学之内容，如檀道鸾《晋阳秋》曰"正始中，王弼、何晏好老庄玄胜之谈，而世遂贵焉，至过江佛理尤盛"；沈约《宋书·谢灵运传》论曰"在晋中兴，玄风独扇，为学穷于柱下，博物只于七篇"；萧子显《南齐书·文学传》论曰"江左风味盛道家之言"。又如刘勰《文心雕龙·时序篇》曰："自中朝贵玄，江左称盛，因谈余气，流成文体。是以世极迍邅，而辞意夷泰，诗必柱下之旨归，赋乃漆园之义疏。"此疑多就文学之内容受玄学影响而言。然思想方面不限于命意遣词之依傍老庄，而另有文学理论（或曰文学批评）固亦根源于玄谈。

文学理论者，即关于文之何以为文，或其诗学者为何谓文学，何为文之特性，此盖为中国"论文"之作，西洋所谓"文学批评"之根本理论。而魏晋南北朝论文之作，如魏文帝曹丕之《典论·论文》，陆机之《文赋》及刘勰之《文心雕龙》等对文学之基本看法均与玄学多少有一些深切关系。故魏晋玄学之影响于文学者自可在于其文之内容充满老庄之辞意，而实则行文即不用老庄，然其所据之原理固亦可出于玄谈。《文心雕龙·明诗篇》曰"老庄告退，山水方滋"，而此其实但就诗之内容言。夫富于老庄辞趣之诗自由于"溺于玄风"，而谢灵运之颐情山水，亦何尝非清谈之表现？盖文学与思想之关系不仅在于文之内容，而亦在文学所据之理论。刘彦和谓江左诗什"嗤笑徇务之志，崇盛亡机之谈"（《明诗》），然其时文学之玄学化实不仅在其所笑所崇，而亦在其时对于文学之所以为文之见解并与新兴之风尚有关系也。兹篇所论不在摘出当时文中所引用之玄理，而在研讨其时文学原理与玄学有若何之关系。盖因此种关系如能明了，则文、玄两者何以同具此一特殊时代之新精神，或可得进一步之了解也。

魏晋玄学　171

汉末以后，中国政治混乱，国家衰颓，但思想则甚得自由解放。此思想之自由解放本基于人们逃避苦难之要求，故混乱衰颓实与自由解放具因果之关系。黄老在西汉初为君人南面之术，至此转而为个人除罪求福之方。老庄之得势，则是由经世致用至此转为个人之逍遥抱一。又其时佛之渐盛，亦见经世之转为出世。而养生在于养神者见于嵇康之论，则超形质而重精神。神仙导养之法见于葛洪之书，则弃尘世而取内心。汉代之齐家治国，期致太平，而复为魏晋之逍遥游放，期风流得意也。故其时之思想中心不在社会而在个人，不在环境而在内心，不在形质而在精神。于是魏晋人生观之新型，其期望在超世之理想，其向往为精神之境界，其追求者为玄远之绝对，而遗资生之相对。从哲理上说，所在意欲探求玄远之世界，脱离尘世之苦海，探得生存之奥秘。但既曰精神，则恍兮惚兮；既曰超世，则非耳目之所能达；既曰玄远，则非形象之域。盖今人之称之为绝对者，即当时之所谓"极"，所谓"宗"，谓曰"宗极""宗主"，此"极"或指为"道"、为"玄"、为"无"、为"自然"、为"大化"（道家名词）、为"实相"、为"法身"（佛家名词）。而既为绝对则绝言超象，非相对知识所能通达。人之向往玄远其始意在得道、证实相，揭开人生宇宙之秘密，其得果则须与道合一，以大化为体，与天地合其德也。夫如是则不需言，亦直无言，故孔子曰："余欲无言"，"天何言哉"，而性道之本固其弟子之所不得闻也。

夫文者，言也；既实相绝言，则文可废。然凡人既未能证体，自未能废言。然则文之功用何在？而宇宙之本体为一切事物之宗极，文自亦为道之表现。然则文之性质为何？此项文学基本理论之讨论盛于魏晋。盖由文人学士因哲学上之问题，益觉研求文章原理之必要。世谓魏世文艺制作日臻发达，优劣不一，故二曹有批评之制作，此言或合乎事实。然魏晋南朝文论之所以繁荣，则亦因其在对于当时哲学问题有所解答也。

语言为工具，只为宇宙本体之标识，而其本身自非宇宙之本体，如庾阐《蓍龟赋》所言："蓍者寻数之主，非神明之所存；龟者启兆之质，非灵之所生"，又谓"神通之主，自有妙会，不由形器；寻理之器或因他方，不系蓍龟"。然语言终出于宇宙本体，故如为充足的媒介（或语言），它既是寻常的物或言，但又不是寻常的物或言。寻常的语言，指示而无余，意在言内；此种充足的语言，指示而有余，意在言外。《庄子·外物篇》曰：

> 筌者所以在鱼，得鱼而忘筌。蹄者所以在兔，得兔而忘蹄。言者所以在意，得意而忘言。

按《周易·系辞》曰："子曰：书不尽言，言不尽意。然则圣人之意，其不可见乎？"王弼以老庄解《易》，于是乃援引庄子筌蹄之言，作《周易略例·明象章》，而为一新解，其文曰：

> 夫象也，出意者也；言者，明象者也。尽意莫若象，尽象莫若言。言生于象，故可寻言以观象；象生于意，故可寻象以观意。意以象尽，象以言著，故言者所以明象，得象而忘言；象者所以存意，得意而忘象。犹蹄者所以在兔，得兔而忘蹄；筌者所以在鱼，得鱼而忘筌也。然则言者象之蹄也，象者意之筌也。是故，存言者非得象者也，存象者非得意者也。象生于意而存象焉，则所存者乃非其象；言生于象而存言者，则所存者乃非其言也。然则忘象者乃得意者也，忘言者乃得象者也。

"言意之辨"此学说如 Occam's razor，用此利刀尽削除汉人之芜杂。汉末名家发现"言意之辨"，由其知人论世，谓观人不能单观其言论骨相，而必须观其全、观其神；知人常不能言传，而只能意会。能言传者如形貌，普通人只注意人的特殊之形貌；能知人之人君则注意人之神识，而神识只可意会。晋欧阳建《言尽意论》亦以此学说为名家所用，曰："言不尽意，由来尚矣。至于通才达识，咸以为然。若

魏晋玄学　173

夫蒋公之论眸子，钟傅之言才性，莫不引此为谈证。"盖蒋济有眸子之论，谓观其眸子可以知人，以眼能传神也。钟傅者，钟会、傅嘏也。"论眸子"与"言才性"，皆名实之辨也。故有曰"天不言而四时行，圣人不言而鉴识存焉"，可见名家讲"言不尽意"乃就鉴识方面说。

王弼略后于蒋济，与钟会同时齐名。王弼受当时名家论"言意之辨"的影响，亦甚注意此问题。汉人讲象数，象数名言也，非说它能尽意不可，故对《易经》中"言不尽意"未给答复。王弼取庄子意，谓"言所以尽意，得意忘言"。"言"为"意"之代表，最要者为"得意"，故讲《易》不应拘于象数，而应得圣人之意。至是象数之学乃被丢开，可说此为玄学之开始。盖真正的学问不在讲宇宙之构成与现象，而在讲宇宙之本体，讲形上学。此"得意忘言"便成为魏晋时代之新方法，时人用之解经典，用之证玄理，用之调和孔老，用之为生活准则，故亦用之于文学艺术也。

王弼"得意忘言"之说起于"言不尽意"义已流行之后，然二者实互有异同。盖"言不尽意"所贵者在意会，"忘言忘象"所贵在得意，此则两说均轻言重意也。唯如"言不尽意"，则言几等于无用；而王弼则犹认言象乃用以尽意，并谓"尽象莫若言""尽意莫若象"，此则两说实有不同。然如"言不尽意"，则自可废言，故圣人无言，而以意会；王弼谓言象为工具，只用以得意，而非"意"本身，故不能以工具为目的，若滞于言象则反失本意。此则两说均终主得意废言也。王弼唱"得意忘言"，虽在解《易》，然实则无论天道人事之任何方面，悉以之为权衡，故能建树系统之玄学。于宇宙之本体（道），吾人能否用语言表达出来，又如何表达出来？此问题初视似不可能，但实非不可能。盖因"道"虽绝言超象，而言象究竟出于"道"。滴水非海，一瓢非三千弱水，然滴水究自海，一瓢究为弱水。若得其道，就滴水而知大海，就一瓢而知弱水。故于宇宙本体，要在是否善于用语言表达，即用作一种表达之媒介。而表达宇宙本体之语言（媒介）有充足的、适当的及不充足的、不适当的，如能找到充足的、适当的语言（媒介），得宇宙本体亦非不可能。

如果从另一方面看问题，本来吾人所追求、所向往之超世之理想，精神之境界，玄远之世界，虽说是超越尘世，但究竟本在此世，此世即彼世，如舍此求彼，则如骑驴求驴。盖圣人"常游外以弘内，无心而顺有，故虽终日挥形而神气无变，俯仰万机而淡然自若也"。魏晋时，中国人之思想方式亦异于印度人之思想方式，玄学家追求超世之理想，而仍合现实的与理想的为一。其出世的方法，本为人格上的、内心上的一种变换，是"结庐在人境，而无车马喧"，"神虽世表，终日域中"，"身在庙堂之上，心无异于山林之中"，盖"名教中自有乐地"也，而非"不识庐山真面目，只缘身在此山中"。如具此种心胸本领，即能发为德行，发为文章，乐成天籁，画成神品。不过文章、书画、音乐有能代表理想者，有不能代表者；有能揭开天地之奥妙者，有不能者；有能表现自然者，有不能者。

本来媒介、语言均形器之物，是有限的，如执着此有限之物而以为即宇宙本体，则失宇宙本体，亦失语言之功用。然从另一方面说，虽媒介、语言为有限的，但执着它是有限，则亦将为形器所限。如能当其是无限（宇宙本体）之所现，而忘其有限，则可不为形器所限，而通于超形器之域。如欲通于超形器之域，则需寻觅充足之媒介或语言，而善运用之。

刘彦和谓"心生而言立，言立而文明，自然之道也"。盖魏晋南北朝之人所谓"文"者，常即谓为此种表现天地自然之充足的媒介或语言。故而《情采篇》曰：

> 圣贤书辞，总称文章，非采而何？夫水性虚而沦漪结，木体实而葶振，文附质也。虎豹无文，则鞹同犬羊；犀兕有皮，而色资丹漆，质待文也。若乃综述性灵，敷写器象，镂心鸟迹之中，织辞鱼网之上，其为彪炳，缛采名矣。故立文之道，其理有三：一曰形文，五色是也；二曰声文，五音是也；三曰情文，五性是也。五色杂而成黼黻，五音比而成韶

魏晋玄学　175

夏，五情发而为辞章，神理之数也。

此所谓"文"者当不仅限于辞章，且包括音乐、绘画等，兹先述音乐、绘画，而后论文学之理论。

一、音乐

嵇康谓音乐为"自然之和"（"音声有自然之和，无系于人情"），陆机谓为"常音"（"弦有常音，故曲终则改"），陆云谓为"天籁"（cosmic music，"挥天籁而兴音"）。故阮籍《乐论》曰："夫乐者，天地之体，万物之性也。合其体，得其性，则和；离其体，失其性，则乖。"如有充足之媒介，发成音乐，则可合"天地之体""万物之性"，以传"天籁"。"若夫空桑之琴，云和之瑟，孤竹之管，泗滨之磬，其物皆调和淳均者，声相宜也，故必有常处"。而"圣人之作乐也，将以顺天地之体，成万物之性也"。故"圣人立调适之音，建平和之声，制便事之节，定顺从之容，使天下之为乐者，莫不仪焉"。而嵇叔夜虽言"声无哀乐"，盖其理论亦系于"得意忘言"之义。夫声无哀乐（无名），故由之而"欢戚自见"，亦犹之乎道体超象（无名），而万象由之并存。故八音无情，纯出于律吕之节奏，而自然运行，亦全如音乐之和谐。

音乐既为人类所采用"自然"、实在之一种媒介，"自然"可借助其表现自己；美好的音乐是宇宙本体、自然之道的体现，因通过此种媒介，宇宙本体得以表现之。音乐（正因其为音乐的）必再现宇宙之和谐，盖音乐曲调之取得来自宇宙本体之度量也。故如不执著其有限，忘言忘象，而通于言外，达于象表，则可"得意"也。

二、绘画

　　音乐所以传天籁，岂限于哀乐；绘画亦所以传天工，岂限于形体。汉代人观人之方法，根本为相法，由外貌差别推知其体内五行之不同。汉末魏初犹颇存此风，如刘劭《人物志》，谓人禀阴阳以立性，体五行而著形，故识鉴人伦，相其外而知其中，察其章而推其微。其后人伦识鉴乃渐重神气，形体可知，神气难言，而入于虚无难言之域。因之人物画法亦受此项风尚之影响。抱朴子曾叹观人最难，谓精神之不易知也。顾恺之曰"凡画人最难"（张彦远《历代名画记》卷一），当亦系同一理由。《世说·巧艺篇》曰：

　　顾长康画人或数年不点目精，人问其故，顾曰：四体妍蚩，本无关于妙处，传神写照正在阿堵之中。

　　"数年不点目精"（《人物志》谓"征神于目"），具见传神之难也。故人物画原理不在画四体妍蚩，而在传神写照。顾氏之画理，盖亦根植于"得意忘言"之学说也。

　　绘画重"传神写照"，则已接于精神境界、生命本体、自然之美、造化之工也。但自来人物品藻多用山水字眼，据《世说·赏鉴篇》载：李元礼（膺）如劲松风下；邴原如云中白鹤；王夷甫（衍）岩岩清峙壁立千仞（顾恺之《夷甫画赞》曰：夷甫天形环特，识者以为岩岩秀峙壁立千仞）；和峤森森如千丈松；周颛巍巍如断山。故传人物之神向以山水语言代表，以此探生命之本源，写自然之造化。而后渐觉悟到既然写造化自然用人物画，而人物品藻则常拟之山水，然则何不画山水更能写造化自然？因此山水画法出焉。谢幼舆（鲲）自比庾亮（元规）谓"丘壑过之"，故顾长康画谢在岩石里，因谢"胸中有丘壑"也。晋人从人物画到山水画可谓为宇宙意识寻觅充足的媒介或语言之途径。盖时人觉悟到发揭生命之源泉、宇宙之奥秘，山水画比人物画为更好之媒介，所以即在此时"老庄告退，而山水方滋"。晋人

魏晋玄学　177

到此发现了这种更好的媒介，故不但用之于画，而且用之于诗，而山水诗兴焉。

三、文学

魏晋时许多思想家所持之根本理论有二：一方面认为有不可言之本体（宇宙本体，自然之道）；另一方面有不可违抗之命运。如何解决这两个问题，为当时人所普遍注意。而这两个问题，当亦于论文中反映之。

此宇宙之本体分化而为万形，故王弼谓："万物万形，其归一也。何由致一？由于无也。……故万物之生，吾知其主，虽有万形，冲气一也。"本体为无限的，为一，为中正，为中庸，为和，为冲淡，为元气；万形则为有限的，为多，而各有所偏。虽万形所赋（五行）不同，但究有五德皆备之人，此即圣人。王弼谓圣人无名、中和、与道同体、与天合德，"达自然之至，畅万物之情"。其论"圣德"谓圣人有"则天之德"，"若夫温而能厉，威而不猛，恭而能安，斯不可名之理全矣。故至和之调，五味不形；大成之乐，五声不分，中和备质，五材无名也"。盖亦谓圣德无德，中和备质也。魏晋时人常以圣人法天、法自然，中正和平而不偏，余则各有所偏。此种理论在当时用之于论文，可注意者有两点。

其一，魏文《典论·论文》谓就文体说"本同而末异"，所谓"本"者即"文之所为文"，"末"者为四科，"奏议宜雅，书论宜理，铭诔尚实，诗赋欲丽，此四科不同，故能之者偏也"。此就文章体裁说，而就为文之才能说则有"通才"，有"偏至"，"通才能备其体"，而"偏至"则孔（融）、王（粲）、徐（干）、陈（琳）、阮（瑀）、应（玚）、刘（桢），此七子以气禀不同而至殊，因才气不同而分驰。而同时傅玄亦曰："圣人之道如天地，诸子之异如四时，四时相反，天地合而通焉。"因有"偏至"，故"文人相轻"，此非和平中正之道也。

唯圣人中正和平，发为文章可通天地之性，则尽善尽美也。

其二，《典论·论文》又曰："盖文章经国之大业，不朽之盛事，年寿有时而尽，荣乐止乎其身，二者必至之常期，未若文章之无穷。"人生有不可违之命运，人生在世匆匆过客，忽然与物生化，年寿有限，荣乐难常；而文章为不朽之盛事，或可成千载之功，如欲于有限时间之中完成千载之功业，此亦与用有限之语言表现无限之自然同样困难。然若能把握生命，通于天地之性，不以有限为有限，而于有限之生命中亦当可成就"不朽之盛事"也。

以上为可注意之两点。然魏文之《典论·论文》似并未解决此根本问题。而以后论文之著作甚多，以陆机之《文赋》与刘勰之《文心雕龙》最能体现魏晋南北朝之思想特点也。

万物万形皆有本源（本体），而本源不可言，文乃此本源之表现，而文且各有所偏。文人如何用语言表现其本源？陆机《文赋》谓当"伫中区以玄览"。盖文非易事，须把握生命、自然、造化而与之接，"笼天地（形外）于形内，挫万物于笔端"。文当能"课虚无以责有，叩寂寞以求音"。盖文并为虚无、寂寞（宇宙本体）之表现，而人善为文（善用此媒介），则方可成就笼天地之至文。至文不能限于"有"（万有），不可囿于音，即"有"而超出"有"，于"音"而超出"音"，方可得"弦外之音""言外之意"。文之最上乘，乃"虚无之有""寂寞之声"，非能此则无以为至文。陆机《文赋》这种理论似于王弼《老子指略》中亦可求得，如曰：

夫物之所以生，功之所以成，必生乎无形，由乎无名。无形无名者，万物之宗也。不温不凉，不宫不商。听之不可得而闻，视之不可得而彰，体之不可得而知，味之不可得而尝。故其为物也则混成，为象也则无形，为音也则希声，为味也则无呈。故能为品物之宗主，苞通天地，靡使不经也。若温也则不能凉矣，宫也则不能商矣。形必有所分，声必有所属。故象而形者非大象也，音而声者非大音也。然则四象

魏晋玄学　179

不形则大象无以畅，五音不声则大音无以至。四象形而物无所主焉，则大象畅矣。五音声而心无所适焉，则大音至矣。故执大象则天下往，用大音则风俗移也。

盖陆机《文赋》专论文学，而王弼于此则总论天地自然，范围虽不相同，而所据之理论，所用之方法其实相同，均为"尽意莫若象，尽象莫若言"，"得意忘象，得象忘言"也。形而上之本体为"一"，无形希声；形而下之万有为"多"，为宫为商，为温为凉，故陆机有言曰："臣闻弦有常音，故曲终则改。镜无畜影，故触形则照，是以虚己应物，必究千变之容，挟情适事，不观万殊之妙。"《文赋》亦曰："体有万殊，物无一量。"而文人亦然，各个不同，故文亦不同，就文体言可有十体，而每种各有所偏："诗缘情而绮靡，赋体物而浏亮，碑披文以相质，诔缠绵而凄怆，铭博约而温润，箴顿挫而清壮，颂优游以彬蔚，论精微而朗畅，奏平徹以闲雅，说炜晔而谲诳。"陆机虽把文分为十体，而对此十种文体之说明，大不同于汉人，概皆以"缘情""托兴"为言也。

刘勰之《文心雕龙》首篇为《原道》，论文之为文者更详，曰：

> 文之为德，大矣，与天地并生者，何哉？夫玄黄色杂，方圆体分，日月叠璧，以垂丽天之象；山川焕绮，以铺理地之形，此盖道之文也。仰观吐曜，俯察含章，高卑定位，故两仪既生矣。惟人参之，性灵所钟，是谓三才。为五行之秀，实天地之心。心生而言立，言立而文明，自然之道也。旁及万品，动植皆文，龙凤以藻绘呈瑞，虎豹以炳蔚凝姿，云霞雕色，有逾画工之妙；草木贲华，无待锦匠之奇，夫岂外饰，盖自然耳。至于林籁结响，调如竽瑟；泉石激韵，和若球锽，故形立则章成矣，声发则文生矣。夫以无识之物，郁然有彩；有心之器，其无文欤？人文之元，肇自太极，幽赞神明，易象为先。庖牺画其始，仲尼翼其终。而乾坤两

位，独制文言，言之文也，天地之心哉……

文章虽非天地自然之本身，然文"与天地并生"，"人文之原，肇之太极"，且甚重要，"言之文也，天地之心"。然此非为"文以载道"之义，乃谓"道"因文显也。盖于文有两种不同之观点：一言"文以载道"，一言文以寄兴，而此两种观点均认为"文"为生活所必需。前者为实用的，两汉多持此论，即曹丕《典论·论文》亦未脱离此种观点之影响，故他以文章为"经国之大业"，而后韩愈更唱此论也。此种"文以载道"实以人与天地自然为对立，而外于天地自然，征服天地自然也。后者为美学的，此盖以"文"为感受生命和宇宙之价值，鉴赏和享受自然，"人禀七情，应物斯感，感物吟志，莫非自然"（《明诗》），"文章之成亦因自然"（黄侃语），故文章当表现人与自然合为一体。《文赋》谓："诗缘情而绮靡"，又谓"或托言于短韵，对穷迹而孤兴"，故文章必须有深刻之感情。而"寄兴"本为喻情，故是情趣的，它是从文艺活动本身引出之自满自足，而非为达到某种目的之手段，故曰："心生而言立，言立而文明，自然之道也。"

文章既然与"天地并生"，而唯圣人能成天地之圣文，故《文心雕龙》谓"必征于圣"，"必宗于经"。盖圣人中庸之极，无所不能；经亦平淡中正，无所不容。圣道中庸，故"文能宗经"，而体有六义：一情深而不诡，二风清而不杂，三事信而不诞，四义直而不回，五体约而不芜，六文丽而不淫，此所谓不太过而得其中也。"经"平淡中正，无所不容，故各种文体，均源出六经。

魏晋时人以万物之本源为变化的，故常曰大化，以变化不可违也，"天道兴废，自然消息"，自《咏怀诗》后，文章常充满这种情绪，而"文"为"道"之表现，故有"文"亦因时而变之论。挚虞《文章流别论》谓"质文时异"，盖所谓为各种文体之历史演变也。而刘彦和《文心雕龙》更有《通变》《时序》之篇章。《时序篇》曰："时运交移，质文代变，古今情理，如可言乎！……歌谣文理，与世推移，风动于上，而波震于下。……文变染乎世情，兴废系乎时序。"

《通变篇》赞曰:"文律运周,日新其业,变则其久,通则不乏。"此均论"文章"因时而变之故。

既然人生为自然(天道)之分化,而又遭不可违抗之命运,则人何以自遣?照魏晋南北朝时人的看法,就发为文章说,文章本为遣怀,为发抒怀抱而有,故《文赋》曰:

> 遵四时以叹逝,瞻万物而思纷。悲落叶于劲秋,喜柔条于芳春。以懔懔以怀霜,志眇眇而临云。咏世德之骏烈,诵先人之清芬。游文章之林府,嘉丽藻之彬彬。慨投篇而援笔,聊宣之乎斯文。

陆机《愍思赋》序说:

> 予屡抱孔怀之痛,而奄复丧同生姊,衔恤哀伤,一载之间,而丧制便过,故作此赋,以纾惨恻之感。

然而文章为何可以发抒怀抱,盖因其本为一种精神作用,而通乎自然也,"在心为志,发言为诗","人禀七情,应物斯感,感物吟志,莫非自然"。《文赋》曰:"函绵邈于尺素,吐滂沛乎寸心。"虽在"寸心",但可"观古今于须臾,抚四海于一瞬"。《文心雕龙》有《神思篇》谓曰:"文之思也,其神远矣。故寂然凝虑,思接千载,悄焉动容,视通万里。吟咏之间,吐纳珠玉之声;眉睫之前,卷舒风云之色,其思理之致乎!考思理为妙,神与物游。神居胸臆,而志气统其关键;物沿耳目,而辞令管其枢机。"而此神(思)本即生命之源、宇宙之本,不可言说而为情变之源,故曰:"神用象通,情变所孕。"

因神远而象近,神一而象多,神无(无形无象)而象有(有形有象),如何依文象以通神思之极,其方法在使文成为一种传达天地自然之充足的媒介。虽言浅而意深,言有限而意无穷,然神思可与天地自然接也,"文之思也,其神远矣。"故所寻觅之充足的媒介必当能

182　哲学课

通过文言以达天道,而非执着文言以为天道。而刘勰有《隐秀》之作焉,文略曰:

> 夫心术之动远矣,文情之变深矣,源奥而派生,根盛而颖峻,是以文之英蕤,有秀有隐。隐也者,文外之重旨者也;秀也者,篇中之独拔者也。隐以复意为工,秀以卓绝为巧,斯乃旧章之懿绩,才情之嘉会也。夫隐之为体,义主文外,秘响傍通,伏采潜发。

而宋张戒《岁寒堂诗话》引《隐秀篇》两句"情在词外曰隐,状溢目前曰秀",此当为《隐秀》之主旨。"秀"谓"得意"于言中,而"隐"则"得意"于言外也。自陆机之"课虚无以责有,叩寂寞以求者",至刘勰之"文外曲致""情在词外",此实为魏晋南北朝文学理论所讨论之核心问题也,而刘彦和之《隐秀》为此问题作了一个总结。又此种理论每亦表现于用典上,盖谓用典之原则有二:一、用典贵在恰当,于古、今、人、物当相合;二、更为重要的是须意在言外,不可拘滞,魏文帝谓屈原"据托譬喻,其意周旋",即此意也。

总之,魏晋南北朝文学理论之重要问题实以"得意忘言"为基础。言象为意之代表,而非意之本身,故不能以言象为意;然言象虽非意之本身,而尽意莫若言象,故言象不可废;而"得意"(宇宙之本体,造化之自然)须忘言忘象,以求"弦外之音""言外之意",故忘象而得意也。

魏晋思想的发展

在讨论魏晋思想的发展以前，首先要申明的是：这儿所谓"魏晋思想"，是就这个时代的"普通思想"或"一般思潮"来说，虽然哲学理论在此中甚关重要，但现在并不打算作专门的探讨；再，我仅仅要来讲明这个"时代思潮"发展的经过，事实上只能提出些大的结论，因为此种结论的前提或考证，牵涉太多，这中间各方面复杂的关系，不是在这短时内所能说明的，所以只得从略了。

讲到魏晋时代的"普通思想"，它在某些方面可以有跟别的时代相同的地方，但是本文特别注意的不是这些方面，反而却自魏晋时代不同于别的时代的地方着眼，换句话说，即在讲明魏晋时代所以成为魏晋时的思想。其他只好不谈。关于"魏晋思想的发展"，根据问题的性质，随同论证的转移，为了说明的方便，分以下三大段来讨论。

一、魏晋时代思想的成分

　　这个时代，各派思想同时进行不同的组合，要对于这些的面目都有清楚的认识，那是难的。好在这里只提出那主要的"潮流"来讨论，也就是选取那足以代表这"时代思想"的成分来讨论，看它们彼此消长的情势，再进一步地推论这个思潮如何生成与发展的意义。讲到魏晋时代思想特别成分，当然要涉及外来宗教的侵入，或印度佛教的流布。因为这种因素，此后在思想界发生了重大的影响。普通又多称这个时代我国思想的主潮是"玄学"。那么可以成为问题的就是：（一）玄学的产生是否受佛学的影响？（二）魏晋思想在理论上与佛学的关系如何？——或是这种外来的宗教何以能为中华人士所接受？要回答上面的两个问题，我们非得先明了魏晋时代特有思想（玄学）生成和发展不可。这样，必须等本文写到最后部分时再行答复。

　　魏晋时代思想界颇为复杂，表面上好像没有什么确切的"路数"，但是，我们大体上仍然可以看出其中有两个方向，或两种趋势，即一方面是守旧的，另一方面是趋新的。前者以汉代主要学说的中心思想为根据，后者便是魏晋新学。我们以下不妨简称"旧学"与"新学"的两派。"新学"就是通常所谓玄学。当时"旧学"的人们或自称"儒道"……，其实思想皆是本于阴阳五行的"间架"，宇宙论多半是承袭汉代人的旧说："新学"则用老庄"虚无之论"作基础，关于宇宙人生各方面另有根本上新的见解。

　　汉朝末年，中原大乱，上层社会的人士多有避难南来，比较偏于保守的人们大概仍留居在北方。所以"新学"最盛的地方在荆州和江东一带，至于关中、洛阳乃至燕、齐各处，仍是"旧学"占优势的地方。

　　后来曹操一度大军南下，曾带领一部学者北归，于是荆州名士再到洛下。但是不久，因为这班人很不满意曹氏父子的"功业"，意见不投，多被摧残。此后司马氏又存心要学曹家篡夺的故技，名士更多有遇害的。但在这时节，北地"新学"已种下深根，因此"玄学"的发祥地实在北方，虽然再后因为政局的不宁和其他关系，名士接踵不断的南下，但也并不因此可以说北方根本没有"新学"了。要到西晋以后，"新学"乃特盛行江左。这样，晋朝末年的思想，南北新旧之分，真可算判然两途了。因此南朝北朝的名称，不仅是属于历史上政治的区划，也成为思想上的分野了。这种风气的影响不仅及于我国固有学术的面目，就是南北佛教因为地域的关系也一致的表现了不同的精神。最后，北朝统一中国，下开隋唐学术一统的局面，因此隋唐的学风尚是遵循北朝的旧辙，不过也受了南朝思想的洗礼，看出来影响是不小罢了。所以魏晋时代思想的成分，无论"新""旧"哪方面造成的后果，在我国思想史上，都是极重要的。

二、魏晋玄学之发生与长成

从上段讲来，我们可以明白魏晋时代特有的思想，即所以成为魏晋时代者，当然是前节所谓"新学"的一方面了。现在准备更进一步地来说明这种"新学"如何发生与长成的事实。我不打算从历史上实际政治的影响等去分析这个时代的背景，当作思潮发生的原因，却想专就这个"思潮"的本身来试行解剖，魏晋时代"一般思想"的中心问题为："理想的圣人之人格究竟应该怎样？"因此而有"自然"与"名教"之辨。

汉代学者多讲所谓"天人相应"之学，其时特别注重"天道"的著作，如扬子云的《太玄》，桓谭说："扬雄作玄书（《太玄》），以为玄者天也道也，言圣贤制法作事，皆引天道以为本统，而因附属万类王政人事法度。……"（《后汉书·张衡传》注）此外，汉以前的书，《周易》最言"天道"，所以汉末谈"天道"的人们，都奉《易经》作典要，其实"魏晋玄学"早期所推重的书，又何尝不是《周易》呢？因为那时《周易》是"正经",《老》《庄》才不过是"诸子"罢了。

说到三国时的《易》学。按照地域思想的不同,我想大略可分三项:

(甲)江东一带,以虞翻、陆绩等人作代表。

(乙)荆州,以宋忠等为代表。

(丙)北方,以郑玄、荀融等人为代表。

就中荆州一派见解最新,江东一带也颇受这种新经义的影响,北派最旧,大多传习汉儒的"象数"。当时讲《易经》的又多同时注意《太玄》。宋忠对扬子《太玄》《法言》两书,素称名家。虞翻、陆绩辈既是《易》学专门,也都诵习《太玄》,可以为证。何晏、王弼史书推论他们是"玄宗之祖",两人皆深于《易》学,更是不用说了。相传何晏与管辂讨论过《易》学(见《三国志·管辂传》),荀融作文反对王弼的新说。按王弼是王粲的侄孙,王粲曾为刘表重视,据云并有驳斥郑康成旧说的事,王弼实际就是上承荆州一派《易》学"新经义"的大师,荀氏又属当时汉《易》的世家,由此可见这时《易》学各派相互情势的大概了。

此外,约在魏文帝的时候北方风行的思想主要的是本于"形名之学"(形名或作刑名,省称名家),即特别偏重于人事政治方面(名教)的讨论。这个"名家"的根本理论是"名实之辨",所以跟传统儒家与法家的学说,均有可以相通的地方,因为儒家讲"正名",法家也论"综核名实",问题的性质都很接近。又按名家之学本是根源于汉代的政治思想,人君有最大的两种任务:第一是要设官分职,安排官职恰如应有之位分,使"名实相符"。第二是人君应有知人之明,量才授官,认得如何样的人能做如何样的事。这样汉代月旦人物的流风,即是对于人物的评论,叫作"名论",又叫作"名目",所有政治上施设,都系于职官名分的适宜,人物名目的得当,这是致太平的基础,此与礼乐等总称之曰"名教"。照那种政论推论下来,人君在上须是能够观照全体;臣民在下,职务应该各有其分。君主无为,臣

魏晋玄学 187

民有为，因为人君果能设官分职，官当其分，量才授职，人尽所能，此外他便没有个人特别的任务，此即所谓"无为而无不为"，如是即"垂拱而治"了。

　　人君要能够这样，当时便说是合乎"道"或"天道"，故可以说人君是"道体"，并以"配天"。臣下只是各得其分，各尽所职，便谓是"器"或"形器"，又可以说是"器用"。这在表示功能各有不同。《易经·系辞》说："形而上者谓之道，形而下者谓之器。"这句话中"形上"与"形下"的分别，在当时便有如此的解说。根据前人的记载，汉末三国时学者，多作有所谓"道德论"的文章，我们参照别方面的意见，可以明了他们当时所谓"道德"，跟现在一般人通常所了解的含义不相同，一方面范围较广，再则"道""德"二字尚属相对并称，不像目前连用作一辞。如王弼注《老子》据说分"道经"与"德经"，可以为例。讨论的问题也就是"天人之际"，如《世说·文学篇》载有这样一段故事，说："何平叔（晏）注老子始成，诣王辅嗣（弼），见王注精奇，乃神伏曰：若斯人可与论天人之际矣，因以所注为道德二论。"这所谓"道德论"讨论的即是"天人之际"，也可以同上面的解释一致，即是说人君为"道"配"天"，臣下有"德"为"人"，"道德"两字在意义上等于"天人"，故"天""道"不可名状，"人""德"可以言说。《老子》书言："道可道，非常道；名可名，非常名。"这话固然有其形上学的解释，但是人君合乎道，百姓与能，臣民分职，各具德性，所以人君无名无为，臣民有名有为，《老子》开始的两句也可牵合于政治，形上学原可作政论的基础，即在思想上本可拉在一起。因此在理论上，当时的"形名之学"，不仅是跟法家、儒家有关，且与道家相通了。所以名家后来竟变成道家。王弼的思想就是一个好例。君主与臣下的关系，如上所述，在理论上，即是"道"与"器"的对立，"天、人""道、德"的不同，乃至"常道""可道""有名""无名"的分别也可以这样去解释。概括地说，不就是"名教"与"自然"之辨的问题吗？因为人君的"用"

在行"名教"来治理天下，而以"天道"或"自然"去配比"君德"，这样，君体"自然"，也就是以"自然"为"体"，"名教"为"用"了。我想魏晋时代道家之学兴起的主要原因，在思想的本质上大略是如此。

"名家"之学的中心思想重在"知人善任"。因为汉朝政府用人是采取"察举之制"的，社会上的"名目"，即是一般人的"评论"，早成为进身的阶梯、做官的捷径了。但是对于人物的批评是很难的，往往"差若毫厘，谬以千里"。因为有的看来平庸，实在有才能，也有真是"大智"倒像愚人似的。所以"相人"应该注意到他的全面，重神而不重貌，有时实在"可以意会，不得言传"。这样，当时便流行一种所谓"言意关系"的讨论，好些人并常提出不同的见解，其中"得意忘言"之说后来发生重大影响，进一步，应用这个原理评判一切，而当代思想的大问题——"自然与名教之争"也依之"裁判"了。因为体"自然"者才可以得意，拘于"名教"者实未尝忘言。王弼解《易》主张"得意"，他在《略例·明象章》说："夫象者出意者也，言者明象者也……是故存言者非得象者也，存象者非得意者也。"王弼采取这一个新的办法，就是用"寄言出意"的理论作根据，鄙视汉代"象数之学"，抛弃阴阳五行等旧说的传统，我国学术由此而发生重大的变化，王弼因此奠定魏晋"新学"（玄学）的基础。

根据以上所说，可知"新学"（玄学）的生成有两个主要因素：（一）研究《周易》《太玄》等而发展出的一种"天道观"；（二）是当代偏于人事政治方面的思想，如现存刘劭《人物志》一类那时所谓"形名"派的理论，并融合三国时流行的各家之学。上述二者才是"玄学"所以成为魏晋时代特有思想的根源。而"自然"与"名教"之辨以至体用本末的关系，以及"最理想的圣人的人格应该是如何"的讨论，都成为最重要的问题、"新学"的骨干了。因为上接《周易》《太玄》的思想，下合名、法、儒、道各家，都以这个问题作线索贯串起来的，也可说"新学"之所以能成为"新学"的创造部分，就在对这问题探讨的成绩所给与过去各家学术思想一个新的组合，或构成了某种新的联系使魏晋时代的思想表现特殊的精神。"新学"人们的结论是圣人方可以治天下，所谓"圣人"者，以"自然"为体，与"道"同极，"无为而无不为"。这种"圣人"的观念，从意义上讲，便是以老庄（自然）为体，儒学（名教）为用。道家（老庄）因此风行天下，魏晋"新学"（玄学）随着长成了。

三、魏晋思想的演变

三国以来的学者，在"名教"与"自然"之辨的前提下，虽然一致推崇"自然"，但是对于"名教"的态度并不完全相同。我们此刻不妨把一派称作"温和派"，另一派名为"激烈派"。前者虽不怎样特别看重"名教"，但也并不公开主张废弃"礼法"，如王弼、何晏等人可代表。他们本出于礼教家庭，早读儒书，所推崇而且常研习的经典是《周易》《老子》。后派则彻底反对"名教"，思想比较显著浪漫的色彩，完全表现一种《庄子》学的精神，其立言行事像阮籍、嵇康等人可为好例。西晋元康年间（291—299），"激烈派"在社会各方面发生较大的影响，流为风尚，以后一般人多痛心那批"效颦狂生"的行径，忘本逐末，"放"而不"达"。因此对于"温和派"的精密思想体系也多误认为完全蔑弃"名教"了。其实当代名士对于"激烈派"的种种行为也有表示不满意的，例如乐广，《晋书》本传载："是时王澄、胡毋辅之等皆以任放为达，或至裸体者，广闻而笑之曰：名教内自有乐地，何必乃尔！"乐广这种感慨是说名教本合乎自然，其中自有乐地，弃名教而任自然，是有体无用，也是不对的，所以乐令公（广）的话并不是特别推崇"名教"，其思想还是本于玄学。再如裴頠，后人说他是"深患时俗放荡"，作《崇有论》"以释其弊"。（详《晋书》本传）然其理论更是玄学的，大意在说不可去"有"以存"无"，弃

"用"来谈"体"。史书载称裴颜本是善谈"名理"的人，即可表示他是正统的玄学家，因为玄学的理论，原是上承魏初"名家"思想变来的。晚期戴逵作有《放达为非道论》，我想还是"温和派"思想影响下的余波。

向秀、郭象二人，确是这个时代杰出的人才，他俩的《庄子注》可算玄学中第一等名作。但是他们的思想，实是上承王（弼）何（晏）等人"温和派"的态度，不过在理论的体系上，王、何"贵无"，向、郭"崇有"，形上学的根据方面有些两样罢了。因为向（秀）郭（象）两人也是主张"自然"同"名教"不是冲突或对立的。但是《庄子》书中好些字面上诋毁"孔儒"的话，来作反驳"名教"的口实。向、郭就是想加以矫正，给《庄子》这书一个新的解释，应用"寄言出意"的理论，从根本上去调合孔、老（或儒道）两家的冲突，即是进行取消"自然"与"名教"的对立。向、郭这种用意，在他俩的《庄子注》中随处可见，我想不用特为引证了。谢灵运在《辨宗论》上有句话，说"向子期（秀）以儒道为一"，指的正是。《世说·文学篇》谓："初注《庄子》者数十家，莫能究其旨要，向秀于旧注外为解义，妙析奇致，大畅玄风。"《晋书》本传竟说他的《庄子注》出世，"儒墨之迹见鄙，道家之言遂盛"了。我想当时放任派的人，自以为有契于庄生，因而《庄子》一书几成为不经世务不守礼法者的经典；但向、郭《庄子注》上承王（弼）何（晏）等人"温和派"的态度，对于《庄子》，主张齐一儒道，任自然而不废名教，乃当时旧解外的一种新的看法。他们这个创见，以《庄子注》中圣人观念为焦点；他们推尊孔子为圣人，发挥"自然"与"名教"不可分离的思想。郭象在他的《庄子注》中说明本书的宗旨是"明内圣外王之道"，"内圣"就是要顺乎"自然"，"外王"则主张不废"名教"，主张"名教"合乎"自然"，"自然"为本为体，"名教"为末为用。虽然不废名教，但"名教"为末，故《庄子注》仍是"大畅玄风"，而儒墨之治天下，有用无体。徒有其迹而忘其所以迹，故《庄子注》出

魏晋玄学　191

而"儒墨之迹见鄙,道家之言遂盛"了。

西晋末叶以后,佛学在中国风行,东晋的思想家多属僧人,但是这种外来的印度宗教,何以能在我国如此的发达,说者理由不一。我看其中主要的原因,多半是由于前期"名士"与"名僧"的发生交涉,常有往来。他们这种关系的成立,一则双方在生活行事上彼此本有可以相投的地方,如隐居嘉遁,服用不同,不拘礼法的行径,乃至谈吐的风流,在在都有可相同的互感。再则佛教跟玄学在理论上实在也有不少可以牵强附会的地方,何况当时我国人士对于佛教尚无全面的认识,译本又多失原义,一般人难免不望文生解,当时佛学的专门术语,一派大都袭取《老》《庄》等书上的名辞,所以佛教也不过是玄学的"同调"罢了。故晋释道安《鼻奈耶序》上说:"以斯邦(中国)人《老》《庄》教行,与方等经兼忘相似,故因风易行也。"实是当时事实的真相。说到这个时代的佛学,早期最流行的是"般若"的研究,根本的思想是"二谛义",讲明"真谛"与"俗谛"的关系,这个分别与中国本末体用之辨相牵合;再则"法身"的学说也颇重要,相传古《楞严经》在那时前后总计有七次到九次的翻译,大概系因为这书特别论到"法身"罢。此后到西晋末年,《涅槃经》的学说接着大为风行,还是发挥上述一贯的思想,这些"二谛""法身"诸义,讨论圣人"人格"的问题,而同时为"本体论"的追究,佛学给与玄学很丰富的材料,很深厚的理论基础。若论佛学与其他思想的争论,或"内学"与"外教"的关系,其主要问题还是"自然与名教之辨",乃至"圣"与"佛"的性质各是如何?按印度佛教原本是一种出世解脱道,换句话说,即是"内圣"不一定要"外王"。晋朝末年因受这种外来宗教的影响,对于理想上"圣人的观念"也有改变,如慧远在《论沙门不应敬王者书》上说:"不顺化以求宗",即"体极"者可以"不顺化","自然"与"名教"之所以又行分途,佛学于此,关系也颇重要。

现在我要回到本文第一段所提出的两个问题,即:(一)玄学的产生是否受佛学的影响？（二）魏晋思想在理论上与佛学的关系如何？我的意见是：玄学的产生与佛学无关，因为照以上所说，玄学是从中华固有学术自然的演进，从过去思想中随时演出"新义"，渐成系统，玄学与印度佛教在理论上没有必然的关系，易言之，佛教非玄学生长之正因。反之，佛教倒是先受玄学的洗礼，这种外来的思想才能为我国人士所接受。不过以后佛学对于玄学的根本问题有更深一层的发挥。所以从一方面讲，魏晋时代的佛学也可说是玄学。而佛学对于玄学为推波起澜的助因是不可抹杀的。

总上所说，关于魏晋思想的发展，粗略分为四期：（一）正始时期，在理论上多以《周易》《老子》为根据，用何晏、王弼作代表。（二）元康时期，在思想上多受《庄子》学的影响，"激烈派"的思想流行。（三）永嘉时期，至少一部分人士上承正始时期"温和派"的态度，而有"新庄学"，以向秀、郭象为代表。（四）东晋时期，亦可称"佛学时期"。我们回溯魏晋思潮的源头，当然要从汉末三国时荆州一派《易》学与曹魏"形名家"言的综合说起，正始以下乃至元康、永嘉以迄东晋各时期的变迁，如上面所讲的，始终代表这时代那个新的成分一方面继续发展的趋势。前后虽有不同的面目，但是在思想的本质上确有一贯的精神。魏晋时代思想之特殊性，想在乎此。

第四章

隋唐佛学

汤用彤

玄奘法师

玄奘法师（602—664）俗姓陈，名袆。隋仁寿二年生于缑氏之陈堡谷，即在嵩山少林寺之西北。兄弟四人，法师最幼。其第二兄长捷先出家，住于东都净土寺。因其奖劝，法师十三岁出家于洛。好学不倦，跋涉陕、蜀，就学名师。武德五年（622），法师二十一岁，于成都受具后，东下荆州，止天皇寺，《讲摄论》《毗昙》各三遍，深为汉阳王所敬礼。后又往相州、赵州，复至长安问学。法师既遍谒诸师，备餐众说，详考其义，各擅宗途，验之圣典，亦隐显有异，莫知适从。乃誓游西方，以问所惑，并取《十七地论》(即《瑜伽师地论》)，以释众疑。常言昔法显、智严亦一时之士，皆能求法，导利群生，岂使高迹无追，清风绝后，大丈夫会当继之。遂结侣陈表。有诏不许。诸人咸退，唯法师不屈。乃于唐太宗贞观三年（629）秋首途，时年二十八也。

时有秦州僧孝达在京学《涅槃经》，功毕还乡，遂与俱去。至秦州，停一宿。逢兰州伴，又偕至兰州。一宿，遇凉州人送官马归，又随至彼。时国政尚新，疆场未远，禁约百姓，不许出蕃。凉州都督李大亮，因止不听行。有慧威法师，遣其弟子慧琳、道整二人，潜送向西。不敢公出，昼伏夜行，乃达瓜州。刺史独孤达优礼之。居月余，凉州访牒至，候捉玄奘。州吏李昌密促早去。幸访得一胡人相引渡玉门关。又得一胡老翁赠一瘦老赤马，马极谙西路，来去伊吾凡十五度。未至玉门关，胡人即生异心，引还，法师自是孑然孤游沙漠矣。唯望骨聚马粪等渐进。经过烽候四处，几中箭射。唯得校尉王祥之维护，得安然西去。再前即渡莫贺延碛，古曰沙河，长八百余里。上无飞鸟，下无走兽，复无水草。是时顾影，唯一心但念观音菩萨及《般若心经》。四顾茫然，人马俱绝。中经四夜五日无滴水沾喉，几死。忽遇水得救，后遂得到伊吾，止一寺。寺有汉僧三人，中有一老者，衣不及带，跣足出迎。抱法师号哭曰："岂期今日，重见乡人。"

适高昌王麴文泰闻法师至伊吾，特远迎住高昌王城。夜半到，王及妃嫔出宫亲致敬礼，其供养极盛。并言曰："朕与先王（按：文泰父伯雅于隋时入朝，尚华容公主）游大国，从隋帝历东西二京，及燕、代、汾、晋之间，多见名僧，心无所慕。自承法师名，身心欢喜，手舞足蹈。拟师至止，受弟子供养以终一身，令一国人皆为师弟子。望师讲授，僧徒虽少，亦有数千，并使执经充师听众。伏愿察纳微心，不以西游为念。"法师再四谢之。后王竟欲强力相当，法师乃绝食四日，以死自誓。文泰深生愧悔，稽首礼谢。共入道场礼佛，对母张太妃共法师约为兄弟。仍屈停一月，讲《仁王般若经》。讲讫，为法师度四沙弥，以充给侍。制法衣三十具。以西土多寒，又造面衣手衣靴袜等各数事。黄金一百两，银钱三万，绫及绢等五百匹，充法师往返二十年所用之资。给马三十匹，手力二十五人，并遣殿中侍御史欢信送至叶护可汗衙。又作二十四封书，通屈支等二十四国。每一封书，附大绫一匹为信。又以绫绢五百匹，果味两车，献叶护可汗。并书称：法师者是奴弟，欲求法于婆罗门国，愿可汗怜师如怜奴。仍请敕以西诸国给邬落马，递送出境。盖大雪山北六十余国，皆其部统故。

后玄奘于素叶城逢叶护可汗，可汗重其贿赂，遣骑前告所部诸国，但有名僧胜地，必令玄奘到。于是连骑数十，盛若皇华。中途经国,道次参候,供给顿具,倍胜于初。

玄奘法师自高昌西行,因须见突厥可汗,乃经大清池迂回过中亚细亚达印度,此中路程最为艰险。然前因高昌王之护送,后因叶护可汗之通告,屈支、活国、缚喝国、梵衍那国、迦毕试国诸王均优礼之。而其间过大雪山之险,则有磔迦国慧性法师同行,慧性有声印度。奘师至迦湿弥罗国,王礼遇隆重。自后周游印度本土,广礼圣迹,于贞观十七年首途归国。因高昌王有重见之约,故仍遵陆北行(后玄奘并未至高昌,当系因麴文泰已死。)计前后所见所闻百三十八国,中所闻者二十八国。于贞观十九年(645)至长安,前后经十七载。而在印度时其声誉之隆,千古一人。时有戒日王者,于隋大业二年(606)为王,在位四十一年,威力震全印,版图极大。王为玄奘在其都城(曲女城)设大会,备极庄严,集五印度沙门、婆罗门、外道等六千余人,到有东印度鸠摩罗王及其他十八国王,请法师坐为论主。称扬大乘,立真唯识量,序作论意,示一切人。若其间有一字无理能破者,请斩首相谢。竟十八日,无敢论者。王命施与极厚,法师一皆不受。王命侍臣庄严一大象施幢,请法师乘,令贵臣陪卫,巡众告唱,表立义无屈。西国法凡论得胜如此。僧众竞为法师立义名,大乘众号曰,摩诃耶那提婆(大乘天);小乘众号曰,木叉提婆(解脱天)。后又因定于钵罗耶伽国立施场七十五日,请师随喜。戒日王、鸠摩罗王及十八国王皆参与,道俗到者五十余万人。会毕,法师辞众归国。王及诸众相饯数十里。戒日王仍以素氎作红泥封印,遣达官四人名摩诃怛罗(注:类此散官也)送法师。所经诸国令发乘递送,终至汉境,亦可谓盛矣。唯法师在印时学问之勤奋,之广博,其造诣之深,尤为难能可贵。

玄奘法师归至于阗,即上表太宗。住七八月得敕,降使迎劳曰:

> 闻师访道殊域,今得归还,欢喜无量。可即速来,与朕相见。其国僧解梵语及经义者,亦任将来。朕已敕于阗等道使诸国送师,人力鞍乘应不少乏。令敦煌官司于流沙迎接,

隋唐佛学 199

鄯鄯于沮洙迎接。

法师奉敕即进发。贞观十九年正月二十四日至京城，时法师年四十四岁，迎者数十万众，如值下生。翌日大会于朱雀街之南，凡数百件，部伍陈列，安置法师于西域所得如来舍利一百五十粒，金檀佛像七躯。又安置所得经论五百二十夹，六百五十七部，以二十匹马负而至。自朱雀街至弘福寺数十里间，道傍瞻仰者，烧香散花不断。时太宗将征辽，已至洛阳。法师东出谒见，相见大悦。帝谓侍臣曰：

昔苻坚称释道安为神器，举朝尊之。朕今观法师词论典雅，风节贞峻，非唯不愧古人，亦乃出之更远。

是后即命翻译，国司供给，并许召大德为时推重者襄助。是后法师译经不辍，至高宗麟德元年（664）法师卒于玉华宫，计所翻经论合七十四部，一千三百三十五卷。

综考僧传，长安寺庙名僧之最多者，当推慈恩、西明、弘福诸寺，则均玄奘之住寺也。大慈恩寺者，高宗为太子时所造，有屋一千八百九十七间，中有翻经院，奘师大弟子窥基、普光、法宝、嘉尚等为其中僧。西明寺者，高宗为孝敬太子病愈立，有十院，屋四千余间，藏经当最富，奘师上首圆测、道世所在地，而道宣亦其寺僧也。弘福寺者，太宗为太穆皇后立，玄奘居时较短，则智首、灵润所住寺也。

综计奘师相从之人物，非唯集一时海内之硕彦，且可谓历代佛徒之英华。兹未能详述，略举其要者。按圆测法师，奘之神足，乃新罗国王孙。门人利涉法师，护法名僧，后圆照为之作传十卷，乃西域人也。元晓法师亦曾受学，乃华严大家，亦新罗人。此外尚有新罗顺憬、义湘，高昌玄觉等。是法师之教，声及外国矣。而南山道宣为之证义，是律宗之元匠。康居法藏为华严宗主，略与法师有一度因缘。东塔怀素是奘师门人，后为新疏之主。此外其翻译证义十二大德,缀文九大德,字学一人(玄应),证梵一人(玄謩,贞观初原为波颇译语者),俱时辈所推。由此可见其法会之盛。至若奘师开法相唯识、俱舍、因明之学,其弟子之以义学称者,指不胜屈。如窥基、圆测、神昉、嘉尚、普光,法相之名宿也,而窥基尤为元匠。如普光、法宝、神泰,则称为俱舍之三大家。窥基、神泰、顺憬,又以因明见称。而玄应者字学之大德,亦谓为奘师之门人。至若玄奘入印,声振五天。其后西行者数十辈,而义净亦因少慕其风而卒往天竺者也。(详见义净《西域求法高僧传》)玄奘法师促进佛教势力之功效,岂不大矣哉。

韩愈与唐代士大夫之反佛

唐宪宗元和十四年（819）敕迎佛骨于凤翔法门寺，昌黎韩愈上表谏之，此实为佛教史中有名公案。佛骨者，仅佛中指之一节，据《剧谈录》云："骨长一寸八分，莹净如玉，以小金棺盛之。"太宗以来，朝廷多加殊礼。元和十四年敕翰林学士张仲素撰《佛骨碑》，其略云：

> 岐阳法门寺鸣鸢阜有阿育王造塔，藏佛骨指节，太宗特建寺宇，加之重塔；高宗迁之洛邑；天后荐以宝函；中宗纪之国史；肃宗奉之内殿；德宗礼之法宫。据本传必三十年一开，则玉烛调、金镜朗，氛祲灭、稼穑丰。

盖元和十三年有功德使奏，凤翔法门寺有护国真身塔，塔内有释迦牟尼佛指骨一节，世传舍利塔当三十年一开，开则岁丰人安。诏许之。

次年宪宗遣使往，迎入禁中三日，乃送京城佛寺。王公士庶，奔走膜呗，至为夷法灼体肤，委珍贝，腾沓系路。昌黎表谓："焚顶烧指，千百为群；解衣散钱，自朝至暮；转相仿效，唯恐后时；老少奔波，弃其业次。"其朝野震动详状，史虽未详，然可以由关于懿宗咸通十四年迎佛骨之纪载想象得之。据《杜阳杂编》并参以《剧谈录》记懿宗迎佛骨之盛状如下：

咸通十四年春，诏大德僧数十辈于凤翔法门寺迎佛骨，百官上疏谏，有言宪宗故事者。

上曰："但生得见，殁而无恨也。"遂以金银为宝刹，以珠玉为宝帐香舁，仍用孔雀氄毛饰宝刹。其宝刹小者高一丈，大者二丈。刻香檀为飞帘花槛瓦木阶砌之类，其上编以金银覆之，舁一刹用夫数百。其宝帐香舁不可胜纪，工巧辉焕，与日争丽。又悉珊瑚玛瑙真珠瑟瑟缀为幡幢，计用珍宝，不啻百斛。其剪彩为幡为伞，约以万队。都城士庶奔走云集，自开远门达于岐川，车马昼夜相属，饮撰盈溢路衢，谓之无碍檀施。(《京城坊曲》：旧有迎真身社，居人长幼旬出一钱。自开成之后，迄于咸通，计其资积无限，于是广为费用。时物之价高，茶米载以大车，往往至于百辆，他物丰盈，悉皆称是。) 四月八日佛骨入长安，自开远门安福楼，夹道佛声震地，士女瞻礼，僧徒道从。上御安福寺，亲自顶礼，泣下沾臆。幡花幢盖之属，罗列二十余里。间之歌舞管弦，杂以禁军兵仗。锱徒梵诵之声，沸聒天地。民庶间有嬉笑欢腾者，有悲怆涕泣者。皇帝召两街供奉僧，赐金帛各有差，而京师耆老元和迎真身者，悉赐银碗锦彩。长安豪家竞饰车马，驾肩弥路。四方挈老扶幼来观者，莫不蔬素，以待恩福。时有军卒断左臂于佛前，以手执之一步一礼，血流洒地。至于肘行膝步，啮指截发，不可胜数。

又有僧以艾覆顶，谓之炼顶。火发痛作，即掉其首呼叫，坊市少年擒之，不令动摇，而痛不可忍，乃号哭卧于道

隋唐佛学

上，头顶焦烂，举止苍迫，凡见者无不大哂焉。上迎佛骨入内道场，即设金花帐，温清床，龙鳞之席，凤毛之褥；焚玉髓之香，荐琼膏之乳，皆九年诃陵国所贡献也。初迎佛骨，有诏令京城及畿甸于路傍垒土为香刹，或高一二丈，追八九尺，悉以金翠饰之，京城之内，约及万数。妖妄之辈，互陈感应，或云夜中震动，或云其上放光，并以求化资财，因而获利者甚众。又坊市豪家相为无遮斋大会，通衢间结彩为楼阁台殿，或水银以为池，金玉以为树，竞聚僧徒，广设佛像，吹螺击钹，灯烛相继。又令小儿玉带金额，白脚呵喝于其间，恣为嬉戏。又结绵绣为小车舆，以载歌舞，如是光于辇毂之下。而延寿里推为繁华之最。

元和之迎佛骨，虽不必如咸通之盛，然亦都人若狂，糜费极多。韩昌黎恶之，作《论佛骨表》。文公一生，志与佛法为敌，尝以孟子辟杨墨自比。其谏迎佛骨，尤为后世所称美。然上表反佛者，唐朝实代有其人。傅奕以后，则天皇后时，有狄仁杰（明经官至宰相）、李峤（进士官至宰相）、张廷珪（制举官刺史、太子詹事）、苏瓌（进士官宰相）。中宗时，有韦嗣立（进士官尚书、刺史）、桓彦范（门荫官宰相）、李乂（进士官侍郎）、辛替否（官御史）、宋务光（进士官侍御史）、吕元泰（官清源尉）。睿宗时，有裴漼（举拜官至尚书）。玄宗时，有姚崇（举制官宰相）。肃宗时，有张镐（官至宰相）。代宗时，有高郢（宝应进士，贞元中拜相）、常衮（进士官宰相），李叔明（明经东川节度使）。德宗时，有彭偃（官员外郎）、裴垍（进士官至宰相）、李岩（官郎中）。有舒元褒者，元舆之弟，进士官司封员外郎，《全唐文》载其《对贤良方正直言极谏策》，想为宪宗初擢贤良方正时之对策，策中亦毁及佛法。昌黎之后有崔蠡（进士官侍郎、刺史）、萧倣（进士官尚书宰相）、李蔚（进士官至宰相）、孙樵（进士，昌黎门人）等。又据《新唐书》卷一八一谓懿宗迎佛骨，朝廷如李蔚谏者极多。虽此各朝诸人用功未有昌黎之勤，议论未若昌黎之酷烈，顾其言多与昌黎之表大同。诸人所陈，抉其大旨，盖不出以下数端。

（甲）君人者旨在政修民安，故排佛者恒以害政为言。武后造大像，用功数百万，令天下僧尼每日人出一钱以助成之，狄仁杰上疏谏曰：

> 臣闻为政之本，必先人事。……今之伽蓝，制过宫阙，穷奢极侈，画缋尽工，宝珠殚于缀饰，瓌材竭于轮奂。工不使鬼，必在役人；物不天来，终须地出；不损百姓，将何以求？
>
> 生之有时，用之无度，编户所奉，恒苦不充。痛切肌肤，不辞箠楚。游僧一说，矫陈祸福，剪发解衣，仍惭其少。亦有离间骨肉，事均路人；身自纳妻，谓无彼我；皆托佛法，诖误生人。里陌动有经场，阛阓亦立精舍。化诱倍急，切于官征；法事所须，严于制敕。膏腴美业，倍取其多；水碾庄园，数亦非少。逃丁避罪，并集法门。无名之僧，凡有几万，都下检括，已得数千。且一夫不耕，犹受其弊，浮食者众，又劫人财。臣每思维，实所悲痛。

辛替否谏中宗盛兴佛寺疏亦有曰：

> 臣闻君以人为本，本固则邦宁，邦宁则陛下夫妇母子长相保也。……当今疆场危骇，仓廪空虚，揭竿守御之士赏不及，肝脑涂地之卒输不充，野多食草，人不识谷。而方大起寺舍，广造第宅。伐木空山不足充梁栋，运土塞路不足充墙壁。夸古耀今，逾章越制，百僚钳口，四海伤心。……三时之月，掘山穿池，损命也；殚府虚帑，损人也；广殿长廊，荣身也。损命则不慈悲，损人则不济物，荣身则不清净，岂大圣大神之心乎？

而张镐之言，更至为质直：

> 臣闻天子修福，要在安养苍生，靖一风化。未闻区区僧教，以致太平。伏愿陛下以无为为心，不以小乘而挠圣虑也。

彭偃《删汰僧道议》谓僧尼游行浮食，于国无益，有害于人，曰：

> 今天下僧道，不耕而食，不织而衣，广作危言险语，以惑愚者。一僧衣食，岁计约三万有余，五丁所出不能致此。举一僧以计天下，其费可知。陛下日旰忧勤，将去人害，此而不救，奚其为政！

裴垍又言：

> 衣者蚕桑也，食者耕农也，男女者继祖之重也，而二教悉禁。国家著令，又从而助之，是以夷狄不经法，反制中夏礼义之俗。

此诸人所言，盖谓释教之兴，上不利于君，下不利于民，费财物，养浮食，坏礼教，乱人伦，为天下衰败、祸乱之一因也。

（乙）人主莫不求国祚悠久，故唐朝人士，恒以六朝朝代短促归罪于佛法。此傅奕所首唱，韩文公论佛骨表亦言之。而狄仁杰谓梁武、简文信佛，不救危亡之祸。姚崇亦言，佛图澄最贤，无益于全赵；罗什多艺，不救于秦亡。辛替否在中宗时上疏，征夏商以来帝代，谓有道祚长，无道年短，"岂因其穷金玉修塔庙，方建长久之祚"！而在睿宗时抗言，更引唐朝近事以为鉴戒，曰：

> 中宗……造寺不止，枉费财者数百亿；度人不休，免租庸者数十万。……然五六年间，再三祸变，享国不永，受终于凶。……寺舍不能保其身，僧尼不能护妻子，取讥万代，

见笑四夷。此陛下所眼见之,何不除而改之。

代宗为太后营章敬寺,高郢上书谏曰:

> 臣闻夏禹卑宫室而尽力乎沟洫,人到于今称之。梁武穷土木而致饰乎寺宇,人无得而称焉。陛下若节用爱人,当与夏后齐驾,何必劳人动众,而踵梁武之遗风乎?

高郢书奏未报,又再上书冒死再谏,可谓有识之士也。姚崇《遗令诫子孙文》亦曾引中宗、太平公主等事为戒。

(丙)韩昌黎表中引高祖沙汰佛徒,愿宪宗取以为法。而辛替否亦举贞观故事,以告睿宗,求其不弃太宗之治本,而弃中宗之乱阶,其言曰:

> 太宗……拨乱反正,开阶立极,得至理之体,设简要之方。省其官,清其吏。举天下职司,无一虚授;用天下财帛,无一枉费。……不多造寺观,而福德自至;不多度僧尼,而殃咎自灭。……自有帝王以来,未有若斯之神圣者也。故得享国久长,多历年所,陛下何不取而则之?

宪宗迎佛骨,昌黎上表。懿宗佞佛尤甚,萧倣效法文公上疏论之曰:

> 昔贞观中,高宗在东宫,以长孙皇后疾亟,尝上言曰:"欲请度僧,以资福事。"后曰:"为善有征,吾未为恶。善或不报,求福非宜。且佛者异方之教,所可存而勿论,岂以一女子而紊王道乎?"故谥为文德。且母后之论,尚能如斯,哲王之谟,安可反是?……昔年韩愈,已得罪于宪宗。今日微臣,固甘心于遐徼。

隋唐佛学

（丁）僧尼守戒不严，佛殿为贸易之场，寺刹作道逃之薮，亦中华士人痛斥佛徒之一理由。辛替否疏中有曰：

> 当今出财依势者，尽度为沙门；避役奸讹者，尽度为沙门。其所未度，惟贫穷与善人耳，将何以作范乎？将何以租赋乎？将何以力役乎？臣以为出家者，舍尘俗，离朋党，无私爱。今殖货营生，非舍尘俗；援亲树知，非离朋党；畜妻养孥，非无私爱。

彭偃献议亦有曰：

> 当今道士有名无实，时俗鲜重，乱政犹轻。唯有僧尼，颇为秽杂。自西方之教被于中国，去圣日远，空门不行五浊，比丘但行粗法。爰自后汉，至于陈隋，僧之废灭，其亦数乎？或至坑杀，殆无遗余。前代帝王，岂恶僧道之善，如此之深耶？盖其乱人，亦已甚矣。
>
> ……今出家者，皆是无识下劣之流，纵其戒行高洁，为于王者已无用矣，况是苟避征徭，于杀盗淫秽无所不犯者乎！

而僧人交通权贵，干预政事，则见于桓彦范上中宗之一表：

> 胡僧慧范，矫托佛教，诡惑后妃，故得出入禁闱，挠乱时政。陛下又轻骑微行，数幸其室。上下媟黩，有亏尊严。臣尝闻兴化致理，必由进善；康国宁人，莫大弃恶。故孔子曰："执左道以乱政者杀；假鬼神以危人者杀。"今慧范之罪，不殊于此也。

元和十四年，韩退之《论佛骨表》，其理论亦不出上述各点。表中第一段言六朝祚短由于信佛；第二段引高祖毁法事为则；第三段斥迎佛骨之伤风败俗，请以付之水火，永绝根本。然其所以震动一时者，其故有数：一则直斥佛法，大异前人之讽谏，致贬潮州，百折不悔。二则退之素恶释教，其肆攻击当在上表之前。按杨倞注《荀子》引退之《原性》全文，故《原性》之作当在元和十三年前。且退之终身未尝不毁佛法也。其与大颠交游，不足为其变更态度之证，世传其与大颠三书尤不足信。故文公反佛致力之勤当不在傅奕下。而上列反佛诸人中，亦有常与僧人交涉，且有为僧寺作碑记者，查《全唐文》可知。而文公自比孟轲，隐然以继尧、舜、禹、汤、文、武、周公、孔子之道统自任，树帜鲜明，尤非傅奕所及。三则退之以文雄天下，名重一时，其党徒众多，附和者夥。门人李翱称之谓，六经之学绝而复兴。其后皮日休谓其蹴杨、墨于不毛之地，蹂释、老于无人之境，至请以配飨孔庙。此其辟佛所以大著成效也。

然吾人果明于唐朝士大夫对于佛教之态度，则韩氏之功，盖不如常人所称之盛。盖魏晋六朝，天下纷崩，学士文人，竞尚清谈，多趋遁世，崇尚释教，不为士人所鄙，而其与僧徒游者，虽不无因果福利之想，然究多以谈名理相过从。及至李唐奠定宇内，帝王名臣以治世为务，轻出世之法。而其取士，五经礼法为必修，文词诗章为要事。科举之制，遂养成天下重孔教文学，轻释氏名理之风，学者遂至不读非圣之文。故士大夫大变六朝习尚，其与僧人游者，盖多交在诗文之相投，而非在玄理之契合。文人学士如王维、白居易、梁肃等真正奉佛且深切体佛者，为数盖少。此诸君子之信佛，原因殊多，其要盖不外与当时之社会风气亦有关系也。于此不能详论。

文公之前，反对佛教上疏朝堂者多为进士，特以佛法势盛，未敢昌言。及至昌黎振臂一呼，天下自多有从之者。然退之急于功名，无甚精造，故朱文公（熹）论之曰：

> 盖韩公之学，见于《原道》者，虽有以识夫大用之流行，而于本然之全体则疑其所未睹。且于日用之间，亦未

隋唐佛学　209

见其有以存养省察而体之于身也。是以虽其所以自任不为不重,而其平生用力深处终不离乎文字语言之工。至其好乐之私,则又未能卓然有以自拔于流俗,所与游者不过一时之文士。

故韩文公虽代表一时反佛之潮流,而以其纯为文人,率乏理论上之建设,不能推陈出新,取佛教势力而代之也,此则其不逮宋儒远矣。

综论各宗

中国佛教史料中，有所谓"十宗""十三宗"之说，本出于传闻，而非真相。盖与中国佛教宗派有关，于汉文资料中所称为"宗"者，有二含义：一指宗旨之宗，即指学说或学派。如中国僧人对印度般若佛学之各种不同解释，遂有所谓"六家七宗"，此所谓"宗"者，即家也，如"儒家""道家"之"家"。"本无宗"者，即"本无家"；"心无宗"者，即"心无家"。又如讲说各种经论之经师、论师之学说，遂有"成宗论宗"之名，此论宗者，盖以所崇所尊所主名为宗。上此均是学说派别之义也。一指教派，即指有创始人、有传授者、有信徒、有教义、有教规之宗教团体，如隋唐时之天台宗、禅宗、三阶教等，此皆宗教之派别，盖所谓"宗"者指此。隋唐以前中国佛教主要表现为学派之分歧，隋唐以后，各派争道统之风渐盛，乃有各种教派之竞起。兹就此问题论述于下。

隋唐佛学

一

  南北朝时，译出佛教经典益多，有大乘有小乘。大乘空宗有《般若》"三论"，《维摩》《法华》，大乘有宗有《华严》《涅槃》；小乘即有沙婆多之诸论，又有《成实论》之空理。出经既多，译人复有传授，故讲习经论之风大盛。

  东晋佛学尚清通简要，主张得意忘筌，是以道生注《法华》仅有二卷。逮至齐梁，僧人务期兼通众经，讲说盛行，法云《法华义疏》现存八卷，刘虬《法华注》著录十卷。前此僧人以能清谈玄理见长，而今则以能讲说经论知名，于是有众多之经师、论师。兹据慧皎《高僧传》，举二、三僧人以说明当时经论讲习之情况。《高僧传》卷八《慧基传》曰：

> 释慧基……初随慧义法师，……宋文帝……为设会出家，舆驾亲幸，公卿必集。基……学兼昏晓，解洞群经。……游历讲肆，备访众师。善《小品》《法华》《思益》《维摩》《金刚般若》《胜鬘》等经，皆思探玄赜，……提章比句。……及慧义亡后，资生杂物，近盈百万，基法应获半，……唯取粗故衣钵。……遍访三吴，讲宣经教，学徒至者千有余人。……后周颙荏苒，请基讲说。……刘瓛、张融并申以师礼，崇其义训。司徒文宣王……致书殷勤，访以法华宗旨，基乃著《法华义疏》凡有三卷。及制门训义序三十三科，并略申方便旨趣，会通空有二言，及注《遗教》等。……乃敕为僧主掌任十城，盖东土僧正之始也。……基弟子德行、慧旭、道恢，并学业优深，次第敷讲，各领门徒，继轨前辙。

  据此，当时佛教势力扩展，经论之讲习甚盛，僧人广访众师听讲，而本人亦渐以讲经知名，且各有专精。慧基之于社会享盛名，因其于《法华经》独步一时，然亦仅"提章比句"，非自有创造也。其弟子亦不过各处听讲，并自己讲说，然非必继承其师之学说也。慧基之弟子慧集即是如此。《高僧传》卷八《慧集传》略曰：

> 释慧集……年十八……出家，随师慧基法师受业。……学勤昏晓，未尝懈息，……遍历众师融冶异说，三藏方等并皆综达，广访《大毗婆沙》及《杂心》《犍度》等，以相辩校，故于《毗昙》一部擅步当时。……每一开讲，负帙千人，沙门僧旻、法云并名高一代，亦执卷请益。今上（指梁武帝）深相赏接。……著《毗昙大义疏》十余万言，盛行于世。

据此，慧集与其师慧基无别，仅师专精《法华》，而弟子则以毗昙知名而已。且可知，当时所谓义学僧人，只擅长讲经，并未开创新说，可以继承也。

经论讲习之风既盛，故僧人讲经次数之多，实可惊人；而讲经既多，于是章句甚繁，而有集注产生。有宝亮者，"讲众经盛于京邑，讲《大涅槃》凡八十四遍，《成实论》十四遍，《胜鬘》四十二遍，《维摩》二十遍，其大小品十遍，《法华》《十地》《优婆塞戒》《无量寿》《首楞严》《遗教》《弥勒下生》等亦皆近十遍。黑白弟子三千余人。……开章命句，锋辩纵横"（《高僧传》卷八《宝亮传》）宝亮讲经论次数之多，或有夸大，但足见刘宋后僧人之风气也。时梁武帝且自讲经，又敕撰《涅槃集注》，有七十一卷，所集注疏十九种。此皆佛教经学形成之标志也。故而其时有涅槃师、成实师或成论人、毗昙师或数人等名称。虽讲涅槃者所宗为《涅槃经》，讲成实者所宗为《成实论》，讲毗昙者所宗之经论为《杂心论》等，而于隋唐以前中国佛教之撰述中，涅槃宗、成实宗、毗昙宗实极罕见。兹据所知，引书三条如下：

1. 《续僧传》卷十《靖嵩传》曰：嵩在北齐时，因"唯有小乘，未遑详阅，遂从道猷、法诞二大论主，面受成、杂两宗"云云。此处谓成实宗、杂心宗显系指此两部论所说之理论而已。

2. 日本僧人安澄于801至806年撰《中论疏记》卷一述旧地论师所说之四宗略曰："一、因缘宗，后人诤毗昙宗；二、假名宗，后人诤成实宗（下略）。"又按窥基（632—682）《法苑义林》叙四宗有曰："夫论宗者，所崇所尊所主名为宗。古大德总立四宗：一立性宗，《杂心》等是；二破性宗，《成实》等是（下略）。"合上两段观之，安澄所谓之毗昙宗，即窥基之"《杂心》等"论也；安澄之成实宗，即窥基之"《成实》等"论也。又失名之《摄大乘义章》卷四数言"成实论宗"，可知成实宗即是"成实论宗"之省文也。又安澄书中引有宗法师《成实义章》，聪法师《疏》《成实论大义记》、基师《阿毗昙章》，此当即安澄所指之"后人"名为成实宗、毗昙宗者也，亦即成实、毗昙师之说也。

3. 吉藏常言及"毗昙师""杂心师"，然亦曾用"毗昙宗"之名。《三论玄义》卷上有曰："依毗昙宗三乘则同见四谛，然后得道。就成实义，但会一灭，方乃成圣。"此毗昙宗显系即毗昙理论之义，而成实义之"义"尽可改为"宗"字也。"涅槃宗"最早见于《涅槃经集解》卷六，其文引南齐道慧曰"佛开涅槃宗"。次唐元康之《肇论疏》有曰"依涅槃宗，而说涅槃"。此两处盖均指《涅槃经》之宗义也。

总上三条，所谓"宗"者皆是"宗旨""宗义"之义，故一人所主张之学说，一部经论之理论体系，均可称曰"宗"。从晋代之所谓"六家七宗"至齐梁周颙之"三宗"皆指佛教学说之派别（学派），实无隋唐以后之佛教教派之意义。

二

南朝佛教讲说之风既盛，而由于印度佛经传入之先后，以及所据印度经论之不同，或于经典解释之各异，遂渐成佛教各种学说之派别。于此据史料以推求其中之演变，当可更明了晋至隋唐间经论流行之情形，及学派间之分歧，并可进一步证明中国佛教宗派之形成盖在隋唐以后，而所谓"十宗""十三宗"之说实是误传。

（1）在鸠摩罗什到长安以前，较流行之佛经主要有二种：先是安世高所译之小乘毗昙，最要者为安般禅法，道安《安般注序》谓"安世高者博闻稽古，特专阿毗昙学，所出经禅数最悉"（《祐录》卷六）；次为般若经（大乘方等），有《道行》《放光》《光赞》等，按《渐备经序》曰："……大品出来虽数十年，先出诸公略不综习，不解诸公何以尔。……大品顷来，东西诸讲习无不以为业。……"（《祐录》卷九）此谓大品出来研习者少，当系因小品较为流行，即以《世说·文学》中言及小品者三四次，而未及大品，亦可知矣。至于般若流行之原因，如道安所说，"以斯邦人老庄教行，与方等经兼忘相似，故因风易行也"（《鼻奈耶经序》，《大正藏》卷二十四）。般若说"空"，晋人对此已有种种解释，王洽与支道林书："因广异同之说，遂令空有之谈纷然大殊，……"（《广弘明集》卷二十八上）僧肇《不真空论》亦曰："故顷尔谈论，至于虚宗（即空宗）每有不同。"据僧叡《维摩经序》谓其时虚宗不同之谈论已有六家。（《祐录》卷八）而所谓"空有之谈"，则亦包括佛学中之般若与毗昙也。盖在道安晚年罗什未至之际，小乘有部毗昙已有译出。《世说·文学》记提婆在东亭第讲《阿毗昙》，僧弥更就余屋自讲。东亭、僧弥均王洽之子，并均参与有部阿毗昙之译出。以上为东晋时佛教流行之情况。

（2）自东晋末至南齐，周颙又概括其时谈空之学派为"三宗"，而三宗则已包括成实论之小乘空，不仅大乘般若空教也。永明七年齐竟陵王招京师名僧数百讲经及十诵律。时周颙作《钞成实论序》略曰：

寻夫数论之为作也，虽制兴于晚集，非出于一音。……

隋唐佛学　215

顷《泥洹》《法华》，虽或时讲；《维摩》《胜鬘》，颇参余席；至于大品精义，师匠盖晚；十佳渊弘，世学将殄，皆由寝处于论家，求均于弱丧。

据此，可知南朝宋齐间佛学讲习之概况。又按《高僧传》卷八《智林传》有智林致周颙书曰：

……贫道捉麈尾以来，四十余年，东西讲说，谬重一时，其余义统，颇见宗录，唯有此途，白黑无一人得者。

所谓"此途"指周颙《三宗论》之第三宗，即罗什在关中所译之《中》《百》《十二门》三论之理论。智林书盖谓其所讲习之其他义疏，皆为时人所研习，唯《中》《百》《十二门》之宗义尚未为人所注意。故据上述周颙《钞成实论序》可知时所注意之学问，除十诵律外，有《涅槃》《法华》《维摩》《胜鬘》《大品》《十住》《成实》等，而未及三论。又据智林书知其始注意《中论》《十二门》论等，而此论等"白黑无一人得"，故其时注意研习三论者甚少也。

（3）自南齐后，三论始大行南朝。时有北方僧人黄龙法度及其弟子辽东僧朗南来，始在摄山弘三论之学。僧朗之弟子僧诠讲大品、读三论，不开《涅槃》与《法华》。诠弟子兴皇法朗于江北得《大智度论》，始用之讲《大品》。可见《大智度论》南方原不流行，而摄山之讲四论始自兴皇法朗。此时三论之学大行于南北也。

又至隋初，据隋炀帝为晋王时尝致书智法师曰：

……若习毗昙，则滞有情著；若修三论，又入空过甚；《成实》虽复兼举，犹带小乘；《释论》《地持》，但通一经之旨，如使次第遍修，僧家尚难尽备，况居俗而欲兼善。当今数论法师无过此地，……（《国清百录》五十）

所谓"数论法师"，应指江都智脱（见《续高僧传》卷九，脱善《成实》）；《释论》即《大智度论》，乃大品经之释论；《地持》即《出瑜伽十地论》本地分中之"菩萨地"，隋慧影谓"《地持》是弥勒世尊所造，以释十地"，亦为当时北方流行之经典。按杨广所言，虽非对当时所讲习全部经典之分析，然亦可看出当时之风尚。

（4）吉藏《百论疏》曰：

> 大业四年，为对长安三种论师，谓《摄论》《十地》《地持》三种师，明二无我理及三无性，为论大宗，今立此一品（破空品），正为破之，应名破二无我品及破三无性品。……

下文又曰：

> 吉藏昔在江左陈此品有十七条，年老多忘，故略述一二数耳。

据此可知吉藏在南方曾讲破空品，大业四年在长安又讲。此所谓"大宗"，即指所弘之三论宗义。吉藏以其三论宗义破《摄论》《十地》《地持》三种师所明之二无我、三无性义，"建立三论，欲申正教"。盖吉藏以三论为大宗、为正教，而其余宗义如摄论师等，则非正教，均是小宗。

吉藏于仁寿之终，奉敕撰《维摩经义疏》（即《广疏》），文中曰：

> 问：义宗已盛谈不二，未详不二是何等法？
> 答：有人言不二法门即真谛理也。此成实论师所用也。
> 有人言不二法门谓实相般若。实相是真谛理，能生般若，故名般若，此智度论师之所立也。
> 有人言不二法门阿梨耶识。此云无没识，此旧十地论师

隋唐佛学　217

之所用也。

有人言不二法门阿摩罗识。此云无垢识,摄大乘师真谛三藏之所用也。

四宗之内,初二约境,后两据心。

据文中"义宗"即为义理之宗,盖谓理论之派别也。所说四宗即:成实论师、智度论师、旧十地论师及摄大乘师,故四宗者即四种论师,如前引文之"三种论师"也。查史料,隋时吉藏既用成实论师或成论、毗昙师、数论师等。均正《四论玄义》用成实论师等亦多,言某某宗则甚少(多在十卷),卷六有成实论等义宗,或成实论师宗,或诃梨宗,但并不多见。且此所说"宗"非指宗派,而指诃梨所著之成实论学说或讲成实论者之学说而已。隋智《摩诃止观》、中唐湛然《辅行弘决》均收材料甚多,而亦未言成实宗等,仅有成论、成论师、摄师、地师(或地人)、摄大乘、数人(毗昙师)等,且不多见。

(5)据上二项之资料,如杨广说隋时有毗昙、三论、《成实》《释论》《地持》诸种经论之宗义;吉藏说有摄论师、十地论师、地持论师、大智度论师及成实论师等。此盖为隋时流行之佛教学问也。而三论与《大智度论》均印度龙树义,常合称为"四论",而有"四论师"之称。其于义理与三论师无不同,著作仅存有均正《四论玄义》。均正生平不详,或为慧均僧正之简称,《四论玄义》当作于隋朝。

吉藏于《大乘玄义》述佛性十一家,《四论玄义》则说佛性义宗本三家、末十家,反复讨论,其文甚长,可见其时涅槃佛性义争执甚烈。均正于破斥十家(大都是成实论师)后,有文曰:

(成实)问:十家亦引经,汝亦据经,何独汝是他非耶?

(三论)答:此事如世娘婢二子诤父家业,为岂相类也。又今家禀南天竺学摩诃衍龙树之风,彼依罽宾学小乘诃梨之论。又《地》《摄》二论学有得,大乘师宗已是悬绝,汝《学成》《毗》与《地》《摄》论，我学三论，我论初命章《十二门论》云"今当略解摩诃衍"，《中论》初亦云"如摩诃般若波罗密中说"，汝论初命章云"何故造此论我欲正论三藏中实义"。

（成实）问：若尔，岂悬绝？

（答辞略）

此道统之争演为谩骂，然亦仅以分大乘小乘，说对方差不如己。虽所谓对方有摄、地、成、毗诸师，然主要攻击对象是成实论师，故着重指出成实论为小乘之学。学派之分歧发展至此，已有向宗派过渡之趋势也。

（6）中国佛教学说之争执，最后表现为传法定祖问题。三论学于摄山时代已力言其为"关河相承"，后又谓其为龙树嫡传。至隋硕法师《三论游意义》始列其传法次第，文略曰：

传持法藏，始末有三十二人也。始自迦叶，终于师子比丘也。……马鸣付属何人……提婆去世，付属罗什，如是相承乃至师子比丘也。（此系据《付法藏因缘传》，然将鸠摩罗什列提婆之后，师子比丘之前，乃是硕法师之臆造也。）

下文又问法胜《毗昙》与诃梨《成实》等何人付属，答曰此诸论师均佛教异端，非传法藏，而为龙树之所破斥也。至于四论，则书中称之为"圣大宗，同申佛大教也"。

据上述六节资料，虽不甚系统，然已可约略看出：于南北朝时，特别在南朝，实仅有不同学说之流行，而尚无宗教派别之建立也。初中国僧人对于印度佛教各有不同之解释，提出不同之主张（称为"义门"或"义宗"），如"六家七宗论"及"三宗论"所列，盖此仅明学说上所有之诸派别，非宗派也。及至佛教势盛，译经益多，讲师辈

隋唐佛学　　219

出，每一讲席，听众动辄千人，而有各种经论之经师、论师，最知名者有"成实论师""三论师"等等。此各派之经师、论师有理论之分歧与争论，如上所述甚至形成道统之争，然亦仅可谓为学说之派别（学派），而非可谓为宗派（教派）也。至于学派与宗派之分别以及宗派之形成，于下略论之。

三

隋唐教派风起，因各派各有其理论和教义，故通称为"宗"，如"法相宗""华严宗"，又可称为"教"，如"三阶教""天台教"，各立其到达解脱之办法，故称"门"或"法门"，如"禅门""净土门"。禅宗初为楞伽师，此亦说明教派之兴起，系继经论讲习之后。隋唐所谓"宗"（教派），遂与南北朝时学派之"宗"甚为不同，而实为真正之宗派也。此时宗派之特点与前此学说派别相较，盖为一有创始、有传授、有信徒、有教义、有教规之一宗教团体也。下先就成实论师、天台宗阐明学派与教派之不同，并论及其他相关事实。

南朝经论讲习之风盛行，遂有各种经师、论师出，兹举成实论师为列，以明论师之性质。成实论师者，盖指讲习《成实论》、并有关于《成实论》著述之名僧。据现存之有关资料，其时最著名之成实论师为梁三大法师庄严僧旻、开善智藏、光宅法云。而此三法师于佛教理论并无统一之解释，如于涅槃佛性种种方面各有各之说法，并不相同，甚至相反。天台智《摩诃止观》卷三言及成实论师，并斥庄严、开善二家曰：

> 昔庄严家云佛果出二谛外，此得片意，而作义不成；……开善家云佛果不出二谛外，……作义复不成，……古来名此为"风流二谛"，意在此。

按湛然《止观辅行》卷三之三解释，谓此二成实论师，不解人有利根钝根，一个说佛果出二谛外，一个说佛果不出二谛外，均是片意，作义不成，故古人称之为"风流二谛"，"风流者乃动止合仪"。智特出此事，意欲讥诮成论人无一致之学说也。灌顶《涅槃玄义》卷上论及此事亦云："此皆成论师说，自相矛盾，不惬人情"云云。

此诸成实论师均仅为成论家否？亦非尽然也。吉藏《法华玄论》曰："爰至梁始三大法师……大习数论《成论》，遍释众经。但开善以《涅槃》腾誉，庄严以《十地》《胜鬘》擅名，光宅《法华》当时独步。"则是三大成实论师于大乘经均各另有专长也。古来相传成实判教为五时，此说本创自刘宋道场慧观，原与《成论》无关。又相传成实师所讲为八十四法，而《成实论》并无此说。周颙说《成论》是小乘，萧纲说是小乘兼大乘，三大法师均自说是大乘。总之，齐梁之世讲习成论为佛教最盛行之一风气，故可谓其为佛教学说之一大流派也。然其并无一统一之理论，不成系统，既无创始者（三大法师并无师承关系），亦无发祥地，《四论玄义》所谓"开善门徒""庄严寺门徒"，盖指两法师之弟子也。据此，仅可称之为学派，而不可称为宗派也。其余经师、论师有关材料不多，然其性质实与成实论师相同。

如前所论，三论师一方面有共同之学说，以其为无所得大乘，反对小乘及一切有所得大乘；另一方面自称是正教，此已不仅是一学派，而渐具有教派之性质也。至于真正之教派，则可以天台宗为例，以说明教派之性质。

智𫖮（即智者大师）所创立之学说，主要以《法华经》为依据。

中唐湛然《法华经大义》云，此典"多有诸家，今暂归'天台宗'"，"天台宗"之名，始见于此，则天台宗固原为法华经师中之一家也。日本又称"天台宗"为"法华宗"或"天台法华宗"。宋天台沙门法照著有《法华三大部读教记》，所谓"三大部"者即指智𫖮所著之《法华玄义》《法华文句》及《摩诃止观》，故天台宗与《法华经》之关系可知矣。

隋唐佛学　221

智本是禅师，而晚岁（于隋开皇十七年）三论学者嘉祥吉藏曾致请讲《法华经疏》。（见《国清百录》一〇三）按吉藏《法华统略》曰："……少弘四论，未专习一乘，私众二讲将三百遍（据《续僧传》作'三十遍'）。……"据此可知三论大师晚年始重《法华》，且佩服天台智《法华经疏》也。隋朝此两大法师，虽均讲《法华》，而其作风则甚不同。其一，吉藏为证成三论学说，破斥他家实甚多；智为建立其体系，费力甚勤，而极少涉及当时其他学说。故天台宗多有创造，而三论师则偏于经论之发挥。其二，吉藏博学，偏重理论之研讨；智为禅师，所重在"止观法门"。按《续高僧传》列吉藏在"义学篇"中，列智于"习禅篇"，亦说明两人不同之所在。

《摩诃止观》篇首曰"止观明静，前代未闻"，此盖谓当时禅门极多，天台最胜。天台唱定慧双修，既重修行方法，又有理论体系。

天台实以智者大师为教主（见《止观辅行》卷一），其禅法受之于南岳慧思。按开元廿六年《贞和尚塔铭》（《金石萃编》卷八十三）谓贞"受衡阳止观门"。又贞元中《楚金禅师碑》（见前书卷一〇四）亦谓"法花三昧，禀自衡阳，止观一门，传乎台岭"。可见唐代人均以衡阳慧思、天台智所传者为"止观法门"。

天台智徒党甚众，颇受陈隋两朝帝王之优遇。晚年在天台传法，其时已为僧众立制法，定忏仪，俨然一代教主。（见《国清百录》一至七）禅宗人亦以智者为天台教主。（见《传灯录》二十七）而天台宗是一有创始人、有教理、有教规、有修行方法、有徒众之团体，是为佛教中之大教派。

天台宗既成一大教派，自认为佛教正统，而有传法定祖之说。天台宗以慧思为慧文传法弟子，此事即有可疑，《佛祖统记》卷六已有论述。而慧思弟子亦甚多，据唐初道宣《续高僧传》习禅篇论，其最著名之弟子为智璀，璀于《智传》中称为国师，《昙迁传》中称为"禅慧两深，帝王师表"。然自初唐后，天台智一系发扬光大，而智璀几湮没无闻矣。按《续僧传》论，此人似原有传，而今已亡矣。故天台于智前之正统，虽未闻有争执，然或有分歧必也。

《摩诃止观》云，慧文用心一依龙树《大智度论》，智卒前口述《观心论》亦有"稽首龙树师"之言，其后天台宗人推龙树为高祖。

龙树为付法藏十三师，隋大业元年柳顾言《国清寺智者禅师碑》有"往大苏山请业慧思禅师，禅师见便叹曰：'忆昔灵鹫同听法华'"云云，据此天台法门不仅出于龙树，且直承佛祖矣。

天台宗至唐玄宗时，荆溪湛然前之传法次第，因《止观辅行》普门子序与梁肃《修禅寺碑》而固定。但风穴贞禅师明皇谥为七祖（见《金石萃编》卷八十三），可知于玄宗时天台传法亦有两说。直至五代，吴越王追谥诸祖，荆溪之说遂为后人所公认，而风穴贞则早为人所遗忘矣。

陈至唐初即天台智、灌顶之时，中国佛教情形庞杂，而封建国家开始南北统一。其先因北周武帝毁法，僧徒大量南下，其后隋帝统一，复召天下名僧入关。于此种庞杂而趋于统一之情况下，而庞大之佛教统多出矣，天台宗、禅宗于是乎出世。就天台宗说，先是慧思本北方禅师之一，而传法于南，继之者本系南人，而就学于北。南方经论讲习之风气与北方注重宗教行为，并集于彼等之一身，盖慧思、智等非但为禅师，且兼义学。而智则已于经论、禅定、戒律均有其建树，并综合为系统，建成一大教派。

以经论说，智以讲《法华经》出名。其弟子灌顶，据《续僧传》记载，亦讲《法华》，并谓此天台二大师所讲《法华》"跨朗笼基，超于云印"。《法华经》旨在会三乘于一乘，为"判教"学说有关经典之一。智𫖮于判教在研讨前人种种学说后，而建立其"四教义"。（参看《四教义》卷一"古来诸师讲说"段及《四教仪缘起》，《大正藏》卷四十六。）

于禅定，智将佛经种种禅法纳于其止观理论而建立一复杂系统。其中并取当时之某种禅法，如《修习止观坐禅法要》所言之"六种气"，一吹、二呼、三嘻、四呵、五嘘、六呬。（《止观辅行》卷八之二丁此有释，但六字不同）此种禅法亦见于《道藏经》中，或原出中国道教行气之法，而为智所吸收。

于戒律，天台宗为菩萨戒之提倡者。菩萨戒之入中国，系由于罗什译《梵网经》及昙无谶译《地持经》。按《弘明集》载姚兴敕尚书令姚显夺道恒、道标法服，令还俗从政，有"释罗汉之服，寻菩萨之迹"之语，则似还俗后受菩萨戒。又《高僧传》载昙无谶曾为法进受菩萨戒，则沙门亦可受菩萨戒也。《梁书·江革传》载"高祖（即萧衍）盛于佛教，朝贤多乞求受戒"，江革因其劝告而受菩萨戒。沙门慧超亦奉诏受戒。（见《续僧传》）可知菩萨戒于萧梁时期，由于梁武帝之提倡，盛行于朝堂。又据《陈书》载江总从钟山灵曜寺则法师受菩萨戒，姚察从明庆寺尚禅师受菩萨戒，均在梁武帝时。《续僧传·智传》载智"手度僧众四千余人……受菩萨戒者不可称记"。《国清百录》记载陈少主、隋晋王杨广及徐陵等，均从智受菩萨戒。日本《法华宗章疏目录》著录有慧思《受菩萨戒文》一卷，又《四明尊者教行录》卷一载有"受菩萨戒仪"内称"西天国王登位，百官上任，并先受此菩萨戒"等语。由此可见，菩萨戒当为天台宗之重要宗教活动，而其政治势力则在统治者之当权人物也。

须知宗派之兴起，故基于统治阶级当权者之提倡，亦在于广大民众之信仰，信之者愈多，则更易于受统治者利用。中国之宗派，其于广大民众中有较大之影响者，为禅宗与天台宗。以禅宗而论，以不立文字、摒弃烦琐教义及规仪而行其教，因之易于在大众中流行，为我国历史上最盛之一佛教宗派。至于天台宗，则须注意其与民间流行之神灵崇拜之关系。神灵崇拜古称"祠祀"，为解决家庭苦难，有"司命""皂神"；为解决地方之困难，有"里社""城隍"。佛教传入中国随之而来亦有种种神之崇拜，如华严宗之文殊，法相人之弥勒。隋唐之际，观音菩萨、阿弥陀佛，已是民间流行之崇拜对象。天台宗则因《法华经》故特奉观音菩萨，谓为救苦救难之菩萨也。智尝制"请观音忏法"（见《国清百录》第四），而念佛三昧，往生极乐，亦谓曾为智者大师行奉行（见法照《五会念佛诵经观行仪》卷五）。按念佛拜菩萨于民间之广泛流行，盖亦因集会结社之兴起，此在唐以前已有流行。北宋省常慕庐山莲社之风，于杭州西湖结"净行社"；天台四明知礼结"念佛会"，聚僧俗男女一万人。每年定期建会，按日念佛名一千声（见《四明教行录》卷一），足见天台宗于民众中影响之广大。

四

佛教宗派之为教派，其标志之一，即自以为是传法之道统。而道统之争当与南北朝时道教与佛教之争有关。至五世纪，南北均有叙述佛教法统之著作，如《付法藏因缘传》，现存六卷，题为"北魏吉迦夜共昙曜译"。查书内容疑系太武帝毁法时为证佛教法统，据旧记编纂而成。按佛教流行中国后，中国人常疑其真实性，《老子化胡经》之说早已流行。太武帝毁法时所下诏书有云，佛法本汉人无赖子弟刘元真、吕伯疆所伪造。故该书或是其时佛徒为复兴佛法、辟斥此类言论而编撰。南方流行有关传法之记载，当为《萨婆多部相承记》，亦称《萨婆多部记》，此系僧祐采集古今记载编纂而成。此书现佚，《出三藏记集》卷十二尚存其序及目录。

中国佛教宗派兴起之后，各派常引《付法藏因缘传》及《萨婆多部记》为争法统之根据。然二书性质并不相同，《付法藏传》本是在说佛法之代代相传；而《萨婆多部记》则仅叙萨婆多部师之传记，即为萨婆多部十诵律传授之史料汇编也，而非叙述佛教传法之历史。

在中国佛教宗派史中，传法为一关键性概念，于隋唐后方盛为流行，前此则不然也。此在佛书中称为"传灯"，老子称为"袭明"。

按早期道教并不特重师资传授，《抱朴子》的《金丹》《勤求》诸篇，自言得道书于郑君，而以得金丹则须由勤求。至于印度佛教部派，只重学说之同异，而甚少言及师承（如《异部宗轮论》）。而中国佛教于隋唐以后，师资传授乃渐受注意。前此汉晋之际，佛法初行，僧人有师徒关系而无传法之说。道安晚年文中颇有怀念其先师之语，与其弟子慧远别时亦颇多训勉。至于鸠摩罗什门徒众多，于僧肇颇赞美其文词，谓"余解不谢子，词当相揖"；于僧叡则称美其理解"不问而解，可称英才"，均未言传法。罗什以后，僧人往来各地访师问经，讲者持经敷讲，学者按文研读，此仅经论之传授，与后之所谓传法意义大不同。兹举《续僧传》所载三数事以辨明：

（1）《法敏传》载，兴皇法朗将死，与门徒言后事，令推举一人继主讲座，所举悉不当意，乃自举茅山明法师，众人骇异，私议法师他力扶矣。及明法师就讲座，叙十科义，大众惬服，称为"兴皇遗嘱"。又《道庄传》载，庄学成实于彭城琼法师，琼因年疾"特欲传绪，通召学徒，宗猷顾命"，众人属望于庄，琼言"恐其徙辙余宗"，后庄果从兴皇法朗学大乘四论。据此二事可见其时讲座继续之情形。

（2）《智琚传》载，智琚遍学经论，从师甚多，自谓"学无常师"。尝听坦法师讲《释论》，及坦将逝，以五部大经付嘱，后琚亦常以之敷讲。琚将死，又以《华严》《大品》《涅槃》《释论》四部义疏付嘱其入室弟子法衍。

（3）《法恭传》载，"听余杭宠公讲《成实》，屺公《毗昙》，逮宠将亡，乃以麈尾付嘱，……恭既受法寄，相续弘持"。

"遗嘱""付嘱"，本出于佛经，吉藏《法华经义疏》卷十一《嘱累品》释曰："嘱累有二，一以法付人，二以人付人。"据上引三条，唐代前所谓付法者，盖指可继续其师讲经论之僧人，所付者为经论之讲解或所著述之义疏，至或以麈尾付嘱以为象征。

"付法"一词，至隋唐天台宗、禅宗等兴起之时，实含有新义：一则立宗者自称其继承佛之正统，常引《付法藏传》以证明。如时有疑《唯识》《摄大乘论》《法华经论》是否可信，吉藏释曰此三书作者天亲于付法藏中有其人，是故可信（见吉藏《法华玄论》卷四）。天台宗传授史则是据龙树为付法藏第十三人。禅宗传授史亦据《付法藏传》《萨婆多传》等。再则因禅定盛行之影响，传法遂有神秘之意义，与名相解释之学不同。天台特重因禅发慧，智𫖮慧思受业心观，得法华三昧，思曰："非汝莫感，非我莫识。"而禅宗顿教，更是以心传心，秘密相传，不著一字，其后参禅棒喝，皆为其顿悟学说之体现。此与前之讲习之学，读经说法，以之相传，大不相同也。

传法概念之形成，与宗派之兴起有关，而宗派形成之原因甚为复杂，须具体研究。如鸠摩罗什传大乘空宗之学，浮陀跋陀传一切有部之禅法，法自不同。在长安时，有姚兴、姚显、僧略、僧肇等之倡导，罗什之学极盛，浮陀跋陀罗为之排斥，摈至南方，赖庐山慧远等之维护，得行其道。而后原在长安盛极一时之空宗，丁北方渐衰，反因江南梁武帝提倡并自讲大品，遣人摄山学三论，而罗什之学又盛于南朝。北魏末年，外族统治者习汉人治天下之术，重视儒学，而流行之佛学为毗昙有宗。故一种学说之盛衰，原因甚多，有世风之故，有政治之因，均须一一详研。

及至南北朝末年，如前所述，中国佛教宗派渐兴，有由学派进而为教派者，如三论宗；有新兴之教派，如天台宗，其主要标志实为道统之争。此种新风气，或与其时佛教内部庞杂之情形有关。天下讲席林立，各种观行禅法并起，引起种种对抗，甚至杀害，如：

（1）《续僧传》十五载，释灵叡传三论之学，在蜀部讲之二年，"寺有异学，成实朋流"，恨三论常破成实，两次谋杀不果。可知二派积恨之深。

（2）《续僧传》十六载，僧可（即菩提达磨弟子慧可，禅宗二祖）到邺都行道，先有道恒禅师，定学"王宗邺下，徒侣千计"，因争徒众，深恨于可，"货赇俗府，非理屠害，初无一恨，几至于死，恒众称快"。《传》又载僧可被贼断臂。

南岳慧思有所谓《立誓愿文》（见《大正藏》四十六卷）亦述为恶僧毒害四次未死事，此与慧可断臂不死，故同示其禅定功夫之效力。但此文用佛教末法纪年则甚可注意，如说慧思生于末法八十二年，末法一百二十年于淮南被毒害，等等。按南北朝时，佛教内部杂

隋唐佛学　227

乱败坏，而大谈象法末法，有《法灭尽经》述末法时代之状况，言及"众魔比丘"害进德法师云云。（见《释迦谱》卷五）慧思文亦暗示其为正法，故为"诸恶比丘"所害。此与智𫖮、灌顶象法时"三师破佛法"之说，均可证明其时僧众中各派系互相倾轧之烈。宗派之形成，亦始于此乎？

隋唐以后，宗派势力既盛，僧人系属各宗，时至壁垒森严，澄观尝受学于天台湛然，后华严人推为四祖，天台人愤激，至詈之为"叛出"。（见《释门正统》）寺院财产亦有所属。隋唐时，有所谓三阶院，以及中储财物之"无尽藏"皆属于三阶教；江浙一带寺院多属天台宗，且因智故，天台山亦属天台宗派；因澄观故，五台山则为华严宗之圣地。此种情形，或亦为隋唐宗派发达之因也。

五

据上文所言，印度佛教来华后，经典译出渐多，中国信徒于此（主要为般若）了解不同，提出各种主张，名之曰"宗"，如"六家七宗"。其后经论研讨日盛，因有"涅槃经师""成实论师"，以及其他经师、论师，此经论之理论，时或亦称为"宗"。及至陈隋，经论讲习既久，遂生变化。非但有新创造之理论，且形成新起之宗教集团，而有佛教之各种教派，此亦名"宗"。故问中国佛教之历史中有几宗，则须先明确所说为何种意义上之"宗"。以下据有关汉文史料，讨论中国佛教史上究竟有多少教派意义上之"宗"。

中国近七十年来有关佛教宗派问题之记载多系抄袭日本，因先述日本有关此问题之记载。日本僧人关于诸宗记载甚多，于此未能详研，姑先述其重要之点供参考。

中国佛教传至日本，于七世纪初，圣德太子所撰《三经义疏》尝引光宅法云、谢寺次法师之说及僧肇之《维摩经注》，可见中国经师论师之学已传入日本。而此书未提及成实论、三论，而言及五时教。

日本古书记太子知经部、萨婆多两家，或者系因其读过《成实》《俱舍》二论也。七世纪末乃有古京（南都）六宗，至九世纪有八宗，据圆珍（814—891）撰《诸家教相同异集》曰："常途所云，我大日本国总有八宗，其八宗者何？答：南京有六宗，上都有二宗，是为八宗也。南京六宗者：一、华严宗；二、律宗；三、法相宗；四、三论宗；五、成实宗；六、俱舍宗也。上都二宗者：一、天台宗；二、真言宗。"（《大正藏》卷七十四）

空海、最澄约于805年来华，空海（774—835）为日本密宗之开宗者，最澄（767—822）乃日本天台宗之创始人。上文"上都二宗"之建立盖为二大师归国后之事。至九世纪，安然（841年生）作《教时净》（《大正藏》卷七十五），则加禅宗合为九宗矣。

中国佛教教派初传日本，其国僧人常对新来宗派发生疑问。天台宗传日本甚早，但据《元亨释书》卷一，807年最澄上奏加天台宗，并当时大乘四家华严、法相、三论、律为五宗，此为日本天台宗成立之始。密宗传入日本后，据圆珍《大日经指归》（《大正藏》卷五十八）载叡山学徒曾致书中国天台山广修、维蠲疑《大日经》之地位。（其问答见《万字续藏》天台著述部中，问者系圆澄）至于禅宗、净土于其传入时，日本亦曾讨论其是否为宗。

佛教传入日本，系于由梁至唐之世，时中华恰值佛教由经论讲习甚盛至教派兴起之时，最初传入日本之学说当为三论、《成实》《俱舍》，仍是经论之讲习，师说之传授。其后，唐初教派大起，天台、华严、法相、律、真言等新教，相继东去，并为日本统治者所承认，而将先后所传入之宗派等量齐观，并称为八宗。此八宗中，成实、俱舍实极微弱，而分别附于三论、法相，称为"寓宗"，其他三论、天台、华严、法相、律、真言六宗为本宗。相传天长七年（831）敕诸宗各撰述其宗要，遂有所谓六本宗书。（名目见《大正藏》卷七十四《戒律传来记》）而成实、俱舍并未撰有书，可证其原不盛行也。又据

隋唐佛学 229

《元亨释书》卷一最澄于延历二十五年奏准,"每年覃渥外加度者十二人,五宗各二,俱舍、成实各一",可证小乘二宗人本有限也。八宗流行后,至宋日僧来华又多,导至净土宗、临济宗在日本之成立。

佛教历史之日本主要著述家为凝然(1240—1321),原系华严宗人,号称通诸宗之学,著书有一千一百卷之多。其据日本当时流行之宗派情形,综合两国之书籍著作,大谈印度、中国、日本佛教宗派之历史,撰有《八宗纲要》(二卷)、《三国佛法传通缘起》(三卷)等。

《八宗纲要》系撰于文永五年(1268),书中主要叙述日本自中国传入之八宗,如前所云。但是书末附有禅宗、净土宗一节,并谓"日本近代,若加此二宗,即成十宗"。

《三国佛法传通缘起》撰于庆长元年(1311),书中叙述印度、中国、日本三国佛教传通事迹。于日本佛教仍只载八宗,于中国则依弘传次第举十三宗:"一、毗昙宗;二、成实宗;三、律宗;四、三论宗;五、涅槃宗;六、地论宗;七、净土宗;八、禅宗;九、摄论宗;十、天台宗;十一、华严宗;十二、法相宗;十三、真言宗。"此中毗昙包括俱舍。

以上所述虽有有关日本佛教之历史,然可供研究中国佛教宗派史参证,故并论及。

中国佛教宗派之史料,中唐至北宋缺乏明确综合之记载。然于此问题可先略述"判教"之事实。其时判教者极多,各宗各据主见,于印度之经论,评其大小权实。虽列许多宗名,然不反映中国情况,故可不加重视,兹举其一种,以供参考。1958年日本出版《敦煌佛教资料》220页载有无题失名残卷二十二行,文首略曰"世间宗见有三种:一者外道宗,二者小乘宗,三者大乘宗",次略述外道、小乘宗及大乘三宗义。按其所说外道即"十六异论"。小乘原有二十部,但"毕竟皆同一见,执一切法有实体性",此显主要指毗昙有宗。大乘三宗者,按其文"一胜义皆空宗",似指三论或天台;"二应理圆实宗",指法相唯识;"三法性圆融宗",当指华严也。据本书作者之考证,此文与八世纪法成、昙旷所言略同，或为九世纪初之作品。此虽亦一种判教，然于开首既说"世间宗见"，则可说于八世纪以前中国有上述各宗义，而可注意者则无成实、俱舍、涅槃等义也。

南宋僧人始撰中国佛教通史，宗鉴著《释门正统》八卷，志磐继之作《佛祖统纪》五十四卷，二人均以天台宗为正宗，并述及余宗。

其概略如下：

宗鉴之书系纪传体，列有本纪世家，载佛教教主及印度、中国之天台祖师事迹。立有八志，有顺俗志叙民间净土之崇拜；于弟子志中，除天台"正统"以外，并及其他五宗。另依《晋书》为"僭伪"（即他五宗）立载记，所谓"禅宗相涉载记"，"贤首相涉载记"，"慈恩相涉载记"，"律宗相关载记"，"密宗思复载记"。

志磐之书自谓撰写十年，五誊成稿，亦系纪传体，中有"法远通塞志"十五卷，为中国佛教之编年通史。另有"净土立教志"三卷，"诸宗立教志"一卷，此二志则系述净土教及达磨（禅宗）、贤首（华严）、慈恩（法相）、灌顶（真言）、南山（律）等五宗之史实。

宗鉴之书自序作于嘉熙元年（1237），志磐之书自序成于咸淳五年（1269），二书均较上述凝然所著为早。及至明天启元年（1621）释广真（吹万老人）《释教三字经》只述七宗，实沿志磐所说，即天台、净土二教及达磨等五宗也。

及至清末，海禁大开，国人往东洋者甚多，得见日本存有大量中国已佚之佛书，佛教学者一时视为奇珍。日人关于中国宗派之记载，亦从此流传。戊戌后，石埭杨文会（仁山）因凝然所著《八宗纲要》重作《十宗略说》，从此凝然所说大为流行。

观上所述，日本与中国之记载差别甚大。主要问题为日本记载谓中国有三论宗、成实宗、俱舍宗、涅槃宗、地论宗、摄论宗等。但于中国记载中，此等名称甚为罕见，而常见者则为成实师、摄论师等。

即偶有之，亦仅指经论之宗义，或指研习某一经论之经师，论师。其中唯三论或可曰已形成教派。如以经论或经论师为"宗"，则

隋唐佛学　231

中国流行之经论亦不只此数，如上引南齐周颙《抄成实论序》记当时经论流通之情形，有曰："《涅槃》《法华》，虽或时讲；《维摩》《胜鬘》，颇参余席。"中唐梁肃《智者大师传论》叙佛去世后事有曰："故《摄论》《地持》《成实》《唯识》之类，分路并作。"如以流行甚广为宗，则查《续僧传》，隋唐讲地持者极多，而吉藏《百论疏·破空品》有曰："大业四年为对长安三种论师，谓《摄论》《十地》《地持》三种师，明二无我理"云云。夫凝然既谓有地论、摄论二宗，何以独无地持宗耶？如以学说特殊为宗，《胜鬘》特主如来藏，则亦有胜鬘宗矣。且《俱舍》《成实》自智恺作《俱舍论序》以来，许多撰述均言《成实》《俱舍》同属经部，理论虽有差别，但在印度固出于一源也。然在中国"十宗"中成、俱分为二宗，在"十三宗"毗昙却包含俱舍为一宗，此类可疑之点，均待研寻。

由此可见，如成实论师、涅槃经师诸学派与天台、华严诸教派相提并论，则中国佛教必不只十宗或十三宗也。按凝然《三国佛法传通缘起》于述震旦十三宗后论曰：

> 古来诸师随所乐经，各事讲学，互立门辈弘所习学。若以此为宗，宗承甚多焉。或从天竺传来弘之，或于汉地立宗传之，建立虽多，取广玩习不过十三。如上已列虽十三宗，后代浇漓，渐次废怠，所学不多。

据此凝然自言以经论之讲习为宗，而数目亦不定为十三，但其竟列为十三者，亦无具体说明，不过"取广玩习"耳。故于此或可得以下两点之认识：

第一，凝然学说之来历，实为有关日本佛教史之问题，尚待研究。然据所知，在中国齐梁之世经论讲习至为风行，成实论师，南北均多。真谛来华，译经于广州，《俱舍》亦流行于南北。两者传入日本后，日本僧俗掌权者俱认为宗，而《成实》《俱舍》之为寓宗及每年度人规定名额，均系由朝廷下诏。日本佛史学，遂将此二宗与华严宗等并列，视为中国传入之宗派。而凝然故而以为既成实与俱舍论师有宗，则涅槃、毗昙等等亦应为宗矣，遂有十三宗之说。然须知凝然之师宗性，尝抄录中国《名僧传》、撰日本《高僧传》，实未言及十三宗。

宗性尝著《俱舍论本义抄》，有四十八卷之多，并未提及所谓"俱舍宗"及其史实。且与凝然同时之著作《元亨释书》只述及日本有三论等七宗，而称成实、俱舍、净土为寓宗，并未言及中国有摄论等宗，亦无十三宗之说。此均不能不令人怀疑，凝然之说出于自造也。

第二，关于中国佛教之宗派，盖应根据宗鉴、志磐之说，除天台宗外，有禅宗、华严、法相、真言、律宗等五宗，至于三论宗，虽已形成教派，但传世甚短。三阶教隋唐盛行于民间，应可认为教派。至于净土，则只有志磐谓其"立教"，但中国各宗均有净土之说，且弥陀弥勒崇拜实有不同，亦无统一之理论。又慧远结白莲社，只是唐以后之误传，日本僧人且有认净土初祖为昙鸾，并非慧远，而所谓净土七祖历史乃南宋四明石芝宗晓所撰，并无根据（见《佛祖统纪》卷二十六）。故净土是否为一教派实有问题（本书为方便见，暂于本章中列入），可见中国各种教派之情形亦互异也。

隋唐佛学　233

隋唐佛学之特点

今天讲的题目是隋唐佛学之特点。这个题目有两种讲法。一种是把特点作历史的叙述，从隋初到唐末，原原本本地说去，这叫作"纵的叙述"。一种是"横的叙述"，就隋唐佛学全体作分析的研究，指明它和其他时代不同的所在。原则上这两种方法都应该采取，现在因为时间限制，只能略略参用它们，一面讲线索，一面讲性质。即使这样讲，也仍然只能说个大概。但是先决问题，值得考虑的是：隋和唐是中国两个朝代，但若就史的观点去看，能否连合这两个政治上的朝代作为一个文化学术特殊阶段？就是隋唐佛学有无特点，能否和它的前后各朝代加以区别？我们研究的结果，可以说佛学在隋唐时代确有其特点。这一时期的佛学和它的既往以及以后都不相同。平常说隋唐是佛学最盛的时候，这话不见得错，但是与其说是最盛，倒不如拿另外的话去形容它。俗话说"盛极必衰"，隋唐佛学有如戏剧的顶点，是高潮的一刻，也正是下落的一刻。所谓"分久必合，合久必分"，隋唐佛学的鼎盛，乃因在这时期有了很高的合，可是就在合的里面又含有以后分的趋势。总括起来说，隋唐佛学有四种特性：一是统一性；

二是国际性；三是自主性或独立性；四是系统性。若欲知道这四种性质及其演变，便也须知道佛学在这一时期之前与以后的趋势。

先说统一性。隋唐时期，佛教在中国能够在各方面得以统一，扼要说来，佛学本身包含理论和宗教两方面。理论便是所谓哲理，用佛学名词说是智慧。同时佛教本为宗教，有种种仪式信仰的对象，像其他宗教所供奉的神，以及有各种功夫如坐禅等等。所以佛教既非纯粹哲学，也非普通宗教。中国佛教对于这两方面，南北各有所偏，又本来未见融合，可是到了隋唐，所有这两方面的成分俱行统一。从历史上看，汉朝的佛教势力很小，到了魏晋南北朝虽然日趋兴盛，但是南北渐趋分化。南方的文化思想以魏晋以来的玄学最占优势；北方则仍多承袭汉朝阴阳、谶纬的学问。玄学本比汉代思想超拔进步，所以南方比较新，北方比较旧。佛学当时在南北两方，因受所在地文化环境的影响，也表现同样的情形。北方佛教重行为，修行、坐禅、造像。

北方因为重行为信仰，所以北方佛教的中心势力在平民。北方人不相信佛教者，其态度也不同，多是直接反对，在行为上表现出来。当时北方五胡很盛，可是他们却渐崇中国固有文化，所以虽然不是出于民族意识，也严峻地排斥佛教。南方佛教则不如此，着重它的玄理，表现在清谈上，中心势力在士大夫中，其反对佛学不过是理论上的讨论，不像北方的杀和尚、毁庙会那样激烈。并且南方人的文化意识和民族意识也不如北方那样的强，对外来学问取容纳同化态度，认为佛教学理和固有的玄学理论并没有根本不同之处。换言之，南方佛学乃士大夫所能欣赏者，而北方的佛学则深入民间，着重仪式，所以其重心为宗教信仰。

到了隋唐，政治由分到合，佛教也是如此。本来南方佛教的来源，一为江南固有的，另一为关中洛阳人士因世乱流亡到南方而带去的。北方佛教的来源，一为西北之"凉"的，一为东北之"燕"的。南方为玄学占有之领域，而"凉"与"燕"则为汉代旧学残存之地，佛教和普通文化一样，也受其影响。但是自从北朝占据山东以及淮水流域，有时移其人民，南方佛教也稍向北趋；又加以南方士大夫逃亡

隋唐佛学　235

入北方的也不少，俱足以把南方佛学传入北方。所以，北朝对佛学深有研究者多为逃亡的南方人。再其后，周武帝毁法，北方和尚因此颇多逃入南方；及毁法之事过去，乃学得南方佛学理论以归。到了隋文帝，不仅其政治统一为南北文化融合之有利条件，并且文帝和炀帝俱信佛教，对佛学的统一都直接有很大的功劳。文帝在关、洛建庙，翻译经典，曾三次诏天下有学问的和尚到京，应诏者南北都有。以后炀帝在洛阳、江都弘扬佛教，置备经典，招集僧人，而洛阳、江都间交通很发达，南北来往密切，已不像隋以前的样子，这也是南北文化统一的主要因素。

就佛教本身说，隋唐的和尚是修行和理论并重。华严的"一真法界"本为其根本理论，可是其所谓"法界观"，乃为禅法。天台宗也原是坐禅的一派，所尊奉的是《法华经》，它的理论也是坐禅法，所谓"法华三昧"是也。法相唯识，本为理论系统，但也有瑜伽行观。禅宗虽重修行，但也有很精密的理论。凡此俱表明隋唐佛教已统一了南北，其最得力之口号是"破斥南北，禅义均弘"。天台固然如此，华严也可说相同。唐代大僧俱与南北有关。天台智者大师本为北人，后来南下受炀帝之优礼；唐玄奘在未出国前曾到过襄阳和四川，襄阳乃南方佛学的中心。菩提达摩本由南往北。三论宗的吉藏本为南人，后来隋文帝请他到北方，极受推崇。法照乃净土宗大师之一，本为北人，也曾到过南边。表面看，北方佛教重行为信仰，仍像旧日的情形，可是实在是深入了。这时仍同样造佛像，建庙宇，势力仍在平民；却又非常着重理论，一时天台、华严诸宗论说繁密，竞标异彩。南方佛学，反而在表面上显现消沉。可是对后来的影响说，北方的华严、天台对宋元明思想的关系并不很大，而南方的禅宗则对宋元明文化思想的关系很大，特别关于理学，虽然它对理学并非起直接的作用，但自另一面看，确是非常重要。

再说国际性。隋唐时代，中国佛学的地位虽不及印度，但确只次于印度。并且当时中国乃亚洲中心，从国际上看，中国的佛教或比印度尤为重要。当时所谓佛教有已经中国化的，有仍保持印度原来精神的。但无论如何，主要僧人已经多为中国人，与在南北朝时最大的和尚是西域人或印度人全不相同。南朝末年的法朗是中国人，他的传法弟子明法师是中国人，但是他最重要的弟子吉藏是安息人，为隋朝一代大师。隋唐天台智者大师是中国人，其弟子中有波若，乃是高丽人。唐法相宗大师玄奘是中国人，其弟子分二派：一派首领是窥基，于阗人；另一派首领是圆测，新罗人。华严智俨系出天水赵氏；弟子一为法藏，康居人，乃华严宗的最大大师；一为义湘，新罗人。凡此俱表示当时佛教已变成中国出产，不仅大师是中国人，思想也是中国化。至若外国人求法，往往来华，不一定去印度。如此唐朝西域多处的佛经有从中国翻译过去的。西藏虽接近印度，而其地佛教也受中国影响。朝鲜、新罗完全把中国天台、华严、法相、禅宗搬了去。日本所谓古京六宗，是唐代中国的宗派。而其最早的两个名僧，一是传教法师最澄，一是弘法大师空海。其所传所弘的都是中国佛教。所以到了隋唐，佛教已为中国的，有别开生面的中国理论，求佛法者都到中国来。

  佛教到隋唐最盛。佛教的势力所寄托，到此时也有转变。因此接着谈到它的自主性或独立性。主要的是，这时佛学已不是中国文化的附属分子，它已能自立门户，不再仰仗他力。汉代看佛学不过是九十六种道术之一，佛学在当时所以能够流行，正因为它的性质近于道术。到了魏晋，佛学则倚傍着玄学传播流行，虽则它给玄学不少的影响，可是它在当时能够存在是靠着玄学，它只不过是玄学的附庸。汉朝的皇帝因信道术而信佛教，桓帝便是如此。晋及南朝的人则因欣赏玄学才信仰佛教。迨至隋唐，佛教已不必借皇帝和士大夫的提倡，便能继续流行。佛教的组织，自己成为一个体系。佛教的势力集中于寺院里的和尚，和尚此时成为一般人信仰的中心。至于唐朝的皇帝，却有的不信佛教。高祖仅仅因某种关系而中止毁灭佛教。唐太宗也不信佛教，虽非常敬爱玄奘，但曾劝过玄奘还俗。玄奘返国后，着手翻译佛经，要求太宗组织一个翻译团体，太宗便拿官话搪塞玄奘，意思是你梵文很好，何须他人帮忙。据此，足见太宗

隋唐佛学 237

对佛教的态度如何了。

玄宗虽信佛教，可是信的是密宗，密宗似道教，实际上信道教才信佛教。唐朝士大夫信佛教的也不多，即有信者也对于佛学理论极少造诣。士大夫排斥佛教的渐多，且多为有力的分子。加以道教的成立，使阴阳五行的学者另组集团来反对佛教。儒教则因表现在政治上，和佛无有很大关系。因之佛教倒能脱离其他联系，而自己独立起来。另一方面，佛教这种不靠皇帝士大夫，而成独立的文化系统、自主的教会组织，也正为它的衰落的原因。即缘佛教的中心仅集中于庙里的和尚，则其影响外界便受限制。和尚们讲的理论，当时士大夫对之不像魏晋玄学之热衷；平民信仰佛教的虽多，然朝廷上下则每奉儒教，不以事佛为主要大事。这些实在都是盛极必衰的因子。本来佛学在中国的表现，一为理论，二为解决生死问题，三为表现在诗文方面的佛教思想。可是到了向下衰落的时候，理论因其精微便行之不远，只能关在庙里；而生死问题的解决也变为迷信。这时只有在文学方面尚可资以作为诗文的材料，韩昌黎虽然排佛不遗余力，倒尝采取佛学材料作些诗文赠给和尚。

最后谈到系统化。印度佛教理论，本来有派别的不同，而其传到中国的经典，到唐代已甚多。其中理论亦复各异。为着要整理这些复杂不同的理论，唐代的佛学大师乃用判教的方法。这种办法使佛教不同的派别、互异的经典得到系统的组织，各给一个相当地位。因此在隋唐才有大宗派成立。过去在南北朝只有学说上的学派（Sect）。例如六朝时称信《成实论》者名成实师，称信《涅槃》者名涅槃师。而唐朝则成立各宗，如天台、禅宗等等，每宗有自己的庙，自己的禁律，对于佛学理论有其自己的看法。此外每一宗派且各有自己的历史，如禅宗尊达摩为祖宗，代代相传，像《灯录》里所记载的。这也表明每派不仅有其理论上的特点，而且还有浓厚的宗派意识，各认自己一派为正宗。此种宗派意识，使唐朝佛教系统化，不仅学术上如此，简直普及到一切方面。华严、天台、法相三宗，是唐朝最重要的派别。另一为禅宗，势力极大。天台、华严不仅各有一套学理，并且各有一个全国性的教会组织，各有自己的谱系。华严、天台、法相三宗发达最早。华严上溯至北朝，天台成于隋。它们原来大体上可说是北统佛教的继承者。禅宗则为南方佛学的表现，和魏晋玄学有密切关系。到中唐以后，才渐渐盛行起来。原来唐朝佛学的种种系统，虽具统一性，但是南北的分别，仍然有其象迹。唐朝前期佛学富北方的风味，后期则富南方风气。北统传下来的华严、天台，是中国佛学的表现；法相宗是印度的理论，其学说繁复，含义精密，为普通人所不易明了。南方的禅宗，则简易直截，明心见性，重在觉悟，普通人都可以欣赏而加以模拟。所以天台、华严那种中国化的佛教行不通，而来自印度的法相宗也行不通，只有禅宗可以流行下去。禅宗不仅合于中国的理论，而且合乎中国的习惯。当初禅宗本须坐禅，到后来连坐禅也免去了。由此也可见凡是印度性质多了，佛教终必衰落，而中国性质多的佛教渐趋兴盛。到了宋朝，便完全变作中国本位理学，并且由于以上的考察，也使我们自然地预感到宋代思想的产生。从古可以证今；犹之说没有南北朝的文化特点，恐怕隋唐佛学也不会有这样情形；没有隋唐佛学的特点及其演化，恐怕宋代的学术也不会那个样子。

第五章
宋代理学

胡适

周 敦 颐

周敦颐（1017—1073），字茂叔，道州营道人。曾做南安军司理参军，知郴州桂阳县，改知南昌县；后判合州，迁国子博士，通判虔州。熙宁初，转虞部郎中，广东转运判官，提点本路刑狱。以后，乞知南康军，因家庐山莲花峰下，名之濂溪。

他官南安时，二程之父珦摄守事，因与为友，使二子受学焉。

他的著作有《通书》四十章，《太极图说》一篇。张伯行辑有《周濂溪集》。(《正谊堂》本)

黄庭坚作《濂溪词》，序曰：

> 春陵周茂叔人品甚高，胸中洒落，如光风霁月。好读书，雅意林壑。……短于取名而惠于求志，薄于徼福而厚于得民，菲于奉身而燕荣燮，陋于希世而尚友千古。

（1）变化与自然

无极而太极。太极动而生阳；动极而静，静而生阴。静极复动。

一动一静，互为其根，分阴分阳，两仪立焉。

（2）诚

诚字从《中庸》出来，但周氏用此字颇含深义，似有"实际"（reality）、"实在"之义。

> 诚者，圣人之本。大哉乾元，万物资始，诚之源也。乾道变化，各正性命，诚斯立焉。纯粹至善者也。（《通书》一）

这明是说一个绝对的，纯粹至善的"本体"，即所谓"实在"。又说：

> 诚则无事矣。……诚无为。……寂然不动者，诚也。这虽夹有人生观的意义，但仍含有本体论的意义居多。

（3）主静

他的宇宙观虽承认变化与演化，但他以无极为起点，以寂然不动的诚为本体，以诚为无事无为，故他的人生观自然偏于主静。

> 二气交感，化生万物。……惟人也得其秀而最灵。形既生矣，神发知矣，五性感动而善恶分，万事出矣。圣人定之以中正仁义而主静，（无欲故静。）立人极焉。

以主静为"立人极"，而静又同于无欲，故他又说：

> 圣可学乎？曰，可。曰，有要乎？曰，有。请问焉。曰，一为要。一者，无欲也。

（4）思

《通书》九云："思者，圣功之本而吉凶之几也。"但他很不彻底："无思，本也。思通，用也。"

邵　雍

邵雍（1011—1077），字尧夫，范阳人，幼时徙共城，晚徙河南。李之才（挺之）摄共城令，授以先天象数之学。（程颢作《墓志》说："先生得之于李挺之，挺之得之于穆伯长。推其源流，远有端绪。"）他初做学问很刻苦，后来游历四方，"走吴，适楚，寓齐鲁，客梁晋。久之而归。"程颢说：

> 先生少时自雄其材，慷慨有大志。既学，力慕高远，谓先王之事为必可致。及其学益老，德益邵，玩心高明，观于天地之运化，阴阳之消长，以达乎万物之变，然后颓然其顺，浩然其归。

一个"自雄其才，慷慨有大志"的人，到了后来，竟成了一个纯粹的道士，"颓然其顺，浩然其归"！

富弼、司马光、吕公著退居洛阳时，为邵雍买园宅。他病畏寒暑，常以春秋时行游。每乘小车出，一人挽之，任意所适。士大夫识其车音，争相迎候。故他的诗云：

> 春暖未苦热，秋凉未甚寒。
> 小车随意出，所到即成欢。(《小车吟》)

又云：

> 每度过东街，东街怨暮来。
> 只知闲说话，那觉太开怀。
> 我有千般乐，人无一点猜。
> 半醺欢喜酒，未晚未成回。(《每度过东街》)

程颢说他

> 在洛几三十年；……讲学于家，未尝强以语人，而就问者日众。……先生德气粹然，望之可知其贤。然不事表暴，不设防畛；正而不谅，通而不汙，清明坦夷，洞澈中外。

这里写邵雍真是一个理想的道士。程颢弟兄虽和他极要好，但都不满意于他的象数之学。程颢作邵雍的墓志，有一大段说：

> 昔七十子学于仲尼，其传可见者惟曾子所以告子思，而子思所以授孟子者耳。其余门人各以其材之所宜者为学；虽同尊圣人，所因而入者门户则众矣。况后此千余岁，师道不立，学者莫知其从来。
> 独先生之学为有传也。先生得之于李挺之，挺之得之于穆伯长。推其源流，远有端绪。今穆李之言及其行事概可见矣。而先生浑一不杂，汪洋浩大，乃其所自得者众矣。然而名其学者，岂所谓门户之众，各有所因而入者欤？

这明是说，邵雍之学远过于穆李，然而还自命为穆李之学。此一大段中程颢明明表示不满意于穆李，而对于邵雍之自名"其学"，也表示惋惜之意。此文向来人多不深究；今试引二程的话来作证：

> 明道云，尧夫欲传数学于某兄弟。某兄弟那得功夫？要学须是二十年功夫。尧夫初学于李挺之，师礼甚严。虽在野店，饭必襕，坐必拜。欲学尧夫，亦必如此。

伊川的话更明显：

> 晁以道闻先生之数于伊川，答云，某与尧夫同里巷居三十余年，世间事无所不问，惟未尝一字及数。

总之，邵雍一生得力于道家的自然主义，而又传得当日道士的先天象数之学。

当日的洛阳学派之中，司马光于这两方面都玩过；程氏弟兄却只赏识他的自然主义，而不受他的象数之学。象数的方面，到南渡后朱震、朱熹表章出来，方才重新兴起，成为宋学的一部分。

他临死时，程颐问："从此永诀，更有见告否？"先生举两手示之。程颐曰："何谓也？"曰："面前路径须令宽。路窄则自无着身处，况能使人行耶？"这也是道家的精神。

他的书有：《皇极经世》六十二卷。《伊川击壤集》二十卷。（《四部丛刊》本）

邵雍中年时还有许多野心，故他的诗有：

> 霜天皎月虽千里，不抵伤时一寸心。（集二）
> 男子雄图存用舍。（二）
> 事观今古兴亡后，道在君臣进退间。

宋代理学

若蕴奇才必奇用，不然须负一生闲。（三）

他有《题四皓庙》四首，其一二云：

强秦失御血横流，天下求君君不有。
正是英雄角逐时，未知鹿入何人手。
灞上真人既已翔，四人相顾都无语。
徐云天命自有归，不若追踪巢与许。（二）

这竟是说，皇帝做不成，只好做隐士了。

他的自然主义以"变化"为中心，程颢所谓"观于天地之运化，阴阳之消长，以达乎万物之变"。他的诗常提到这个观念。

为今日之山，是昔日之原。为今日之原，是昔日之川。山川尚如此，人事宜信然。幸免红尘中，随风浪着鞭。（《川上怀旧》三，三六）

一、变化的观念

为今日之山，是昔日之原，为今日之原，是昔日之川。山川尚如此，人事宜信然。……（《川上怀旧》）

天道有消长，地道有险夷，人道有兴废，物道有盛衰。……奈何人当之，许多喜与悲？（《四道》）

天意无佗只自然，自然之外更无天。（《天意》）

天，生于动者也。地，生于静者也。一动一静交而天地之道尽之矣。……（《观物内》）

他用"动""静"作基本观念，演出这样的宇宙观：

天之用

动 ─┬─ 阳 ─┬─ 太阳 ── 日 ┐
　　│　　└─ 少阳 ── 星 │ 天之体
　　└─ 阴 ─┬─ 太阴 ── 月 │（天之上，不见，而属阴。）
　　　　　└─ 少阴 ── 辰 ┘

暑昼寒夜 } 天之变

性形情体 } 动植之感

静 ─┬─ 柔 ─┬─ 太柔 ── 水 ┐
　　│　　└─ 少柔 ── 土 │ 地之体
　　└─ 刚 ─┬─ 太刚 ── 火 │
　　　　　└─ 少刚 ── 石 ┘

雨露风雷 } 地之化

走草飞木 } 动植之应

地之用

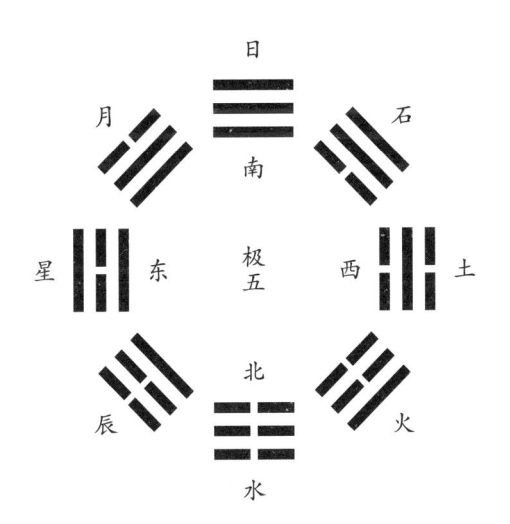

（八卦方位图：日—南，月，石，星—东，极五，西—土，辰，北，水，火）

宋代理学　249

二、观物的观念

邵雍的哲学最奇特的一点是他的"观物"论。观物是人类的特别功能，人所以异于他物在此。他说：

> 人之所以灵于万物者，谓其目能收万物之色，耳能收万物之声，鼻能收万物之气，口能收万物之味。

在这里，人与物还不能有大区别，故说："人亦物也，圣亦人也。"然而

> 人也者，物之至者也。圣也者，人之至者也。
> 人之至者，谓其能以一心观万心，一身观万身，一世观万世者焉；其能以心代天意，口代天言，手代天工，身代天事者焉；其能以上识天时，下尽地理，中尽物情，通照人事者焉；其能以弥纶天地，出入造化，进退古今，表里人物者焉。

但人的功能之中，"观物"为最特异。（上引四排句，除第二排外，皆观物的作用也。）怎么叫作"观物"呢？

> 夫所以谓之观物者，非以目观之也，非观之以目而观之以心也，非观之以心而观之以理也。圣人之所以能一万物之情者，谓其能反观也。
> 所以谓之反观者，不以我观物也。不以我观物者，以物观物之谓也。既能以物观物，又安有我于其间哉。

理是什么呢？
理者，物之理也。

> 天使我有是，之谓命。命之在我之谓性。性之在物，之谓理。

以理观物只是以物观物。这是绝对的客观。

> 以物观物，性也。以我观物，情也。性公而明，情偏而暗。
> 不我物则能物物。
> 在我则情，情则蔽，蔽则昏矣。因物则性，性则神，神则明矣。
> 物理之学或有所不通，不可以强通。强通则有我。有我则失理而入于术矣。

以上所说，颇有很重要的价值。千余年来的物理的知识的发达都在道家的手里。他们采药炼丹，推星筭历，居处生活又和天然界最接近，故道家颇给中国加添了不少的物理的知识。

邵雍的思想颇可算是一种自然主义的哲学，叫人用物理去寻求物理，不要夹杂主观的我见。有不可通的，也不要强通。这都是很重要的主张。

但邵雍的哲学有两个大缺点：（1）是不能自守他"强通则有我，有我则失理而入于术"的训戒；（2）是太偏重观物的"观"字，养成一种"旁观者"的人生观。

（1）邵雍作《皇极经世》，想要用"数"来解释宇宙和历史。本来数学是物理学的母亲，这条路是不错的。但邵雍的数学并不高明，只会得一点象数之学，又不肯守"不可强通"的训戒，只图整齐的好看，不顾强通的可笑。他自己也说：

> 天下之数出于理，违乎理则入于术。世人以数而入术，故失于理也。

他的数学正犯"以数而入术"之病。当时人所记他的数学的神

宋代理学　251

话，姑且不论。即如他的数学系统：

太阳	日	暑	目	皇	元	129600
太阴	月	寒	耳	帝	会	10800
少阳	星	昼	鼻	王	运	360
少阴	辰	夜	口	霸	世	30
少刚	石	雷	气	易	岁	
少柔	土	露	味	书	月	
太刚	火	风	色	诗	日	
太柔	水	雨	声	春秋	时	

单就这个基本系统，已矛盾百出，很可笑了。我们没有功夫去驳他的大系统，对于此事有兴趣的可看《宋元学案》九至十，黄宗羲《易学象数论》卷五。我们单引《观物外篇》的一小段：

天有四时，地有四方，人有四支。是以指节可以观天，掌文可以察地。天地之理具于指掌矣。可不贵之哉？

这是什么论理？怪不得康节先生是算命摆摊的护法神了！

（2）邵雍的观物，太重"观"字，把人看作世界上的一种旁观者，世界是个戏台，人只是一个看戏的。这种态度，在他的诗里说的最明白。《击壤集》里题作"观物吟"的诗共有几十首，都是这种态度。我且抄一首：

居暗观明，居静观动，居简观繁，居轻观重。
所居者寡，所观者众。匪居匪观，众寡何用。

他有《偶得吟》云：

> 人间事有难区处，人间事有难安堵。
> 有一丈夫不知名，静中只见闲挥尘。

他的全部诗集只是这个"静中只见闲挥尘"的态度。他真能自己寻快乐：

> 吾常好乐乐，所乐无害义。乐天四时好，乐地百物备；
> 乐人有美行，乐己能乐事。此数乐之外，更乐微微醉。

这真是所谓盲目的乐观主义了。他自言生身有五乐：①生中国，②为男子，③为士人，④见太平，⑤闻道义。

居洛有五喜：①多善人，②多好事，③多美物，④多佳景，⑤多大体。

所以他歌唱道：

> 欢喜又欢喜。喜欢更喜欢。吉士为我友，好景为我观，
> 美酒为我饮，美食为我餐，此身生、长、老，尽在太平间。

这种盲目的乐观，含有命定主义：

> 立身须有真男子，临事无为浅丈夫。
> 料得人生皆素定，定多计较岂何如？

含有无为主义：

> 风林无静柯，风池无静波。
> 林池既不静，禽鱼当如何？
> "治不变俗，教不易民"，甘龙之说，或亦可循。
> "常人习俗，学者溺闻"，商鞅之说，异乎所云。

宋代理学　253

他对于新法的不满意，于此可见。新法是实行干涉的主义，洛阳派的哲人是要自由的，要放任的。他有诗说：

> 自从新法行，尝苦樽无酒。每有宾朋至，昼日闲相守。
> 必欲丐于人，交亲自无有。必欲典衣买，焉能得长久？

这虽是"怨而不怒"的讽刺诗，但很可以看出新法所以失败一个大原因了：那就是中国的士大夫阶级不愿受干涉的政治。

邵雍的思想，梁任公先生一流人大概要说他是"受用"的哲学，我们却只能称他为废物的哲学。他有《自述》诗道：

> 春暖秋凉人半醉，安车尘尾闲从事。
> 虽无大德及生灵，且与太平装景致。

一个"慷慨有大志"的人，下场只落得"且与太平装景致"！可怜！

程　颢

程颢（1032—1085），有他的兄弟作的《行状》(《二程文集》十一)，说他的事迹最详。中有云：

> 先生资禀既异，而充养有道；纯粹如精金，温润如良玉，宽而有制，和而不流。……

论他为学云：

> 先生为学，自十五六时，闻汝南、周茂叔论道，遂厌科举之业，慨然有求道之志，未知其要，泛滥于诸家，出入于老、释者，几十年，返求诸六经，而后得之。明于庶物，察于人伦；知尽性至命必本于孝弟，穷神知化由通于礼乐；辨异端似是之非，开万代未明之惑。秦汉以下，未有臻斯理也。

又述他的话道：

> 道之不明，异端害之也。昔之害近而异知，今之害深而难辨。昔之惑人也，因其迷暗，今之入人也，因其高明；自谓之穷神知化，而不足以开物成务；言为无不周遍，实则外于伦理，穷深极微，而不可以入尧舜之道。天下之学，非浅陋固滞，则必入于此。

又说：

> 先生教人，自致知至于知止，诚意至于平天下，洒扫应对至于穷理尽性，循循有序。病世之学者舍近而趋远，处下而窥高，所以轻自大而卒无得也。

程颢有《陈治法十事》，中说：

> 圣人创法皆本诸人情，极乎物理。虽二帝三王不无随时因革，躜事增损之制，然至乎为治之大原，牧民之要道，则前圣后圣岂不同条而共贯哉？……惟其天理之不可易，人所赖以生，非有古今之异，圣人之所必为。……（以下历举"非有古今之异"的事，凡十项。）

这班哲学家的问题正是要寻出那"为治之大原，牧民之要道，天理之不可易，人之所赖以生，非有古今之异，圣人之所必为"。

一、天理

谢良佐曾述程颢的话道："吾学虽有所授受，天理二字却是自家体贴出来。"天理即是天道：

> 上天之载，无声无臭。其体则谓之易，其理则谓之道，其用则谓之神。其命于人则谓之性，率性则谓之道，修道则谓之教。
>
> 寂然不动，感而遂通者，天理具备，元无欠少，不为尧存，不为桀亡。（此二句是《荀子·天论》中语）

这是"理学"的基本观念。宋明学者常说，"释氏言心，吾儒言理"。心是主观的，理是客观的。这确是一个大区别。但儒与道家又怎么区别呢？其实没有区别了。他们也不讳这种渊源了。

理学或道学至二程而始成立。故程颐常说："自予兄弟倡明道学。"他们是对于那纯粹主观的禅学作一种反动的抗议，他们要向那客观的宇宙里寻求那客观的存在的天理。

> 理只是天下只一个理。故推至四海而准，须是质诸天地考诸三王不易之理。
>
> 天地之间。有者只是有。譬之人之知识闻见，经历数十年，一日念之，了然胸中。这一个道理，在那里放着来？

这就是所谓"客观的存在"。天理只是普遍的理性。

> 所以谓万物一体者，皆有此理，只为从那里来。生生之谓易。生则一时生皆完此理。人则能推，物则气昏推不得，不可道他物不与有也。
>
> 人只为自私，将自家躯壳上头起意，故看得道理小了。……
>
> 释氏以不知此，去他身上起意思，奈何那身不得，故却厌恶，要得去尽根尘，为心源不定，故要得如枯木死灰。然没有此理，要有此理，除是死也。

宋代理学

这里可注意的是说人与物生时便分得此理，分得那一个"理"。这就是说，理在天地之间，又在人性中。人受"命"于天。天理具备，元无欠少。

程颢说天理，有最奇特的一点，就是他的"有对论"。

> 天地万物之理，无独必有对。皆自然而然，非有安排也。每中夜以思，不知手之舞之、足之蹈之也。
>
> 万物莫不有对。一阴一阳，一善一恶。阳长则阴消，善增则恶减。斯理也，推之其远乎！人只要知此耳。
>
> 自然之理必有对待，生生之本也。有上则有下，有此则有彼，有质则有文。一不独立，二则为文。

从这种"有对论"上生出的结论如下：

> 天下善恶皆天理。谓之恶者，非本恶，但或过或不及，便如此。
>
> 事有善有恶，皆天理也。天理中物须有美恶。盖物之不齐，物之情也。

这是彻底的自然主义的论调。有意志有目的的天，不能解释"何以有恶"的问题。自然主义的天，认恶为天理，为"皆自然而然，非有安排"，然后可以解释世间何以有恶。

二、二元的性论

"万物莫不有对"是二元论。故程颢论性也主张二元论：

> 生之谓性。性即气，气即性，生之谓也。人生气禀，理

> 有善恶。然不是性中元有此两物相对而生也。有自幼而善，有自幼而恶，是气禀自然也。
>
> 善固性也，恶亦不可不谓之性也。盖生之谓性，"人生而静"以上不容说。才说性便已不是性也。
>
> 凡人说性，只是说继之者善也。孟子言人性善，是也。夫所谓继之者善也，犹水流而就下也。皆水也，有流而至海终无所污，此何烦人力之为也。（生而善。）有流而未远固已渐浊，有出而甚远方有所浊；有浊之多者，有浊之少者，清浊虽不同，然不可以浊者不为水也。

这一段话真是矛盾百出。前面说气禀有善恶，善亦是性，恶亦是性，是说性有善恶。次说性善只是"继之者善也"。此乃张载所谓"成性"之说。

此是说，性无善无不善，性善须靠继之之功。次又用水譬性，用水浊比恶。水浊明是外加之物，只是习，不是性。又说浊亦是性，岂非大错。下文接着说：

> 如此，则人不可以不加澄治之功。故用力敏勇则疾清，用力缓怠则迟清。其清也则却只是元初水也。亦不是将清来换浊，亦不是取出浊来置在一隅也。水之清则性善之谓也。

如此说来，则元初水是本来清的；性善只是"复其初"。既曰浊是水，既曰恶亦是性，又曰清是元初水，性善是水之清，岂非矛盾？怪不得后人引申其说，演为理气二元论；气禀也是性，而不是真性；真性乃是理。

理无不善，——此言实与程子"善恶皆天理"的话根本上不相容，——而气禀有恶，澄治之功只是去掉气禀的污染。这虽不是程子的本意，但程子也实在不能自圆其说，以致引起误会。他也曾说：

> 二气五行，刚柔万殊。圣人所由惟一理，人须要复其初。

三、仁

天地之间只有一理，理无不在，人与物皆具此理。所以人生的最高理想是感觉人与天地万物浑然一体。这种境界，叫作仁。

> 仁者以天地万物为一体，莫非己也。
> 仁者浑然与物同体。
> 若夫至仁，则天地为一身，而天地之间品物万形为四肢百体。夫人岂有视四肢百体而不爱者哉？

这是一种"泛神论"，自道家得来的。

这种泛神论不知不觉地承认天地万物皆有天理流行，皆有一种盎然的生意。故他的诗有：

> 万物静观皆自得，四时佳兴与人同。

他常说：

> 静后见万物皆有春意。
> 切脉最可体仁。
> 观鸡雏可以观仁。
> 医书言手足痿痹为不仁，此言最善名状。

不仁是不能感觉，仁只是感觉宇宙间的挚意。只是感觉宇宙的脉息。

四、定，敬，静

他说：

> 学者须先识仁。仁者浑然与物同体。义礼智信，皆仁也。识得此理，以诚敬存之而已。不须防检，不须穷索。
>
> 质美者明得尽，渣滓便浑化，却与天地同体。其次惟在庄敬持养。及其至，则一也。

（一）天理

吾学虽有所授受，天理二字却是自家体贴出来。

万物皆只是一个天理，己何与焉？至于言"天讨有罪，五刑五用哉；天命有德，五服五章哉"——此都只是天理自然当如此。人几时与？与则便是私意。……

天理云者，这一个道理，更有甚穷已？不为尧存，不为桀亡。人得之者，故大行不加，穷居不损。这上头来更怎生说得存亡加减？是他原无少欠，百理具备。（得得这个天理，是谓大人；以其道变通无穷，故谓之圣。不疾而速，不行而至，须默而识之处，故谓之神。）

"不能反躬，天理灭矣。"天理云者，百理具备，元无少欠。故反身而诚，只是言得已上更不可道甚道。

（二）天理有对

天地万物之理无独必有对。皆自然而然，非有安排也。每中夜以思，不知手之舞之，足之蹈之也。

万物莫不有对。一阴一阳，一善一恶，阳长则阴消，善增则恶减。斯理也，推之其远乎！人只要知此耳。

质必有文。自然之理必有对待，生生之本也。

宋代理学

天下善恶皆天理。谓之恶者，非本恶，但或过或不及，便如此。如杨墨之类。

事有善有恶，皆天理也。天理中物须有美恶。盖物之不齐，物之情也。

（三）天理是什么

上天之载，无声无臭。其体则谓之易，其理则谓之道，其用则谓之神，其命于人则谓之性，率性则谓之道，修道则谓之教。

生生之谓易，是天之所以为道也。天只是以生为道。继此生理者，即是善也。善便有一个元底意思。元者善之长。万物皆有春意，便是。继之者善也，成之者性也。成却待他万物自成其性始得。

命之曰易，便有理。若安排定，则更有甚理。天地阴阳之变，便如二扇磨，升降，盈亏，刚柔，初未尝停息。阳常盈，阴常亏，故便不齐；譬如磨既行，齿都不齐；既不齐，便生出万变。

（四）仁

医书言手足痿痹为不仁。此言最善名状。仁者以天地万物为一体，莫非己也。认得为己，何所不至？若不有诸己，自与己不相干。

如手足不仁，气已不贯，皆不属己。

医家以不认痛痒谓之不仁。人以不知觉不认义理为不仁，譬最近。

切脉最可体仁。

观鸡雏可以观仁。

所谓万物一体者，皆有此理。只为从那里来。生生之谓易。生则一时生，皆完此理。……放这身来，都在万物中一例看大小，大快活。释氏以不知此，去他身上起意思，奈何那身不得，故却厌恶，要去得尽根尘，为心源不定，故要得如枯木死灰。然没此理，要有此理，除是死也。

学者须先识仁。仁者浑然与物同体。义礼智信，皆仁也。识得此理，以诚敬存之而已。不须防检，不须穷索。若心懈，则有防心；苟不懈，何防之有？理有未得，故须穷索，存久，自明，安待穷索？此道与物无对，大不足以明之。天地之用，皆我之用。

孟子言万物皆备于我，须反身而诚，乃为大乐。若反身未诚，则犹是二物有对，以己合彼，终未有之，又安得乐？《订顽》(《西铭》)意思乃备言此体。以此意存之，更有何事？

所谓定者，动亦定，静亦定。无将迎，无内外。苟以外物为外，牵己而从之，是以己性为有内外也。……夫天地之常，以其心普万物而无心。

圣人之常，以其情顺万物而无情，故君子之学莫若廓然而大公，物来而顺应。……人之情各有所蔽，故不能适道。大率患在于自私而用智。自私则不能如有为为应迹；用智则不能以明觉为自然。

今以恶外之心而求照无物之地，是反鉴而索照也。……与其非外而是内，不若内外之两忘也，两忘则澄然无事矣。无事则定，定则明，明则尚何应物之为累哉？

圣人之喜，以物之当喜；圣人之怒，以物之当怒。是圣人之喜怒不系于心而系于物也。是则圣人岂不应于物哉？乌得以从外者为非，而更求在内者为是也？（《定性书》）

程　颐

涵养须用敬，进学则在致知。

一、敬

学者莫若且理会得敬。能敬，则自知此矣。或曰，何以用功？曰，莫若主一。

……大凡人心不可二用，用于一事则他事更不能入者，事为之主也。事为之主，尚无思虑纷扰之患。若主于敬，又焉有此患乎？所谓敬者，主一之谓敬。所谓一者，无适之谓一。

闲邪则诚自存。……闲邪更著甚功夫？惟是动容貌，整思虑，则自然生敬。敬只是主一也，主一则既不之东，又不之西，如是则只是中。既不之此，又不之彼，如是则只是内。存此则自然天理明。学者须是将"敬以直内"涵养此意。直内是本。

闲邪则固一矣。然主一则不消言闲邪。有以一为难见，不可下功夫，如何？一者无他，只是整齐严肃，则心便一，一则自是无非僻之干。此意但涵养久之，则天理自然明。

严威俨恪非敬之道。但致敬须自此入。

安有箕踞而心不慢者？……学者须恭敬，但不可令拘迫，拘迫则难久。

二、致知

（一）知与行

须是识在所行之先。譬如行路，须是光照。

问忠信进德之事固可勉强。然致知甚难。曰，子以诚敬为可勉强，且恁地说。到底须是知了，方能行事。若不知，只是覷了尧学他行事，无尧许多聪明睿知，怎生得如他动容周旋中礼？有诸中必形诸外，安可妄学？……未致知怎生得行？勉强行者，安能持久？除非烛理明，自然乐循理。……学者须是真知；才知得，便是泰然行将去也。

如眼前诸人要特立独行，煞不难得。只是要一个知见难。人只被知见不通透。人谓要力行，亦只是浅近语。人既能知见，岂有不能行？一切事皆所当为，不待着意做。

（二）真知

知有多少般数，煞有浅深。向亲见一人曾为虎所伤，因言及虎，神色便变。旁有数人见他说虎，非不知虎之猛可畏，然不如他说了有畏惧之色。盖真知虎者也。学者深知亦如此。

且如脍炙，贵公子与野人莫不知其美，然贵人闻着便有欲嗜脍炙之色，野人则不然。学者须是真知，才知得，便是泰然行将去也。

某年二十时解释经义与今无异，然思今日觉得意味与少时自别。

人苟有"朝闻道夕死可矣"之志,则不肯一日安其所不安也。何止一日?须臾不能,如曾子易箦,须要如此乃安。人不能若此者,只为不见实理。实理得之于心自别。若耳闻口道者,心实不见。若见得,必不肯安于所不安。

人之一身尽有所不肯为。及至他事又不然。若士者,虽杀之使为穿窬,必不为。其他事未必然。……蹈水火则人皆避之,是实见得。

须有"见不善如探汤"之心,则自然别。得之于心,是谓有得,不待勉强。然学者则须勉强。

为常人言,才知得非礼不可为,须用勉强。至于知穿窬不可为,则不待勉强。是知亦有浅深也。

学者好语高,正如贫子说金,说黄色,坚,软。道他不是又不可,只是好笑。不曾见富人说金如此。

第六章

明朝心学

嵇文甫

从王阳明说起

晚明时代是一个动荡时代，是一个斑驳陆离的过渡时代。照耀着这时代的，不是一轮赫然当空的太阳，而是许多道光彩纷披的明霞。你尽可以说它"杂"，却绝不能说它"庸"；尽可以说它"嚣张"，却绝不能说它"死板"；尽可以说它是"乱世之音"，却绝不能说它是"衰世之音"。它把一个旧时代送终，却又使一个新时代开始。它在超现实主义的云雾中，透露出现实主义的曙光。这样一个思想史上的转型期，大体上断自隆万以后，约略相当于西历十六世纪的下半期以及十七世纪的上半期。然而要追溯起源头来，我们还得从明朝中叶王阳明的道学革新运动讲起。

王阳明是宋明五百年道学史上一位最有光辉的人物。由他所领导起来的学术运动，是一种道学革新运动，也就是一种反朱学运动。当朱子在世的时候，正是道学的全盛时代，他以伊川为宗，上探明道、横渠、濂溪、康节诸家以穷其源，出入程门诸子如游、杨、谢、吕、尹、胡之属以尽其流。其与同时各派，则左排陆学，右排浙学，毅然以道学正统自任。广收门徒，编注群经。道学到他手里，可算是纲举目张，灿然大备。先儒说朱子集道学之大成，诚可以当之而无愧了。然而朱子讲学有时候嫌太烦琐。"字字而比，节节而较。"把许多道理支分节解，往往弄得不成话说。就如他讲"四端"，既把"仁义礼智"四字并提以配"春夏秋冬"，复并提"仁义"二字以配"阴阳"，并提"仁智"二字以明"终始"，更单提"仁"字以贯"四端"，又有什么"四端相连而至""四端迭为宾主"种种说法。这样一分，那样一合，看他配置得多么巧罢！然而这不是讲心性，只是变戏法，只是文字的游戏。又如他讲太极图说道："盖中也，仁也，感也，所谓☾也，○之用所以行也，正也，义也，寂也，所谓☽也，○之体所以立也。"从仁义寂感上分阴阳，分体用，甚至从"中正"二字上也能分出阴阳体用来。这些地方，多亏他苦心体会。这简直是做起八股来了。陆象山在当时就挖苦他道：

> 揣量模写之工，依仿假借之似，其条画足以自信，其习熟足以自安。(《与朱元晦书》)

又《象山语录》载：

> 有立议论者，先生云，"此是虚说"；或云，"此是时文之见"。学者遂云："孟子辟杨、墨，韩子辟佛、老，陆先生辟时文。"先生云："此说也好。然辟杨墨佛老者犹有些气道，吾却只辟得时文。"因一笑。

朱子依照着圣人样子，描摹刻画，制造出多少道理格式。四平八稳，面面俱到。但从象山看来，那只是一种"议论"，一种"时文"。这种时文化的道学后来竟成为道学的正统。从南宋末年，到明朝中叶，完全成一个朱学独占的局面。所谓一代大儒，如许鲁斋、薛敬轩辈，都不过陈陈相因，谨守朱子门户。道学至此，几乎纯成一种烂熟的格套了。于是乎首先出来个陈白沙，既而又出来个王阳明，都举起道学革命的旗帜；一扫二百余年蹈常袭故的积习，而另换一种清新自然的空气。打倒时文化八股化的道学，而另倡一种鞭辟近里的新道学。阳明赠白沙大弟子湛甘泉有一段话：

> ……自是而后，言益详，道益晦；析理益精，学益支离；无本而事于外者益繁以难。盖孟氏患杨、墨，周、程之际释、老大行。今世学者皆知宗孔、孟，贱杨、墨，摈释、老，圣人之道若大明于世。然吾从而求之，圣人不得而见之矣，其能有若墨氏之兼爱者乎？其能有若杨氏之为我者乎？其能有若老氏之清静自守，释氏之究心性命者乎？吾何以杨、墨、老、释之思哉？彼于圣人之道异，然犹有自得也。而世之学者，章绘句琢以夸俗，诡心色取，相饰以伪，谓圣人之道劳苦无功，非复人之所可为，而徒取辩于言词之间。古之人有终身不能究者，今吾皆能言其略。自以为若是亦足矣，而圣人之学遂废。则今之所大患者，岂非记诵词章之习；而弊之所从来，无亦言之太详、析之太精者之过欤？（《别谌甘泉序》）

这段话很能揭出陈、王两家道学革新运动的共同宗旨。他们所反对的是"记诵词章之习"，换句话说，就是八股化的道学。这种八股化的道学，看着最平正，最周到，最近圣人；然而实际上直类乎"非之无举刺之无刺"的乡愿，依门傍户，俯仰随人，比着杨、墨、佛、老之各有其自得者，尚相去绝远。"言益详，道益晦；析理益精，学益支离"，这是暗斥朱子，而认为八股化道学所自出。平心论之，朱子自是中国近古思想史上头等的伟大人物，但他那种烦琐支离的学风，实开后来道学八股化之渐，这也是无可讳言的。二百多年的因袭墨守，朱学的流弊已十分显著，以这因缘，白沙、阳明辈的道学革新运动应时而起了。

这次革新运动，发端于白沙，而大成于阳明。我们分析阳明的学说，处处是打破道学的陈旧格套，处处表现出一种活动自由的精神，对于当时思想界实尽了很大的解放作用。首先看他讲"致良知"。提起这三个字，常使人觉得一片空灵，不可捉摸。不错，阳明有时候把良知讲得的确太玄妙，如什么"天植灵根""造化的精灵"，真算是玄之又玄。不过这里要分别看。假使这种学说就单是一个玄妙，再无其他东西，它还怎能会震动一世人心，在思想史上占有那样重要地位？我们须要知道这种学说虽然是很玄妙，但玄妙之中，却潜藏着一种时代精神，自有不玄妙者在。阳明当临死的前一月，写信给聂双江，其中有一段说：

> 盖良知只是一个天理，自然明觉发见处，只是一个真诚恻怛，便是他本体。故致此良知之真诚恻怛以事亲便是孝；致此良知之真诚恻怛以从兄便是弟，致此良知之真诚恻怛以事君便是忠。只是一个良知，一个真诚恻怛。(《全书》卷二《答聂文蔚》)

这样讲致良知，何等的亲切简易。这还能算玄妙么？他不管什么圣贤榜样、道理格式，而只教人照着自己当下那一点真诚恻怛实做将去。现现成成，甲不向乙借，乙不向甲赐。他以为虽古圣人也不过如此。《传习录下》载：

> 问：良知一而已，文王作《彖》，周公系《爻》，孔子赞《易》，何以各自看理不同？先生曰：圣人何能拘得死格！大要出于良知同，便各为说，何害？且如一园竹，只要同此枝节，便是大同。若拘定枝枝节节，都要高下大小一样，便非造化妙手矣。汝辈只要去培养那良知。良知同，更无妨有异处。汝辈若不肯用功，连笋也不曾抽得，何处去论枝节！(《全书》卷三《传习录下》)

各凭自己良知，同便听其同，异便听其异。道理没有死格，须从本源上流出，须是内发的。"君子一仁而已矣，何必同？"这已经是很自由很活动了。他更说道：

> 我辈致知，只是各随分限所及。今日良知见在如此，只随今日所知扩充到底；明日良知又有开悟，便从明日所知扩充到底。如此方是精一功夫。与人论学，亦须随人分限所及。如树有这些萌芽，只把这些水去灌溉；萌芽再长，便又加水。白拱把以至合抱，灌溉之功皆是随其分限所及。若些小萌芽，有一桶水在，尽要倾上，便浸坏他了。(《全书》卷三同上)

各人良知有一定的分限，并且今天有今天的良知，明天有明天的良知。只要从良知上出发，非特我和你不必相同，就是今日的我和昨日的我也不必相同，这里全没有定格。我们只须就当下分限所及，切实做去，使良知得遂其有机的发展，自然日有进境。无论自修或教人，都只宜这样办法。试再看《传习录》上这两段：

> 门人有言邵端峰论童子不能格物，只教以洒扫应对之说。先生曰：洒扫应对就是一件物。童子良知只到此，便教去洒扫应对，就是致他这一点良知了。又如童子知畏先生长者，此亦是他良知处。故虽嬉戏中，见了先生长者，便去作揖恭敬，是他能格物以致敬师长之良知了。童子自有童子的格物致知。(《全书》卷三同上)
> 问："孔子谓武王未尽善，恐亦有不满意。"先生曰："在武王自合如此。"(《全书》卷一《传习录上》)

大人有大人的良知，童子有童子的良知；文王有文王的良知，武王有武王的良知。"武王自合如此"做，也就不必管什么尽善不尽善。

明朝心学　273

童子自去致他那一点洒扫应对的良知，也无须去强学大人。各适其适，各得其得。彼非有余，此非不足。这样自由自在，把道理完全看活了。他还有这一段话：

> 诸君功夫最不可助长。上智绝少，学者无超入圣人之理。一起一伏，一进一退，自是功夫节次。不可以我前日用得功夫了，今却不济，便要矫强，做出一个没破绽的模样。这便是助长，连前些子功夫都坏了。此非小过。譬如行路的人，遭一蹶跌，起来便走，不要欺人，做那不曾跌倒的样子出来。诸君只要常常怀个"遁世无闷，不见是而无闷"之心，依此良知，忍耐做去。不管人非笑，不管人毁谤，不管人荣辱。任他功夫有进有退，我只是这致良知的主宰不息，久久自然有得力处。（《全书》卷三《传习录下》）

跌了就起，起来便走，不管他进也罢，退也罢，誉也罢，毁也罢，我只是老老实实，埋头自致其良知。除下良知，什么都看不见了。独往独来，又奋迅，又坚决，把所有世习客套一扫而空。在这样意义下讲致良知，不是也很切实很平易么？自然，这里面也有它玄妙神秘的地方。良知究竟是个什么玩意儿？它会变化，会发展，今天是这样，明天是那样，你的是那样，我的是这样。倘若不是另有某种客观条件来决定它，那只好说它是"天植灵根""造化的精灵"了。然而不管它"灵根"也好，"精灵"也好，事实上他打破了道学的陈旧格套，充满着自由解放的精神，不靠圣人而靠自己的良知，在这一点上，他要比朱学更带些近代的色彩。

我们再看讲"知行合一"。"知行合一"的理论，正是针对朱学而发。朱子把知行看作两件事，并且主张先知后行。阳明却不然。照他的意思，说个知已经有行在，说个行已经有知在。知行是一个整体的两面，是不可分离的。他最精要的解释是：

> 知之真切笃实处即是行，行之明觉精察处即是知。(《答顾东桥书》)

阳明讲知行是从本体上讲的，也就是从良知上讲的。从良知上发出的"知"，自然是真切笃实"，带情味的"知"，而不是揣摸影响的"知"；从良知上发出的"行"，自然是"明觉精察"，自觉的"行"，而不是懵懂乱撞的"行"。只用一个"致良知"，也就即"知"即"行"了。但这种说法似乎不易了解，又未免带点谈玄意味。究其真精神之所在，只是不离"行"以求"知"而已。试看他说：

> 夫人必有欲食之心然后知食，欲食之心即是意，即是行之始矣。食味之美恶，必待入口而后知。岂有不入口而已先知食味之美恶者耶？必有欲行之心然后知路，欲行之心即是意，即是行之始矣。路歧之险夷，必待身亲履历而后知。岂有不待身亲履历而已先知路歧之险夷者耶？(《答顾东桥书》)

这段话分析极精，以一念动处为行之始，"行"一步，"知"一步，"知"常与"行"相伴而不能分离。阳明虽讲"知行合一"，但因其针对着从"知"入手的朱学而发，所以事实上特重在"行"字。始于"行"，终于"行"，而"知"只是"行"的一种过程。他在《答顾东桥书》中还有一段很痛快的话：

> 夫问思辨行，皆所以为学，未有学而不行者也。如言学孝，则必服劳奉养，躬行孝道，然后谓之学。岂徒悬空口耳讲说而遂可以谓之学孝乎？学射则必张弓挟矢，引满中的；学书则必伸纸执笔，操觚染翰。尽天下之学，无有不行而可以言学者，则学之始固已即是行矣。笃者，敦实笃厚之意。已行矣，而敦笃其行，不息其功之谓尔。盖学之不能以无疑则有问，问即学也，即行也。又不能无疑，则有辨，辨即学

也,即行也。辨既明矣,思既慎矣,问既审矣,学既能矣,又从而不息其功焉,斯之谓笃行,非谓学问思辨之后而始措之于行也。是故以求能其事而言谓之学,以求解其惑而言谓之问,以求通其说而言谓之思,以求精其察而言谓之辨,以求履其实而言谓之行。盖析其功而言则有五,合其事而言则一而已。

朱子以学问思辨属"知",以笃行属"行"。阳明却始终贯以一"行",学之始已即是"行",到最后仍是"笃行之"。问、思、辨,都只是"行"到滞碍地方,一种解决疑难的手段,并不是离"行"而独立的。离"行"而茫茫荡荡去求"知",阳明最反对。他决不泛然问,泛然思,泛然辨,而一以当下现行为指归。普通以为阳明单提个"致良知",好像把什么读书、稽古、求师、访友一切都抛弃了,总疑其太简。其实何尝如此。阳明只是不泛泛去求"知",至于当下切身所应当"知"的,他还要尽量地"知",彻底地"知",一件也不遗弃。他说:

> 天下事物,如名物度数、草木鸟兽之类,不胜其烦。圣人须是本体明了,亦何缘能尽知得?但不必的,圣人自不消求知;其所当知的,圣人自能问人,如"子入太庙每事问"之类。先儒谓"虽知亦问,敬谨之至",此说不可通。圣人于礼乐名物,不必尽知。然他知得一个天理,便自有许多节文度数出来。不知能问,亦即是天理节文所在。(《全书》卷三)

> 学校之中,惟以成德为事。而才能之异,或有长于礼乐,长于政教,长于水土播植者,则就其成德而因使益精其能于学校之中。迨夫举德而任,则使之终身居其职而不易。……皋、夔、稷、契所不能兼之事,而今之初学小生皆欲通其说,究其术。……(《答顾东桥书》)

孟子说："尧舜之智，而不遍物，急先务也。"这个意思，象山已经发挥得极其警切，到阳明讲得更透彻了。颜习斋所谓"孔门诸贤，礼、乐、兵、农各精其一，唐虞五臣，水、火、农、教各习其一；后世菲资，乃思兼长"，不意陆、王乃都先说到。阳明的教育主张，虽说以"成德"为中心，而并不妨害"达材"。他很能打破世儒无所不知而实一无所知的虚诞习气，而教人各就自己才性所近以成专长。又正大，又切实，又活动，在中国教育思想上实为一重要贡献。后来章实斋论浙东学术，对此别有发挥。他专在切要地方下功夫，一点精力不浪费。你只须遵着良知所指示，直"行"下去。"行"不通时，它自然会使你"学"，使你"问"，使你"思"，使你"辨"。"知"消纳在"行"中，而学问思辨莫非所以致良知。这样进修方法和朱学实有毫发千里之辨。所以阳明答当时朱学代表人物罗整庵的信中说：

> 凡执事所以致疑于格物之说者，必谓其是内而非外也，必谓其专事于反观内省之为而遗弃其讲习讨论之功也，必谓其一意于纲领本原之约而脱略于支节条目之详也，必谓其沉溺于枯槁虚寂之偏而不尽于物理人事之变也。审如是，岂但获罪于圣门，获罪于朱子，是邪说诬民，叛道乱正，人得而诛之也，而况于执事之正直哉？审如是，世之稍明训诂，闻先哲之绪论者，皆知其非也，而况执事之高明哉？况某之所谓格物，其于朱子"九条"之说，皆包罗统括于其中。但为之有要，作用不同，正所谓毫厘之差耳。然毫厘之差，而千里之缪，实起于此，不可不辨。

王学绝不像普通所想象的那样简单，它和朱学的差别也很微妙，不是随便一瞥就可以辨认出来的。凡什么读书、稽古、讲习、讨论，朱子所从事者，阳明也未尝不从事。但在朱子，知是知，行是行，讲习讨论是讲习讨论，反观内省是反观内省，划然各为一事；在阳明，则提出个良知作头脑，讲习讨论也是致良知，反观内省也是致良知，

明朝心学　277

无论"知"啦,"行"啦,都是从良知出发。只要一个"致良知",就把什么功夫都"包罗统括于其中"。前者是多元的,而后者是一元的。前者是头疼治头,脚疼治脚;而后者是直抉根源,"溥博渊泉,而时出之"。只有把一切功夫都消纳到一个致良知上而后功夫才实实落落,近里着己,问方是"切问",思方是"近思",行方是"笃行"。除下一切功夫别无可以致良知,而致良知却把一切功夫都点活了。这正是所谓"为之有要,作用不同",其妙处只在一转手之间。就由这一转手,而"博文"成为"约礼"的功夫,"惟精"成为"惟一"的功夫,"道问学"成为"尊德性"的功夫,"知"和"行"亦合为一体了。我常奇怪,阳明学说和后来的颜、李学说,一个极玄妙,而一个极平实,本是绝不相容,但他们却有许多共鸣之点。他们都主张学不离行,都反对以读书为学。习斋骂当时学者,不是"博学",而是"博读,博讲,博著",这和阳明力辟口耳之学精神颇相契合。其学琴之喻,和阳明学射之喻尤绝相类。原来王、颜两家之学所以极端相反者,因为一个专讲"心",一个专讲"事物"。但实际上,阳明所谓"心"者,又和"事物"混一不分。他说:

> 目无体,以万物之色为体;耳无体,以万物之声为体;鼻无体,以万物之臭为体;口无体,以万物之味为体;心无体,以天地万物感应之是非为体。(《全书》卷三)

离开"天地万物感应之是非",别无所谓"心"。所谓"致良知",亦不外乎在种种事物感应上下功夫。象山早有"在人情事变上用功"之说,阳明亦有"在事上磨炼"之说。可见这班心学家虽然尽管在那里掉弄玄机,尽管在道学范围内变花样,兜圈子;但不知不觉间早已渗入些新成分,为下一个时代开先路。在这种情形下,王学和颜学竟暗通了消息。总之,阳明并不反对读书、稽古、讲习、讨论种种功夫,但这种种功夫须隶属在"致良知"一个总题目之下;他并不反对求"知",但求知不能当作"行"以外的另一件事。从行动中,从生活中，自然涌现出来的问题，才是活问题；从行动中，从生活中，自然涌现出来的知识，才是活知识。这种思想，直到现代哲学界才可以见到它充分的健全的发展形态，然而早在四百多年前，阳明已经很明显的启示给我们了。

综上所述，我们分析阳明学说，无论从"致良知"上或"知行合一"上，处处可以看出一种自由解放的精神，处处是反对八股化道学，打破道学的陈旧格套。倘若我们再把他的"心即理"和"万物一体"等等说法都加以分析，这种自由主义的倾向当更容易看出来，这里也不必一一赘述。我们只看他说：

> 夫学贵得之心。求之于心而非也，虽其言之出于孔子，不敢以为是也。而况其未及孔子者乎？求之于心而是也，虽其言之出于庸常，不敢以为非也。而况其出于孔子者乎？（《答罗整庵少宰书》）

他居然敢不以孔子的是非为是非，而只信自己的心。独断独行，自作主张。什么圣贤榜样，道理格式，都不放在眼里。这种大胆的言论，正可和当时西方的宗教革命家互相辉映。他们都充满自由主义和现实主义的精神。大体说来，阳明实可算是道学界的马丁·路德。他使道学中兴，使道学更加精练。然而这已经是一种新道学了，已经渗入新时代的成分了。道学的体系未破，但其内部成分却已变更。他一方面大刀阔斧，摧毁传统思想的权威，替新时代做一种扫除工作，同时他又提出许多天才的启示，替新时代做一种指导工作。他既为宋明道学放出极大的光芒，同时却也为清代思想开其先路。清代思想一方面是他的反动，同时却也有许多地方是继承他的。当晚明时代，王学的余焰方炽，而正在解体。一部晚明思想史，几乎可以说是一部王学解体史。这个解体过程结束了，新时代也就出现了。在下面几章，我们就可以看见这一段历史过程怎样一幕一幕地展开。

异军特起的张居正

正当王门后裔各树旗帜纷纷讲学的时候，出来一位特异人物张居正。张居正是一位大政治家，这是谁都知道的。可是我们还应该知道，他的政治建树实以学术为根柢，在思想史上我们不能不给他一个特殊地位。

张居正字叔大，号太岳，谥文忠，江陵人。生于嘉靖四年（1525），卒于万历十年（1582），寿五十八岁。年二十三成进士，在翰林者七年，归田修养者六年。三十六岁复出，历任右春坊右中允，国子监司业，右谕德兼太子讲读，翰林院学士等官。四十二岁，初入内阁，兼掌部事，先后与徐阶高拱李春芳等共同辅佐穆宗者六年。神宗即位以后，进为首辅，独掌政权者十年。其为政，综核名实，信赏必罚，一时内安外攘，号称富强。自从梁任公将他列为中国六大政治家之一，近年来论述他的很多，但大概都是关于政治方面。兹专就其学术思想谈一谈。

本来江陵并不讲学，甚至毁书院，杀何心隐，和当时讲学家正立在敌对地位，所以他被人指为"不悦学"，而向来讲明代学术的也提

不到他,但是实际上他自有一套学术。请看他说:

> 今人妄谓孤不喜讲学者,实为大诬。孤今所以上佐明主者,何有一语一事背于尧舜周孔之道?但孤所为皆欲身体力行,以是虚谈者无容耳。(《答宪长周友山明讲学》)
>
> 夫学乃吾人本分内事,不可须臾离者。言喜道学者妄也,言不喜者亦妄也,于中横计去取,言不宜有不喜道学者之名,又妄之妄也。以指喻指之非指,不若以非指喻指之非指也;以马喻马之非马,不若以非马喻马之非马也。言不宜不喜道学之为学,不若离是非,绝取舍,而直认本真之为学也。孔子自言不如己之好学。三千之徒,日闻其论说,而独以好学归之颜子。今不榖亦妄自称曰:"凡今之人,不如正之实好学者矣。"(《答宪长周友山讲学》)

人家说他不喜讲学,他认为诬罔,他偏说自己是"实好学",是"直认本真",不过不像那班讲学家的"虚谈"罢了。他对于那班讲学家的批评,他自己对于学术上的根本见解,大致见于《答南司成屠平石论为学》那封信。他说:

> 夫昔之为同志者,仆亦尝周旋其间,听其议论矣。然窥其微处,则皆以聚党贾誉,行径捷举。所称道德之说,虚而无当。庄子所谓其嗌言者若哇,佛氏所谓虾蟆禅耳。而其徒侣众盛,异趋为事。大者摇撼朝廷,爽乱名实;小者匿蔽丑秽,趋利逃名。嘉隆之间,深被其祸,今犹未殄。此主持世教者所深忧也。记曰:"凡学,官先事,士先志。"士君子未遇时,讲明所以修己治人者,以需他日之用。及其服官有事,即以其事为学,兢兢然求所以称职免咎者,以共上之命。未有舍其本事,而别开一门以为学者也。孔子周行不遇,不得所谓事与职者而能之,故与七十子之徒切磋讲究。

明朝心学　281

其持论立言，亦各随根器，循循善诱，固未尝专揭一语，如近时所谓话头者，概施之也。告鲁哀公曰"政在节财"，齐景公曰"君臣父子"，在卫曰"正名"，在楚曰"近悦远来"，亦未尝独揭一语，不度其势之所宜者而强聒之也。究观其经纶大略，则惟宪章文武，志服东周。以生今反古为戒，以为下不倍为准。老不行其道，犹取鲁史以存周礼，故曰"吾志在《春秋》"。其志何志也？志在从周而已。《春秋》所载，皆周官之典也。夫孔子殷人也，岂不欲行殷礼哉？周官之法岂尽度越前代而不可易者哉？生周之世，为周之臣，不敢倍也。假令孔子生今之时，为国子司成，则必遵奉我圣祖学规以教胄而不敢失坠；为提学宪臣，则必遵奉皇上敕谕以造士而不敢失坠。必不舍其本业而别开一门，以自蹈于反古之罪也。今世谈学者，皆言尊孔氏，乃不务孔氏之所以治世立教者，而甘蹈于反古之罪，是尚谓能学孔矣乎？明兴二百余年，名卿硕辅，勋业煊赫者，大抵皆直躬劲节、寡言慎行、奉公守法之人。而讲学者每诋之曰：彼虽有所树立，然不知学，皆气质用事耳。而近时所谓知学，为世所宗仰者，考其所树立，又远出于所诋之下。将令后生小子何所师法耶？此仆所未解也。仆愿今之学者，以足踏实地为功，以崇尚本质为行，以遵守成宪为准，以诚心顺上为忠。兔鱼未获，无舍筌蹄；家当未完，无撤藩卫。无以前辈为不足学而轻事诋毁，无相与造为虚谈，逞其胸臆，以挠上之法也。

他痛斥那班讲学家的流毒，骂他们为"虾蟆禅"。他教人就在自己职守以内去学，而不要"舍其本事，别开一门以为学"。他教人"足踏实地"，"崇尚本质"，"遵守成宪"，"诚心顺上"，真可谓卑之无甚高论。然而他却认为虽孔子复生也必须如此立教。他对于孔子另有一种看法，单从"生今反古"，"为下不倍"上发出一套大议论，简直和韩非李斯"以法为教，以吏为师"的主张有些相类了。他这套议论很得意，在别处也时常提到，如《答楚学道金省吾论学政》，就和这段文字差不多。尤其是在《辛未会试程策》中，大发"法后王"之义，议论特别精彩，态度特别鲜明。其大旨谓：

> 夫法制无常，近民为要。古今异势，便俗为宜。……时宜之，民安之，虽庸众之所建立，不可废也。戾于时，拂于民，虽圣哲之所创造，可无从也。后王之法，其民之耳而目之也久矣，久则有司之籍详，而众人之智熟，道之而易从，令之而易喻，故曰法后王便也。往代无论已。明兴，高皇帝神圣统天，经纬往制，博稽遐采，靡善弗登。若六卿仿夏，公孤绍周，型汉祖之规模，宪唐宗之律令，仪有宋之家法，采胜国之历元。而随时制宜，因民立政，取之近代者十九，稽之往古者十一，又非徒然也。即如算商贾，置盐官，则桑孔之遗意也；论停解，制年格，则崔亮之选除也；两税三限，则杨炎之田赋也；保甲户马，经义取士，则安石之新法也。诸如此类，未可悉数，固前代所谓陋习敝政也，而今皆用之，反以收富强之效，而建升平之业。故善用之，则庸众之法可使与圣哲同功，而况出于圣哲者乎？故善法后王者，莫如高皇帝矣。……夫汉宣帝综核之主也。然考其当时所行，则固未尝新一令，创一制，惟日取其祖宗之法，修饬而振举之，如曰汉家自有制度耳。且其所任魏相，最为称上意者，亦未尝以己意有所论建，惟条奏汉家故事，及名臣贾谊晁错等言耳。当其时，虽五日一视事，而上下相维，无苟且之意，吏不奉宣诏书则有责，上计簿徒具文则有责，三公不察吏治则有责。其所以振刷综理者，皆未尝稍越于旧法之外。唯其实事求是而不采虚声，信赏必罚而真伪无眩，是以当时吏称其职，民安其业，政事文学法理之士咸精其能，下至技巧工匠，后世鲜及。故崔实称其优于孝文，而仲长统极其叹服，荀悦论美元帝，而李德裕深以为非，良不诬矣。……成

明朝心学　283

宪具存，旧章森列，相与实图之而已。无不事事，无泰多事。祛积习以作颓靡，振纪纲以正风俗，省议论以定国是，核名实以行赏罚，则法行如流，而事功辐辏矣。若曰此汉事耳，吾且为唐虞，为三代，则荀卿所谓俗儒也。

他断言主张法后王，指斥那班高谈唐虞三代者为俗儒。他对于秦汉以后的制度，尤其是他本朝之制度，极力表章。他极口称赞王霸杂用谓汉家自有法度的汉宣帝。他说明朝制度，"取之近代者十九，稽之往古者十一"。这种鲜明的贵今主义，比陈同甫，叶水心辈所论还要痛快得多。他甚至说：

三代至秦，浑沌之再辟者也。其创制立法，至今守之以为利，史称其得圣人之咸。使始皇有贤子，守其法而益振之，积至数十年，继宗世族，芟夷已尽，老师宿儒，闻见悉去，民之复起者，皆改心易虑，以听上之令，虽有刘项百辈，何能为哉？惜乎，扶苏仁懦，胡亥稚蒙，奸宄内发，六国余孽尚存，因天下之怨，而以秦为招，再传而促，此始皇之不幸也。假令扶苏不死继立，必取始皇之法纷更之，以求复三代之旧。至于国势微弱，强宗复起，亦必乱亡。后世儒者徒见扶苏之谏焚书坑儒，遂以为贤，而不知乱秦者，扶苏者。(《杂著》)

这是何等大胆的翻案文章！他确乎有一种真知灼见，所以才能发出这样卓绝千古的议论。这些地方自然带些霸气，很接近申韩。然而霸道本是他不讳言的。如云：

忆昔仆初入政府，欲举行一二事。吴旺湖与人言曰："吾辈谓张公柄用，当行帝王之道。今观其议论，不过富国强兵而已。殊使人失望。"仆闻而笑曰："旺湖过誉我矣。吾安能使国富兵强哉?"孔子论政,开口便说:"足食足兵。"舜命十二牧曰"食哉唯时"。周公立政,"其克诘尔戎兵"。何尝不欲国之富且强哉?后世学术不明,高谈无实,剽窃仁义,谓之王道,才涉富强,便云霸术。不知王霸之辨,义利之间,在心不在迹。奚必仁义之为王,富强之为霸也?仆自秉政以来,除密勿敷陈,培养冲德外,其播之政令者,实不外此二事。今已七八年矣,而闾里愁叹之声尚犹未息,仓卒意外之变尚或难支,焉在其为富且强哉?(《答福建巡抚耿楚侗谈王霸之辨》)

综观江陵生平言行,尊主威,振纲纪,明赏罚,核名实,讲富强,重近代,孤立一身,任劳任怨,纯是法家路数。在他的文章中,有许多地方绝类商鞅韩非的口吻,甚至明白袭用《韩非子》中的成语,如"小仁,大仁之贼也","夫婴儿不剃首则腹痛,不揃痤则寝疾,而慈母之于爱子,必剃且揃之者,忍于其所小苦,而成其所大快也"。……由此可知其受法家影响之深。抱这样思想,他当然不讳言霸道。陆象山有言:"商鞅是脚踏实地,他亦不问王霸,只要事成。介甫慕唐虞三代之名,不曾踏得实处,所以弄得王不成,霸不成。"从这一点上说,江陵倒是很近乎商鞅,比荆公爽快多了。

讲到这里,我联想起高拱,谁都知道新郑是江陵的政敌。然而在他们还没有成为政敌以前,他们还是志同道合的好朋友。他们同服务于太学,而互以相业相期许。虽然后来时移势易,终致乖离,但当初他们切磋共学的那段因缘,毕竟是不可泯灭的。我们现在看新郑所作《本语》,其中有些主张见解和江陵很相近。如云:

孔子宪章文武,盖时王之法不可不守也。今言治者,正不可妄意纷更。只将祖宗之法,求其本意所在,而实心奉行之。纵有时异势殊,当调停者,亦只就中调停,处得其当便是,不可轻出法度之外启乱端也。此不惟分所宜然,祖宗聪

明朝心学 285

明睿智既迈伦夷，而又艰难百战以有天下，苦辛备尝，经练久熟，其所贻谋，为法既审，为虑更深，固非后世疏浅之见所能及也。夫岂可以一事之未便而遂乖天下之全图，以一时之未便而遽梗万年之长计哉？

帝王创业垂统，必有典则贻诸子孙，以为一代精神命脉。我祖宗燕谋宏密，注意渊远，非前代可及。圣子神孙，守如一日，治如一日，猗欤盛矣。迨我穆皇，未获有所面授。我皇上甫十龄，穆皇上宾，其于祖宗大法，盖未得于耳闻也。精神命脉既所未悉，将何以鉴成宪绳祖武乎？今日讲经书，后又讲《贞观政要》等书。臣愚谓宜先知祖宗家法，以为主本，而后可证以异代之事。不然，徒说他人，何切于用？乃欲于祖宗列圣实录所载圣敬事天之实，圣学传心之法，如何慎起居，如何戒嗜欲，如何务勤俭，如何察谗佞，如何总揽大权，如何开通言路，如何进君子退小人，如何赏功罚罪，如何肃宫闱，如何御近习，如何董治百官，如何安抚百姓，如何镇抚四方，撮其紧切，编辑成书，进呈御览。在讲筵则日进数条，在法宫则日披数段。庶乎祖宗立国之规模，保邦之要略，防微杜渐之深意，弛张操纵之微机，可以得其大较。且今日之域中，祖宗之天下。即以祖宗之事行之今日，合下便是，不须更费商证，而自无所不当。我皇上聪明天纵，睿智日开，必因而益遡祖宗精神命脉所在，以观耿光，以扬大烈，以衍万年无疆之祚者，将在于是，则特为之引其端焉尔。

圣祖罢丞相，分其权于六卿，而上自裁决。成祖始制内阁，以翰林官七人处之，备问以言，商榷政务，极其宠密，然未有平章之任也。嗣后遂理机务庶政。比其久也，则遂隆以师保之官，称辅臣焉。虽无宰相之名，有其实矣。然皆出诸翰林。翰林之官，皆出诸首甲与夫庶吉士之选留者。其选也以诗文，其教也以诗文，而他无事焉。夫用之为侍从，而以诗文，犹之可也；今既用于平章，而犹以诗文，则岂非所用非所养，所养非所用乎？旧制固不敢议，而就中有以为之处焉，亦无不可者。诚宜于其选也，必择夫心术之正，德行之良，资性之聪明，文理之通顺者充之，而即教之以翰林职分之所在。如一在辅德，则教之以正心修身，以为感动之本，明体达用以为开导之资，如何潜格于其先，如何维持于其后，不可流于迂腐，不可狃于曲学，虽未可以言尽，然日日提撕，日日闻省，则必有知所以自求者矣。其一在辅政，则教之以国家典章制度。必考其详，古今治乱安危必求其故，如何为安常处顺，如何为通变达权，如何以正官邪，如何以定国是，虽难事事预拟，亦必当有概于中也。于是乎教之以明解经书，发挥义理，以备进讲；教之以训迪播告之辞，简重庄严之体，以备代言；教之以错综事理，审究异同，以备纂修；而应制之诗文，程士之文艺，在其后焉。面命而耳提之，日省而月试之。养之既久，则拔其尤者留之翰林。既留之后，仍以旧业日加淬励。阁臣时时督课，与之讲论，试其所有之浅深，观其行履之实否。比其久也，则又拔其尤者而登用之。如此，庶乎相可得人，相业必有可观者，翰林庶吉士未尝不可也。今也止教诗文，更无一言及于君德治道，而又每每送行贺寿以为文，栽花种柳以为诗，群天下英才为此无谓之事，而乃以为养相才，远矣。

他尊重本朝制度，尊重祖宗成宪，认为"时王之法不可不守"，认为各朝代都有自己祖宗创造的根本大法以为"精神命脉"。他要当嗣君的首先研究本朝大法，能深悉其"精神命脉"之所在，然后才拿"异代之事"来作参考，什么经书以至《贞观政要》之类，都算次要的东西，这可以说是新郑对于帝王教育的主张。他又认定翰林院是培养相才的机关，不应该专学些无用的诗文，而应该把当代典章制度以及辅

明朝心学

相君主办理政治所必需的各种事项，都一一预先讲习，以备他日之用，这可以说是新郑对翰林教育或宰相教育的主张。从这些言论里面，分明可以看出他的贵乡主义和实用主义。试把上面所引江陵那几段话拿来作一对照，一定可以发现其一致之点。他主张"明刑"，反对"赦"，反对"放纵"。他综核名实，特别注意官吏的考察法。他替刘晏辩护，斥胡致堂"徒以不言利为高，而使人不可为国"。这一切都和江陵为同调。明史称他"练习政体，有经济才"，实在不错。江陵有这样一位学侣，互相切磋了好几年，当然不能不受很大影响。这是论江陵学术渊源和进学历程者所不可不注意的。

以上所述，是江陵学术接近法家的一方面。然而江陵并不是一个普通的法家，或简单的事业家，他还自有一套"心学"，还很得力于"禅"。在他的文集中有好多处讲禅学，如：

> 近日静中悟得心体原是妙明圆净，一毫无染。其有尘劳诸相，皆由是自烛。识得此体，则一切可转识为智，无非本觉妙用。故不起净心，不起垢心，不起著心，不起厌心，包罗世界，非物所能碍。(《答高孝廉元谷》)

可见他很会谈禅，对于此道确有所得。但江陵所得于禅学者还不止此。《袁小修日记》卷五载：

> 江陵少时，留心禅学。见《华严经》："不惜头目脑髓为世界众生，乃是大菩萨行。"故立朝时，于称讥毁誉俱有所不避，一切利国福民之事，挺然为之。

这段话真能把江陵精神命脉心髓入微处表现出来。试看他文集中屡次提到《华严经》，如：

> 偶阅《华严·悲智偈》，忽觉有省。即时发一宏愿，愿

以深心奉尘刹，不于自身求利益。去年当主少国疑之时，以藐然之躯，横当天下之变。此时惟知办此深心，不复计身为己有。幸而念成缘熟，上格下孚，官府穆清，内外宁谧。而正以退食之余，犹得默坐澄心，寄意方外。如入火聚，得清凉门。以是知山寺幽栖，风尘寓迹，虽趋舍不同，静躁殊途，其致一也。(《答李中溪有道尊师》)

二十年前曾有一宏愿，愿以其身为蓐荐，使人寝处其上，溲溺之，垢秽之，吾无间焉。有欲割取吾耳鼻，吾亦欢喜施与。(《答吴尧臣言宏愿济世》)

可知小修的话确有根据。江陵一生，赤诚任事，置毁誉得失祸福生死于度外。其精魂所寄，原来乃在《华严经》。旁人学禅，只学个遁世自了，江陵学禅，却学个宏愿济世。他还有句话：

使吾为刽子手，吾亦不离法场，而证菩提。(《答奉常陆五台论治体用刚》)

这样，禅真是普通人所梦想不到的。本来江陵也是个学道的人。他生平所最尊奉的老师徐存斋，是聂双江的门生，双江又是阳明的门生。这样说来，江陵简直可算是阳明三传弟子了。当时的王学家，如罗念庵、胡庐山、王敬所、罗近溪、耿天台、……都和江陵有来往，在江陵文集中有许多和他们论学的信。最有意义的如：

比来同类寥落，和者甚稀。楚侗南都，庐山西蜀，公在宛陵，知己星散。仆以孤焰，耿耿于迅飚之中，来知故我何似。闻公政致刑措，不言民从，盖皇农之再见。所治信心任理，不顾流俗之是非，此固罗近溪本来面目。然同志数君子，往来倡导，使人咸知有仁义道德，则所以助公道缘为不少也。学问既知头脑，须窥实际。欲见实际，非至琐细，至

明朝心学

猥俗，至纷纠处，不得妥贴。如火力猛追，金体乃现。仆自恨优悠散局，不曾做得外官。今于人情物理，虽妄谓本觉可以照了，然终是纱窗里看花，不如公等只从花中看也。"圣人能以天下为一家，中国为一人，非意之也。必洞于其情，辟于其义，明于其分，达于其患"，然后能为之。人情物理不悉，便是学问不透。孔子云："道不远人。"今之以虚见为默证者，仆不信也。(《答罗近溪宛陵尹》)

从这信的前一段，可以使我们想见江陵当年和那班王学家在一块儿讲学的情形。他称他们为"同类"，为"知己"，这正是前引《答南司成屠平石论为学》那封信中所谓"昔之为同志者仆亦尝周旋其间"的事实例证。至于后一段论学的地方，具见江陵学术的特色，真是精彩极了。他要"窥实际"，要于"至琐细，至猥俗，至纠纷处"下功夫，要"从花中看花"，而反对"以虚见为默证"。这正是他和一般讲学家绝异的地方。他曾说过：

仆以寡昧，谬当重寄；别无他长，但性耐烦耳。(《答陵洋山》)

唯其"耐烦"，所以不怕"琐细"、"猥俗"、"纠纷"，而能从"人情物理"中切实磨炼。必须这样，才能"窥实际"，才算真得力。至于一般讲学家，只略略见得一个"头脑"，便要放手，所以只有"虚见"，并非"默证"，其病正坐不"耐烦"耳，江陵最不喜欢虚见空谈，如云：

承教虚寂之说，大而无当，诚为可厌。然仆以为近时学者皆不务实得于己，而独于言语名色中求之，故其说屡变而愈淆。夫虚故能应，寂故能感。《易》曰："君子以虚受人，寂然不动，感而遂通天下之故。"诚虚诚寂，何不可者？惟不务实得于己，不知事理之如一，同出之异名，而徒兀然嗒然，以求所谓寂然者，宜其大而无当，窒而不通矣。审如此，岂惟虚寂之为病？苟不务实得于己，而独于言语名色中求之，则曰致曲，曰求仁，亦岂得为无弊哉？（《答楚学道胡庐山论学》）

中世以后，大雄之法，分为宗、教二门。凡今吾辈之所讲研穷究，言语印证，皆教也。若夫宗门之旨，非略象忘诠，真超玄诣，讵可易言？然宗由顿契，教可依通。譬之法雨普沾，随根领受。而今之学者，皆舍教言宗，妄意揣量，执之为是，才欲略象，而不知已涉于象；意在忘诠，而不知已坠于诠。此竖拳喝棒、狗子矢橛之徒，所以纷纷于世也。（《答周鹤川乡丈论禅》）

这两节表面上粗粗一看，好像冲突。前一节既然怕人"独于言语名色中求之"，后一节却又怕人"略象忘诠"，是"言语名色"又似乎不在少了，其实这里面的关键，全在一个"实"字。如果你"不必实得于己"，那么无论你讲"虚寂"，讲"致曲"，讲"求仁"，既然都只是在"言语名色上"缴绕，以致"其说屡变而愈淆"；及一离"言语名色"，"略象忘诠"，却又陷于"妄意揣量"的毛病。左支右绌，终无是处。假使反过来说，你是"实好学"的，是"务实得于己"的，那么你讲"致曲"，讲"求仁"可以，讲"虚寂"也可以，讲"言语印证"可以，"略象忘诠"也可以。总而言之，全看你实不实。因为这样，所以江陵对于当时那班讲学家"离是非，绝取舍"，超然独处于各派纠纷之外，而冥心孤往，直寻本真。他说：

窃谓学欲信心冥解。若但从人歌哭，直释氏所谓阅尽他宝，终非己分耳。（《启聂司马双江》）

不穀生平于学未有闻，惟是信心任真，求本元一念，则诚自信而不疑者。（《答藩伯周友山讲学》）

明朝心学　291

> 吾生平学在师心，不蕲人知。不但一时之毁誉不关于虑；即万世之是非，亦所弗计也。(《答湖广巡按朱谨吾辞建亭》)

这些话正得着王学的真精神。章太炎谓王学的长处在"内断疑悔，外绝牵制"。王龙谿至于说不怕"恶名埋没一世"。这种断然自信敢作敢为的精神，江陵真发挥尽致了。原来江陵当十三岁时，即受知于顾东桥，东桥乃曾与阳明论学者也。及在翰林院，正是徐存斋欧阳南野聂双江程松溪会讲灵济宫，王学声势最盛的时候，当然和这班讲学家往来的机会很多，而深受其影响。虽然后来江陵很反对那班讲学家，但所反对者是他们的"虚谈"，而他自己的精神命脉实际上仍是从王学中孕育出来的。说到这里，一定有人怀疑，江陵既然崇尚实用，走的是法家路数，怎么还会和王学拉在一起？王学不是最玄虚的一种学术么？关于这一层，我们应该知道，王学虽然有它极玄虚的地方，却也有它极实用地方。要说玄虚，它可以直入佛老；要说实用，它又可以直入申韩。只要看一看本书前三章，你就知道王学中自含有一种实用主义的成分。王学是经世的，是主张"亲民"之外无所谓"明明德"的，是不拘故常而随机应变的。不过后来左派诸子既"承领本体太易"，而流于猖狂；右派诸子又转回李延平一路，而不免于枯寂。倒是江陵出来，有左派之阔达而凝其神，有右派之坚实而宏其用；既见"头脑"，更窥"实际"；亲体默证，把王学切实受用一番。他自称为"实好学"，我是绝对相信的，并且我确乎相信他能使王学得到新生命，能把王学中最粹美的精神发扬光大起来。

古学复兴的曙光

　　晚明是一个心宗盛行的时代。无论王学或禅学，都是直指本心，以不读书著名。然而实际上不是那么简单，每一个时代的思想界，甚至每一派思想内部，常都是五光十色，错综变化的。在不读书的环境中，也潜藏着读书的种子；在师心蔑古的空气中，却透露着古学复兴的曙光。世人但知清代古学昌明是明儒空腹高心的反动，而不知晚明学者已经为清人做了些思想准备工作，而向新时代逐步推移了。

　　试看上章所述云栖、紫柏、憨山、藕益诸大禅师，都是读书很多，主张博学广览。他们的禅教一致论，精神上直和后来顾亭林"经学即理学"之说相接近，虽然他们是讲佛家方面，而亭林是讲儒家方面的。特别是紫柏刻了一部《大藏经》，而藕益遍读全藏，著出一部在目录学上极有价值的《阅藏知津》。这种崇尚宏博，读书空气的提高，不分明是古学复兴的征象吗？当然，这种征象表现在各方面，并不限于佛家。

　　晚明时代以读书稽古著称的，有胡应麟、焦竑、陈第、方以智等，稍前则有杨慎、陈耀文，而王世贞亦颇有根柢。这些人除陈、方二氏外，虽都不免于"阅见杂博"，但对于古学复兴运动都是很有关系的。大概杨、陈、王、胡，投间抵隙，相引而起，为一组；焦、陈同时而相交游，在某点上，亦可并论：方氏最后，亦最特出，卓尔不群。我们且从这几家的学风上对当时古学运动作一鸟瞰罢。

杨升庵慎生当正嘉年间，最号博洽。所著《丹铅录》《谭苑醍醐》等数十种，虽疏舛伪妄在所不免，然读书博古，崇尚考据之风实从此启。其《古音丛目》《古音猎要》《古音略例》《转注古音略》等，虽不如陈第之精粹，然引据繁富，实为后来研究古音者所取材。其言有曰：

> 夫从乳出酪，从酪出酥，从生酥出熟酥，从熟酥出醍醐，犹之精义以入神，非一蹴之力也。学道其可以忘言乎？语理其可以遗物乎？故儒之学有博有约，佛之教有顿有渐。故曰："多闻则守之以约，多见则守之以卓。寡闻则无约也，寡见则无卓也。"佛之说曰："必有实际而后有真空。实则扰长河为酥酪，空则纳须弥于芥子。"以吾道而瓦合外道一也，以外道而印证吾道一也。(《谭苑醍醐序》)

他这个博约论极精切有力，实提倡一种新学风，一种新治学方法。他断然主张多闻多见，尚博尚实，和当时心学家所走路数显然不同。他又说：

> 葛稚川云："余抄撮众书，撮其精要。用功少而所收多，思不烦而所见博……"王融云："余少好抄书，老而弥笃。虽遇见瞥观，皆即疏记。后重览省，欢情益深。习与性成，不觉笔倦。"（据胡应麟考证此语出王筠而非王融）慎执鞭古昔，颇合轨葛、王。自束发以来，手所抄集，帙成逾百，卷计越千……(《丹铅别录序》)

抄书是考证的一种基本功夫。既要言必有征，就不能不博览，不能不抄书。所以后来顾亭林乃至有"著书不如抄书"之说。升庵此论足见其学风之所趋向。当时升庵的影响很大。如陈耀文，对他不服气，因特著《正杨》一书以还击他。王世贞意见又不同，对于两家各有指摘。胡应麟的《丹铅新录》《艺林学山》，也是专为订正杨著而作。朱国桢《涌幢小品·正杨》谓：

> 有《丹铅录》诸书，便有《正杨》，又有《正正杨》。古人、古事、古字，此书如彼，彼书如此，散见杂出，各不相同。见其一不见其二，哄然纠驳，不免为前人暗笑。（卷十八）

周亮工《因树屋书影》亦谓：

> 《丹铅》诸录出，而陈晦伯《正杨》继之，胡元瑞《笔丛》又继之。当时如周方叔、谢在杭、毕湖目诸君子集中，与用修为难者不止一人。然其中虽极辨难，有究是一义者，亦有互相发明者。予已汇为一书，颜曰《翼杨》。……

不管《正杨》也罢，《翼杨》也罢，总而言之，以升庵为中心，在当时学术界激起很大波动，这是极明显的。升庵和许多其他开风气的人物一样，虽不免谬误百出，遭后人攻击；然而他提出许多过去学者所没有注意到的问题，在许多方面为后来考证家开其先路，要追溯晚明古学复兴运动的由来，总是不能不从他讲起的。

陈耀文，字晦伯，确山人，比升庵稍晚出，而博洽略可相当。所著《经籍稽疑》《天中记》等数十百卷，虽驳杂不纯，而见闻终富，直到后来毛西河、姚际恒还时时称引他。其《正杨》之作，叫嚣詆诽，未免太甚。但由陈杨异同这一场公案，使许多治考证的人增加兴趣不少，对于当时古学运动不能不说是一种有力的刺激。

明朝心学　295

王弇州世贞，为一代文坛主盟，其《四部稿》数百卷，风靡一世，初时誉满天下，后亦毁满天下。平心而论，其秦汉伪体，固不足为训；而博综典籍，谙习掌故，终不同于空疏者流，对当时古学运动也不能说没有一点功绩。

胡元瑞应麟，为万历间学者，本来也是弇州派下人物，而特以考据见长。所著书籍亦数十百卷，征引典籍，极为宏富。《四库提要》论其《少室山房笔丛》云：

> 盖捃摭既博，又复不自检点，牴牾横生，势固有所不免。然明自万历以后，心学横流，儒风大坏，不复以稽古为事。应麟独研索旧文，参校疑义，以成是编，虽利钝互陈，而可资考证者亦不少。朱彝尊称其不失读书种子，诚公论也。杨慎、陈耀文、焦竑诸家之后，录此一书，犹所谓差强人意者矣。（卷一百二十三）

观此可知胡氏在晚明古学界的地位。他对于升庵著述很下过一番功夫，其《笔丛》中《丹铅新录》及《艺林学山》两部分，对于杨、陈二氏说多所折衷。他说：

> 杨子用修拮据坟典，摘抉隐微，白首丹铅，厥功伟矣。令所撰诸书，盛行海内。大而穹宇，细入肖翘，耳目八埏，靡不该综。即惠施、黄缭之辩，未足侈也。然而世之学士，咸有异同。若以得失瑕瑜，仅足相补。何以故哉？余尝窃窥杨子之癖，大概有二：一曰命意太高；一曰持论太果。太高则迂怪之情合，故有于前人之说，浅也凿而深之，明也汩而晦之；太果则灭裂之衅开，故有于前人之说，疑也骤而信之，是也骤而非之。至剽掇陈言，盾矛故帙，世人率以訾杨子，则又非也。杨子蚤岁戍滇，军携载籍，绌诸腹笥，千虑而一，势则宜然。以余读杨子遗文，即前修往哲，只字中

竅，咸极表章，而屑屑是也。晦伯曰："杨子之言，间多芜翳，当由传录偶乏芘臣。"鄙人于杨子业，忻慕为执鞭。辄于占侳之暇，稍为是正。甕天蠡海，亡当大方。异日者，求忠臣于杨子之门，或为余屈其一指也夫。(《丹铅新录引》)

用修生平纂述，亡虑数十百种，《丹铅》诸录其一耳。余少癖用修书，求之未尽获，已稍稍获，又病未能悉窥。其盛行于世，而人尤诵习，无若《艺林伐山》等十数篇，则不佞录《丹铅》外，以次卒业焉。其特见罔弗厌余衷，而微辞眇论，亦间有未易悬解者。因更掇拾异同，续为录，命之曰《艺林学山》。客规不佞：子之说则诚辩矣。独不闻之蒙庄之言乎？天地一指也，万物一马也。昔河东氏非《国语》，而《非非国语》传；成都氏反《离骚》，而《反反离骚》作。用修之言，世方社而稷之，而且哓哓焉数以辩哗其后。后起者籍焉，子其穷矣。夫丘陵学山而弗至于山，几子之谓也。余曰："唯！唯！窃闻之：孔鱼诘墨，司马疑孟，方之削荀，晦伯正杨，古今共然，亡取苟合。不佞于用修，尽心焉耳矣。千虑而得，间有异同，即就正大方，方兹籍乎，而奚容目睫谇也。夫用修之可，柳下也；不佞之不可，鄹鲁人也。师鲁人以师柳下，世或以不佞善学用修，用修无亦遹然听哉？(《艺林学山》引)

他以升庵的忠臣自命，其绳愆纠谬，乃正所以善学升庵。他对于升庵实深向慕，而大受其影响，尽管多有异同，而实在是一条路上的人。他的《四部正讹》，颇为现今做辨伪工作者所表彰，亦为《笔丛》中的一部分。

焦弱候竑，亦出万历年间，师耿天台而友李卓吾，本是个王学左派的人物。然而他特以博洽著称。所著《国史经籍志》虽不算好书，但对于目录学这一道总算已能注意。其《笔乘》所论，虽多援儒入释，大张狂禅之焰，但精采处亦不少。最可注意的如《古诗无叶音》

卷三中一条：

诗有古韵今韵，古韵久不传，学者于《毛诗》《离骚》皆以今韵读之，其有不合，则强为之音，曰："此叶也。"予意不然。如"驺虞"，一"虞"也，既音"牙"而叶"葭"与"豝"，又音五红反，而叶"蓬"与"豵"；"好仇"，一"仇"也，既音"求"而叶"鸠"与"洲"，又音渠之反而叶"逑"。如此则"东"亦可音"西"，"南"亦可音"北"，"上"亦可音"下"，"前"亦可音"后"，凡字皆无正呼，凡诗皆无正字矣。岂理也哉？如"下"，今在祃押，而古皆作"虎"音：《击鼓》云"于林之下"，上韵为"爰居爰处"；《凯风》云"在浚之下"，下韵为"母氏劳苦"；《大雅·绵》"至于岐下"，上韵为"率西水浒"之类也。"服"，今在屋押，而古皆作"迫"音。《关雎》云"寤寐思服"，下韵"辗转反侧"；《有狐》云"之子无服"，上韵为"在彼淇侧"；《骚经》"非时俗之所服"，下韵为"依彭咸之遗则"；《大戴记》：孝昭冠词"始加昭明之元服"，下韵"崇积文武之宠德"之类也。"降"，今在绛押，而古皆作"攻"音：《草虫》云"我心则降"，下韵为"忧心忡忡"；《骚经》"惟庚寅吾以降"，上韵为"朕皇考曰伯庸"之类也。"泽"，今在陌押，而古皆作"铎"音：《无衣》云"与子同泽"，下韵为"与子偕作"；《郊特牲》"草木归其泽"，上韵为"水归其壑，昆虫无作"之类也。此等不可殚举。使非古韵而自以意叶之，则"下"何皆音"虎"，"服"何皆音"迫"，"降"何皆音"攻"，"泽"何皆音"铎"，而无一字作他音者耶？《离骚》、汉、魏去诗人不远，故其用韵皆同。世儒徒以耳目所不逮，而穿凿附会，良可叹矣。予儿朗生五岁，时方诵《国风》，问曰：然则"驺虞""好仇"当作何音？余曰："葭"与"豝"为一韵，"蓬"与"豵"为一韵，"吁嗟严驺虞"一句自为余音，不必叶也。如"麟之趾","趾"与"子"为韵;"麟之定","定"与"姓"为韵。"吁嗟麟兮"一句亦不必叶也。《殷其霤》《黍离》《北门》,章末语不入韵,皆此例也。《兔罝》,"仇"与"逵"同韵,盖"逵"古一音"求"。王粲《从军诗》:"鸡鸣达四境,黍稷盈原畴。馆宅充廛里,士女满庄馗。""馗"即"逵",九交之道也。不知"逵"亦音"求",而改"仇"为渠之反以叶之,迁就之曲说也。

此段讲古音,明确条畅,竟然大类顾亭林《答李子德书》。后来讲古音的多溯及陈第,而不及焦氏此文。实则江慎修已明言:"古无叶音之说,始于焦竑,而陈氏阐明之。"陈兰甫对焦氏此文亦特别加以表彰。陈第自己在其《毛诗古音考》的跋文上也说:

往年读焦太史《笔乘》曰:"古诗无叶音。"此前人未道语也。知言哉!岁在辛丑,尝为考证,尚未脱稿,即有建州温陵之游。留滞三年,徒置旧箧中。甲寅春,来金陵,稿未携也。秋末,造访太史,谈及古音,欣然相契。假以诸韵书故本所忆记,复加编辑。太史又为补其未备,正其音切。于是书成可缮写。爰以公诸同好,此道久湮,知之者寡。即吴才老、杨用修,博采精稽,犹未取断言非叶也。太史与愚乃笃于自信,真千载一遇矣。使见者以为是也,古音自此而明;谓未尽也,触类引伸,必自是始。如谓非也,则以待后世子云而已。

观此可知"古诗无叶音"之说,确为焦氏创见,即陈氏所著亦未尝不与之有关也。

陈第字季立,连江人。治音韵特精。其《毛诗古音考》《屈宋古音义》,为后来言古音者所祖述。《四库提要》在"毛诗古音考"条下论之云:

> 言古韵者自吴棫，然《韵补》一书，庞杂割裂，谬种流传，古韵乃以益乱。国朝顾炎武作《诗本音》，江永作《古韵标准》，以经证经，始廓清妄论。而开除先路，则此书实为首功。大旨以为古人之音，原与今异。凡今所称叶韵，皆即古人之本音，非随意改读，辗转牵就。如母必读米，马必读姥，京必读疆，福必读逼之类。历考诸篇，悉截然不紊。又《左》《国》《易·象》《离骚》《楚辞》、秦碑、汉赋，以至上古歌谣、箴铭、颂赞，往往多与诗合，可以互证。于是排比经文，参以群籍，定为本证、旁证二条。本证者，诗自相证，以探古音之源；旁证者，他经所载，以及秦汉以下去风雅未远者，以竟古音之委。钩稽参验，本末秩然，其用力可谓笃至。虽其中如素音为苏之类，不知古无四声，不必又分平仄；家又音歌，华又音和之类，不知为汉魏以下之转韵，不可以通《三百篇》，皆为未密。然所列四百四十四字，言必有征，典必探本，视他家执今韵部分妄以通转古音者，相去盖万万矣。初，第作此书，自焦竑以外，无人能通其说。故刊版旋佚。此本及《屈宋古音义》，皆建宁徐时作购得旧刻，复为刊传。虽卷帙无多，然欲求古韵之津梁，舍是无由也。（卷四十二）

他完全用比较归纳、以经证经的方法，精密纯粹，调理秩然，在明人著述中可谓特出。这不仅为治古音者辟出一条康庄大道，并且在一般治学方法上，其影响也是极大的。他没有杨慎、焦竑那样博洽，却也不像他们那样驳杂。他和清代朴学家更接近一步了。

方以智字密之，桐城人，为明末海内所称四公子之一。清兵南下后，曾从永历帝于梧州。后见事无可为，乃弃官为僧。"无可""药地""浮山愚者""极丸老人"，皆其出家后之称号。与王船山时有往还，船山诗文中极称道之。所著《通雅》五十二卷，皆考证名物象数训诂音声，极为精博，迥出明代一般考据家之上。《四库提要》论之曰：

> 明之中叶，以博洽著者称杨慎，而陈耀文起而与争。然慎好伪说以售欺，耀文好蔓引以求胜。次则焦竑，亦喜考证，而习与李贽游，动辄牵缀佛书，伤于芜杂。惟以智崛起崇祯中，考据精核，迥出其上。风气既开，国朝顾炎武、阎若璩、朱彝尊等沿波而起，始一扫悬揣之空谈。虽其中千虑一失或所不免，而穷源溯委，词必有征，在明代考证家中，可谓卓然独立矣。（卷一百十九）

明代考证著述受清人如此推重者实不多见。由此可知其书之价值。方氏治学方法最可注意。他说：

> 考究之门虽卑，然非比性命可自悟，常理可守经而已。必博学积久，得征乃决。（《通雅·凡例》）

他已经把"考究之门"认成一种专门学问，和那性命之学相对立。他深知这门学问的性质，不能凭自悟，不能凭墨守，而必须广搜博采，日积月累，经过极繁难的历程，把一切论断都建立在确凿的证据上，即所谓"博学积久，得征乃决"，这已经是把握住考证家治学方法的精髓了。他自述其治学的经过道：

> 吾与方伎游，即欲通其艺也；观物，欲知其名也。物理无可疑者吾疑之，而必欲探求其故也。以至于颓墙败壁之上，有一字焉吾未之经见，则必详其音义，考其原本，既悉矣，而后释然于吾心。（《通雅》钱澄之序述方氏语）

看他这种到处考索、细大不捐的艰苦功夫，和顾亭林简直没有二样。他还有《物理小识》一书，原附《通雅》，后别行，乃是由他儿

明朝心学　301

子中通等编成的。其内容大致虽亦从张华《博物志》、赞宁《物类相感志》诸书而衍之，但彼只言克制生化之性，而此则推阐其所以然；虽所录不免冗杂，未必一一尽确，所论亦不免时有附会，但能有意识的提出一种"质测"方法来，已经可算是卓绝千古。王船山称他道：

> 密翁与其公子为质测之学，诚学思兼致之实功。盖格物者，即物以穷理，惟质测为得之。若邵康节、蔡西山则立一理以穷物，非格物也。(《搔首问》)

"质测"即实验，语见《物理小识》。船山指出他和邵、蔡等的区别，非常重要。因为这就是科学所以别于过去一切象数、占验、博物、志异诸书之一基本要点也。这时候西学已经输入了，方氏深受其影响。他用"质测"的方法，根据确凿可靠的事实，敢信古，也敢信今。他说：

> 古今以智相积而我生其后，考古所以决今，然不可泥古也。古人有让后人者，韦编杀青，何如雕板；龟山在今，亦能长律；河源详于阔阔，江源详于缅志；南极下之星，唐时海中占之，至泰西人，始合为图，补开辟所未有。(《通雅》卷首)

他认定，人类知识越积越多，后来居上，今人所知尽多为古人所未及知者。许多明明白白的事实放在面前，断不容我们强闭眼睛，曲从古人。他毫不犹豫的称泰西天文学"补开辟所未有"，可见他当时对于西学是何等的崇拜。他更注重方言辨护俗字，主张讲拼音文字，处处表现出他的历史眼光，表现出他尊重时代的精神。这些地方已经超越了一般古学家，即清代大师能达到这种程度的也不多。我们读方氏书，真觉得元气淋漓，处处透露出新时代的曙光。

大概明朝中叶以后，学者渐渐厌弃娴熟的宋人格套，争出手眼，自标新异。于是乎一方面表现为心学运动，另一方面表现为古学运动。心学与古学看似相反，但其打破当时传统格套，如陆象山所谓"扫俗学之凡陋"，其精神则一。王阳明已经要讲古本《大学》了，王学左派的焦弱侯竟以古学著名了。自杨慎以下那班古学家，并不像乾嘉诸老那样朴实头下功夫，而都是才气纵横，带些浪漫色彩的。他们都是大刀阔斧，而不是细针密线。他们虽不免于驳杂，但古学复兴的机运毕竟由此打开了。

最后我们还应当一述的，就是当时藏书风气的盛兴。如范氏天一阁、钮氏世学楼、祁氏澹生堂、黄氏千顷斋、钱氏绛云楼、郑氏丛桂堂，都是著名藏书的地方。其余若上文所述焦竑、陈第、胡应麟等都是藏书极富。特别是毛子晋，专门以藏书刻书传名后世。他前后积书八万四千册，构汲古阁、目耕楼以保藏之。一时书舶云集于门，邑中为之谚曰："三百六十行生意，不如鬻书于毛氏。"他并且刻了许多古书，流布遍天下。直到现在，稍读古书的几乎无不知有汲古阁，可想见其影响之大。假使没有这样丰富的藏书，那班古学家将无所凭借以用其力。我们讲古学运动，对于这些私人图书馆是不应遗忘的。

西学输入的新潮

在晚明思想解放的潮流中,除古学复兴外,还另有一个新路向,那就是西学的输入。原来自万历以后,西洋耶稣会教士利玛窦、庞迪我、熊三拔、龙华民、艾儒略、金尼阁、阳玛诺、汤若望等相继来华。他们学识品格本来很好,而又能迎合中国风习,所以逐渐在士大夫间活动起来,取得许多名流的信仰。这些教士中,声名最大的当然推利玛窦。如李卓吾、袁中郎、谭元春、叶向高、李日华、汪廷讷等都很恭维他,更不要说当时天主教三大柱石徐光启、李之藻、杨廷筠了。他们本为传道而来,但其结果却为中国散布许多科学的种子。我们且先把当时学术各部门中所受他们的影响,作一概略的叙述,然后把最重要的徐光启特别提出来讲一讲。

首先自然要说到天算。那时候所行的"大统历",循元朝郭守敬"授时历"之旧,错误很多。万历年间,朱载堉、邢云路先后上疏,请求厘正。恰当这时候,利玛窦等来到了。他们都长于天算,其推算之密,制作之巧,实中国前古所未有。于是由徐光启、李之藻等的推荐,得参与历法改革的大业。天启、崇祯两朝十几年间,很把这件事当一件大事办。经他们合译或分撰的书不下百余种，汇为《崇祯历书》《天学初函》。其中如利、徐合译的《几何原本》，几成为后来学算者必读之书。《四库提要》在"测量法义"条下言及此书道：

> 自是之后，凡学算者必先熟悉其书。如释某法之义，遇有与《几何原本》相同者，第注曰"见《几何原本》某卷某节"，不复更举其言，惟《几何原本》所不能及者，始解之。

由这几句话可知此书影响之大。此外若《测量法义》《测量异同》《勾股义》《浑盖通宪图说》《圆容较义》《同文算指》等，其著者或徐或李，而实皆利氏所译授。《明史·天文志》论其事道：

> 明万历间，西洋人利玛窦等入中国，精于天文、历算之学，发微阐奥，运算制器，前此未尝有也。

清阮元《畴人传》卷四十四附录近世西洋人，首推利玛窦，以利氏东来为"西法入中国之始"，解释其新说颇详。其论赞云：

> 自利玛窦入中国，西人接踵而至。其于天学，皆有所得。采而用之，此礼失求野之义也。而徐光启至谓利氏为今日之羲和云。

风气既开，后来清代学者继续发展。其影响所及，不仅出了几位专门天算学家，并且许多经学家都兼长天算，这是明末西学输入最明显的结果。不过当时所输入的天文学，还是欧洲的旧天文学，也就是托来梅（Ptolemy，今译作托勒密，古罗马时代的科学巨匠）以来的天文学，而不是歌白尼（Copernicus，今译作哥白尼，波兰天文学家）以后的新天文学。因为歌氏的书，虽已于1543年出版，但尚未大行。利玛窦等仍囿于当时天主教徒以地球为宇宙中心的成见，而不信歌氏

明朝心学　305

的太阳中心说。这也无足怪，因为歌白尼学说之被确认，尚待葛利略（Galileo，今译作伽利略，意大利天文学家）出来以后也。

其次是舆地。利玛窦等一班教士，远渡重洋，挟其广博的世界知识，使向来闭关自大的中国人士闻所未闻。异方殊俗，引起不少兴趣。如利氏的《万国舆图》、艾儒略的《职方外纪》……绘图立说，中国人之知有五洲万国自此始。在裴化行所著《天主教十六世纪在华传教志》中，描写利氏在肇庆府的情形，特别详述其地图之为人所注意时道：

> 在会所的客厅内，悬有一张西文的世界地图。凡来会所参观的人都宁神注视，并彼此相探问这是一张什么图。因为他们从来没有见过，并从来没想过，世界的缩影是这样的。各重要人员都愿意把这图译成中文，为能更明了图上所含的一切。……利玛窦为应付朋友的请求，即一面参考他的旅行日记及别的西洋书籍，一面借翻译官的帮助，编成一本注解地图的小册子，并在内插入天主教仪式及各地习俗的记录。……这种地图，虽然有很多缺陷，大家却视为稀世的奇品，不久便流传到全中国各省内。……当着他们见到世界全图，上面表现着一个极庞大的世界，中国是被移置在一个角落，并且看着很小，一般昏愚的人们，有开始嘲笑司铎们的，但是比较明智的人，注意到地图构造是这般精密，上面有经度及纬度，有赤道线，有回归线……因此他们便不自禁地相信图上的一切都是与实际相合的。利玛窦为减除中国朋友对于新式地图的嫉视心，便很小心地把大家对于地图的观点转移。因为中国学者不能忍受他们国家被西洋绘图家抛在世界东部的一个角落上，但是他们又不能立刻懂清数学上的证明；于是利玛窦不得已把地图上的第一条子午线（经过加拿利群岛的子午线）的投影的位置转移，把中国放在正中。这正是一种适合于参观者脾味的地图。众司铎相信，以后演

讲时一定有许多便利。来宾见西洋各国与中国的距离几乎远得无法测量，又有重洋相隔，便不再惧能有外力来侵略。

从这段描写可知当时中国学者地理知识的幼稚，及利氏对于他们的新刺激。利氏地图及其所附说明，从现在看来，自然也还觉得幼稚，但在中国地理学的发展史上，他毕竟划出一个新时代。后来清朝康熙年间，测绘《皇舆全览》图，还全赖一般教士们的力量，清儒对于舆地上的兴趣，也未尝不与此有关（《禹贡》第五卷第三、四合刊是讲利玛窦地图的一个专号可参考）。

其次是音韵。中国音韵学自与印度交通而进一步，自与西洋交通而又进一步。那班耶稣会教士读中国书，多用罗马字注音。如现仍保存北京图书馆中殷铎泽用拉丁文翻译的《中庸》等书，即其实例。金尼阁更著《西儒耳目资》一书，以西洋之音，通中国之音，为当时音韵学界别辟新路径，后来方以智著《通雅》、刘继庄著《新韵谱》，都明白承认受西人的影响。清代音韵学之盛，不能说和西学输入没有一点关系。（陈援庵先生著《明季之欧化美术及罗马字注音》一书论此甚详可以参考。）

其次一切名物度数、利用厚生之学。明末西学输入的结果，不仅发展了天算、舆地、音韵等几种专门学问，实在说，当时整个思想变动亦未尝不受其影响。中国学者向来所常讲的是道德伦纪，而对于一切名物度数利用厚生之事则不甚留意。利玛窦曾言：

> 薄游数千百国，所见中土土地人民，声名礼乐，实海内冠冕。而其民顾多贫乏，一遇水旱，则有道殣，国计亦绌焉者，何也？（徐光启《泰西水法》序中所引）

这段话实在能指出中国的弱点。地大物博，而常患贫，这种奇怪现象，至今犹然。利氏因讲言水法，以为富国足民之计。后来熊三拔著《泰西水法》，邓玉函著《远西奇器图说》，种种实用的学问技艺逐

明朝心学　307

渐输入。徐光启既受其影响而著卓绝千古的《农政全书》，而清初诸儒经世致用的思想亦启发于此了。当时西学有广泛的输入，其治学方法亦影响到各方面。如艾儒略所著《西学凡》，讲西洋建学育才之法，把当时欧洲教育制度、学问门类已介绍其大概。李之藻译《名理探》，把西洋论理学也介绍过来了。总而言之，一切名物度数利用厚生之学，因受西学影响而都渐渐为人所注意了。说到这里，我又想起方以智。不仅他自己著《物理小识》，并且他的祖父野同公、他的父亲潜夫公、他的外祖父吴观我，都是喜欢研究物理的。他的曾祖明善公的门生王虚舟，且著《物理辨》。《物理小识》就是缘此而作的。他的儿子中德、中通、中履是《物理小识》的编纂者，书中多附录其说。中通更与揭宣往复讨论，录为《揭方问答》一书。这不仅可见方氏的家学渊源，而一时研究物理的风气亦可见。这种风气深受西学影响，是他们书中明白表示出来的，然而当时与西学关系最深的，究竟还要推徐光启。我们现再以徐氏为中心，作一较详的论述。

徐光启，字子先，号玄扈，谥文定，上海人。生于嘉靖四十一年（1562），卒于崇祯六年（1633），寿七十二岁，官至太子太保，文渊阁大学士，兼礼部尚书。他初遇西教士郭仰凤于韶州，谈道颇洽。后在南京，复遇利玛窦，既而从罗如望受洗。及官翰林，适利氏早在北京，自此过从日密，西洋历法、炮术、农田水利及其一切名物象数之学遂借以传入。他对于西学有广泛而深刻的认识，并不限于几种专门学艺。就如他说：

> 《几何原本》者，度数之宗，所以穷方圆平直之情，尽规矩准绳之用也。……盖不用为用，众用所基，真可谓万象之形囿，百家之学海。（利）先生曰："是书也，以当百家之用，庶几有羲、和、般、墨其人乎？犹其小者。有大用于此，将以习人之灵才，令细而确也。"余以为小用大用，实在其人。如邓林伐材，栋梁榱桷，恣所取之耳。（刻《几何原本》序）

更有一种格物穷理之学，凡世间世外、万事万物之理，叩之无不河悬响答，丝分理解。退而思之，穷年累月，愈见其说之必然而不可易也。格物穷理之中，又复旁出一种象数之学，大者为历法，为律吕。至其他有形有质之物，有度有数之事，无不赖以为用，用之无不尽巧极妙者。(《泰西水法》序)

这说明了科学的普遍性、必然性和精确性。他以"不用为用"的数理为基础，到处发挥其"细而确"的科学精神，一扫向来中国学者论事说理模糊影响之病。他时常用数字统计，如云：

月食诸史不载，所载日食：自汉至清凡二百九十三，而食于晦日者七十七，晦前一日者三，初二者三，其疏如此。唐至五代凡一百一十，而食于晦者一，初二者一，初三者一，稍密矣。宋凡一百四十八，则无晦食，更密矣，犹有推食而不食者十三。元凡四十五，亦无晦食，更密矣，犹有推食而不食者一，食而失推者一。至加时先后至四五刻者，当其时已然。……岂惟诸臣，即臣等新法遂成，似可悉无前代之误，乃食限或差半分上下，加时或差半刻上下，虑所不免。(《月食先后各法不同缘由及测验二法疏》)

这是说台官预告日食，自汉迄明，精密程度，代有进展。宋元以前，常可差至一日；自元迄明，尚可差至三四刻；徐氏采用西洋新法，始减至半刻上下。这一段中国历算演进史，他历历用数字统计指示出来。又如他说：

洪武中亲郡王以下男女五十八位耳，至永乐而为位者百二十七，是三十年余一倍矣。隆庆初丽属籍者四万五千，而见存者二万八千；万历甲午丽属籍者十万三千，而见

明朝心学　309

存者六万二千,即又三十年余一倍也。顷岁甲辰丽属籍者十三万,而见存在不下八万,是十年而增三分之一,即又三十年余一倍也。夫三十年为一世,一世之中,人各有两男子,此生人之大率也。则自今以后百余年,而食禄者百万人,此亦自然之势,必不可减之数也,而国计民力足供乎?(《处置宗禄查核边饷议》)

明初创置宗禄,王禄万石,八降为奉国中尉,犹二百石。到万历年间,连年灾荒,边饷无着,宗禄实难维持了。徐氏从过去推未来,指出其必不可免的趋势。他居然能用数字统计,得出三十年增加一倍的"生人之大率",这简直是马尔萨斯的人口论,而他却还早出世二百年。他最致力于农田水利,在他的《农政全书》中有许多极精神的话。如云:

尝考宋绍兴中松郡税粮十八万石耳,今年米九十七万石,会计加编征收耗剩,起解铺垫诸色役费,当复称是,是十倍宋也。……三百年而尚存视息者,全赖此一机一杼而已。非独松也,苏、杭、常、镇之帛枲,嘉湖之丝纩,皆恃此女红末业,以上供赋税,下给俯仰。若求诸田亩之收,则必不可办。今北土之吉贝贱而布贵,南方反是,吉贝则泛舟而鬻诸南,布则泛舟而鬻诸北,此皆事之不可解者,若以北之棉,学南之植,岂不反贱为贵,反贵为贱?余居恒谓北方之人必有从事者。若云彼土风高不能抽引,此语诚然,顾岂无善巧之法?而总料其不然,亦未免为悠悠之论。故常揣度后此数十年,松之布当无所泄,无所泄即无以上供赋税,下给俯仰。(《全书》卷三十五)

他深切认识棉丝等纺织工艺在农村经济中的重要性,并能预见其危机,试把近百年来中国农村所受国际经济侵略的情形和这一段话作一对照，当更觉其深识远见真不可及。他随处留心，把各地农业情形、各种农业方式，灿然罗列心目间；所以每发一论，总是真切透到，能抓住要害，绝不像旁人专说些空泛笼统不着痛痒的话。区区蝗虫问题，一到他手里，便俨然构成一套科学理论。在《屯田疏稿》中"除蝗"条下，他征引历史事实，应用数字统计，把蝗生之时、蝗生之地、治蝗之法，都原原本本，有凭有据的讲出来。他讲水利更津津有味。在同疏"用水"条下云：

> 能用水，不独救旱，亦可弭旱。灌溉有法、滋润无方，此救旱也。均水田间，水土相得，兴云起雾，致雨甚易，此弭旱也。能用水不独救潦，亦可弭潦。疏理节宣，可蓄可泄，此救潦也。地气发越，不至郁积，既有时雨，必有时旸，此弭潦也。不独此也，三夏之月，大雨时行，正农田用水之候，若遍地耕垦，沟洫纵横，播水于中，资其灌溉，必减大川之水。先臣周用曰："使天下人人治田，则人人治河也，是可损决溢之患也。"故用水一利，能违数害，燮阴阳，此其大者。不然，神禹之功，仅"抑洪水"而已，抑洪水之事，则"决九川距海，浚畎浍距川"而已；何以遽曰："水火木金土谷惟修，正德利用厚生惟和。"一举而万事毕乎？是故水能为利，亦能为害，不善用之则为害，善用之则为利。欲违害而就利，寻求体势，不越五法。尽此五法，加以智者神而明之，变而通之，地之不得水者寡矣，水之不为田用者亦寡矣。……用水之源……用水之流……用水之潴……用水之委……作源作潴以用水……

看他讲得面面俱到，真把水利科学化了。他认"西北治河，东南治水利"为救时之计，而将"水学"基础置于"勾股测量"之上。此义见于他的《勾股义序》。他在《漕河议》中更说：

明朝心学　311

> 今诚得守敬其人，令博求巧工算史，为之佐史，西自孟门，东尽云梯，南历长淮，北逾会通，无分水陆，在在测验。近用准平，远立重表……务令东西南北，地形水势，尽识其纡直倨勾，又尽识其广狭浅深，高下夷险，灿然井然，而后仿裴氏之遗规，终若思之绪业，绘图立论，勒成一书。

他治河不是孟浪从事的，而先要把中原地形大规模的测量一番，制出详确可靠的地形图，以作依据，这真是科学家的作风。这种伟大的工作计划，直到现在还需要我们去努力实现。他还有个伟大计划，就是要建立一个分工合作把许多科学集中起来的研究机关。他知道科学是不能单传秘授，而需要很多人公开研究的。他引利玛窦的话道：

> 先生尝为余言：西士之精于历，无他谬巧也，千百为辈，传习讲求者三千年，其青于蓝而寒于水者时时有之，以故言理弥微亦弥著，立法弥详亦弥简。(《简平仪说序》)

这是科学家不同于术士的地方。徐氏集合西士，创立历局，实即根据此意。当时局中所译西书，兼及各科，本不限于天算。但按着徐氏理想计划，还更要"旁通众务"，大规模的干一番。他在《条议历法修正岁差疏》中有云：

> 且度数既明，又可旁通众务，济时适用，此则臣之所志，而非臣之所能，故不无望于众思群力之助也。

于是乎他提出急要事宜四款。其第四款"度数旁通十事"就涉及：(1)气象学，(2)水利工程，(3)音乐，(4)军事学，(5)统计学，(6)营造学，(7)物理学与机械工程，(8)地理学与制图学，(9)医学，(10)钟表学。最后他总括说道：

> 臣闻之《周髀算经》云："禹之所以治天下者，勾股之所由生也。"盖凡物有形有质，莫不资于度数故耳。此须接续讲求。若得同事多人，亦可分曹速就。

这个计划如果实现，简直就是一个大规模的科学研究院。徐氏与欧洲近代科学始祖培根为同时人。培根曾著《新大西洋》（New Atlantis）一书，假想一学术研究机关，名梭罗门馆（Solomon House），馆中延聘三十六位科学家，其半数编辑古今经籍中的科学论说，其余十八人复分六组，试行各种实验，而审查其结果，最后目的乃在求万事万物之理而获得新发明。这个理想研究院和徐氏所拟"旁通众务"的计划，很有些相类。然而培根去世后，四十三年间，《新大西洋》风行一世，刊印了十版，英国皇家学会即依照其模型而成立于一六六〇年。后来这个学会中人才辈出，成为近代科学的大本营，溯其渊源，不能不说是受培根之赐。徐氏的计划，却只成立了那么个历局，翻译了那么些西书，虽然在中国学术史上亦留下深刻的痕迹，但其理想究竟没有圆满实现，继续发展，辟出一个科学的新天地。徐氏的伟大，在许多方面实超过培根，然而历史条件限制了他。这不是徐氏的不幸，而实在是中国的不幸啊！

关于晚明时代西学输入情形，各书论及者甚多，故本章只略述大概。至徐氏学术，本文所论多根据竺可桢先生《近代科学先驱徐光启》一文。该文见民国二十三年上海所出《徐文定公逝世三百年纪念文汇编》中，甚精彩，可参考也，最后我介绍一段趣话，即《袁小修日记》卷四所载：

> 看报，得西洋陪从利玛窦之讣。玛窦从本国航海来，凡四五年始至。初住闽，住吴越，渐通华言及文字。后入都，进自携天主像及自鸣钟于朝。朝廷馆榖之。盖彼国事天，不知佛，行十善，重交道，童真身甚多。玛窦善谈论，工著述。所入其薄，而常以金赠人，置居第僮仆甚都，人疑其有

明朝心学　313

丹方若王阳也。然窦实多秘术，惜未究。其言天体若鸡子，天为青，地为黄，四方上下皆有世界，如上界与下界人足正相邻，盖下界者如蝇虫倒行屋梁上也。语甚奇，正与《杂华经》所云"仰世界，俯世界，侧世界"语正合。窦与缙绅往来，中郎衙舍数见之。寿仅六十。闻其人童真身也。

当时学者初见西人，都用好奇的眼光，作极幼稚可笑的推想，其隔膜误解往往有更甚于此者（此类材料甚多，拟另撰《明清间学者对于西学的印象》一文以论述之）。由此益可见徐、李诸子真夐乎不可及了。

晚明思想余论

由以上数章所述，可以看出来晚明思想界有几个明显趋势：其一，从悟到修，这表现于东林各派的王学修正运动，以及云栖、憨山等尊重戒律，特唱净土；其二，从思到学，这表现于古学复兴，及西学的输入；其三，从体到用，这表现于张居正、徐光启等的事功思想，及左派诸人的大活动；其四，从理到气，这表现于刘蕺山等的反理气二元论。这几种趋势，矛盾冲突，参互错综，形成一个斑驳陆离的局面。然而进一层追求，观其会通，尚可以看出一个总趋势，即从超现实主义到现实主义是也。从悟到修，悟虚而修实，从思到学，思虚而学实，从体到用，体虚而用实，从理到气，理虚而气实。大体说来，在晚明思想界占中心地位的还是王学和禅学。最能代表现实主义潮流的事功派、西学派、古学派，这时候还只是刚刚抬头。然而在王学和禅学内部，也未尝没有现实主义的倾向。如来禅和祖师禅，东林派和狂禅派，右派王学和左派王学，各有其现实主义的一方面。这各种现实主义倾向渐渐汇合成一大潮流，于是乎清初诸大师出来，以经世致用实事求是相号召，截然划出一个思想史上的新时代。这一班大师都是明代遗民,他们的早年生活,还有些应该叙入晚明思想史以内的。

当明朝灭亡,清顺治帝初入中原的时候,孙夏峰已六十一岁,黄梨洲三十五岁,顾亭林三十二岁,王船山二十六岁,李二曲十八岁,颜习斋十岁,还有陆桴亭、张杨园、王寅旭、张稷若、傅青主、魏叔子……都是他们一辈人。这班大师中,习斋这时候年还太小,无可表现;二曲正在孤寒中挣扎,亦还未见声光;船山稍露头角矣,而旋遭乱离;其早已活跃于明末思想界者,只有夏峰,其次则梨洲、亭林而已。

夏峰资格最老,梨洲《明儒学案》中已经有他的位置。他早和魏大中、周顺昌定交,以气节相期许。当魏忠贤毒焰正烈,魏、周与杨、左诸君子被难时,他挺身营救,义声震一时。他和鹿伯顺为共同讲学的挚友,都以陆王为宗。他们体认真切,不蹈王学末流猖狂之习。大体上说,他们实与东林派桴鼓相应,而为其羽翼。及伯顺殉流寇之难,北方学者只有夏峰岿然独存。国变后,他自河北移居河南,讲学于苏门山,直至九十二岁而终。他晚年学风稍变,和会朱陆,兼综汉唐,打破门户之见,而一以躬行实践、经世致用为归。当时大河南北之学者几乎尽出其门下,即颜李学派亦未尝不渊源于此,实清初北学一大宗也。这是后话,姑且不谈。

梨洲之父黄忠端公尊素,亦东林派要人,死于魏忠贤之难。崇祯帝即位,梨洲年十九,入京讼冤,椎击许显纯,为父报仇。归家后,折节为学,遍读江南各大家藏书。更从学刘蕺山,力摧陶石梁一派之异说。其后遭遇国变,从南明诸王屡起义兵。直至事无可为,乃返乡,重振蕺山讲席,更远绍永嘉、金华诸先正经制文献事功之遗绪,蔚成东南学者一大宗,而为清朝一代浙东学术之开山。如但就其国变以前的早年生活观察,其学业实尚在草创时代也。

亭林本亦江南大族,早年曾和归庄等征逐文坛,露头角于复社,一时有归奇顾怪之目。又与潘柽章、吴赤溟为友,二子皆长于文史之学,入清后以庄氏史案被杀者也。由此可知亭林早年亦明末声气中人。然而他此时已纂辑《肇域志》及《天下郡国利病书》。其《自序》云：

> 崇祯己卯，秋闱被摈，退而读书。感四国之多虞，耻经生之寡术，于是历览二十一史，以及天下郡县志书，一代名公文集，及章奏文册之类，有得即录，共成四十余帙，一为舆地之记，一为利病之书。(《天下郡国利病书序》)

> 此书是崇祯己卯起，先取《一统志》，后取各省府州县志，后取二十一史参互书之。凡阅志书一千余部，本行不尽则注之旁，旁又不尽，则别为一集，曰备录。(《肇域志序》)

观此可知当时亭林已留心当世之务，从事博览详考，后来朴实考订、经世致用之学风已发端于此了。

此外，船山早年曾受知于高汇旃，而与声气中人相往来。汇旃，忠宁公景逸之子也。桴亭、杨园，亦都曾侍从蕺山讲席，后来才各走自己的路。总而言之，自顾、高诸子倡道东林，风声所播，社事大兴。直至明亡以后，东南一带学术团体，如几社、狷社、读书社……不计其数，而以复社为尤著。上述诸大师多出身此等社团中，其敦节行，立名义，蒿目时艰，以澄清天下为志，固犹是东林之流风余韵也。及遭逢国变，创钜痛深之余，浮华尽划，益务本实，德慧术智经艰苦锻炼而更为精进。于是向之以才情意气倾一时者，且以实学实用卓然为一代大师。顾、黄诸子之学，虽皆大成于清初，要其在明朝末年所过之一段早年生活实自有其重要意义也。在前面除提及湛甘泉外，再没有讲到这一派。其实甘泉为白沙弟子，为阳明讲友，而且享寿又高，直到阳明死后好多年他还讲学，所以当时湛学之盛，几不下于王学。他以"随处体认天理"为宗，对于阳明多效诤议。他条列阳明格物之说有四不可：

> 自古圣贤之学，皆以天理为头脑，以知行为功夫。兄

明朝心学

之训格为正，训物为念头之发，则下文诚意之意即念头之发也，正心之正即格也，于文义不亦重复矣乎？其不可一也。又于上文知止能得为无承，于古本下节以修身说格致为无取，其不可二也。兄之格物训云正念头也，则念头之正否亦未可据。如释、老之虚无，则曰"应无所住而生其心"，"无诸相"，"无根尘"，亦自以为正矣。杨、墨之时，皆以为圣矣。岂自以为不正而安之？以其无学问之功，而不知所谓正者乃邪而不自知也。其所自谓圣，乃流于禽兽也。夷、惠、伊尹、孟子亦以为圣矣，而流于隘与不恭而异于孔子者，以其无讲学之功，无始终条理之实，无智巧之妙也。则吾兄之训，徒正念头，其不可三也。论学之最始者，则《说命》曰"学于古训乃有获"；《周书》则曰"学古入官"；舜命禹则曰"惟精惟一"；颜子述孔子之教则曰"博文约礼"；孔子告哀公则曰"学、问、思、辨、笃行"，其归于知行并进，同条共贯者也。若如兄之说，徒正念头，则孔子止曰"德之不修"可矣，而又曰"学之不讲"何耶？止曰"默而识之"可矣，而又曰"学而不厌"何耶？又曰"信而好古敏求"者何耶？子思止曰"尊德性"可矣，而又曰"道问学"者何耶？所讲所学所好，所求者，何耶？其不可者四也。（《答阳明王都宪论格物》）

甘泉自己对于格物怎样解释呢？他说：

仆之所以训格者，至其理也。至其理云者，体认天理也。体认天理云者，兼知行合内外言之也。（《答阳明王都宪论格物》）

格者，至也，即格于文祖有苗之格。物者，天理也，即言有物，舜明于庶物之物，即道也。格即造诣之义，格物者，即造道也。知行并进，学、问、思、辨、行皆所以造道也。故读书、亲师友、酬应、随时随处皆求体认天理而涵养之，无非造道之功。诚、正、修功夫皆于格物上用，家国天下皆即此扩充，无两段功夫。此即所谓止至善。尝谓止至善，则明德、亲民皆了者，此也。如此方可讲知至。孟子深造以道，即格物之谓也；自得之，即知至之谓也；居安资深逢源，即修、齐、治、平之谓也。(《答阳明》)

关于格物这个问题，实在太纠纷。自宋以后，几乎有一家宗旨，就有一家的格物说。甘泉解格物为"造道"，为"至其理"，而终归于"随处体认天理"，自成他的一家言。至于批评阳明四不可之说，前两条章句文义问题，本非阳明所重视。阳明大旨只是以格物为诚意的实功，把八条目一贯起来，不分作几段功夫，以符合于他的"致良知"。至于详细文义上，他实在还没有斟酌至当，有待于后来的补充修正。不过这和湛、王两家根本路线没大关系，尽可存而不论。重要的是甘泉所说三、四两项。其实这两项仍是一项，不过说阳明只有"尊德性"而没有"道问学"罢了。讲到这里，就牵涉着朱陆异同一大公案。向来分判朱陆的，总说是陆偏于"尊德性"，而朱偏于"道问学"。这种说法本出自朱子自己，而陆象山当时就加以反对道："既不知尊德性，焉有所谓道问学？"陆王派的特色，就在把"道问学"当作"尊德性"的功夫，不离行以言知，不离心以言理。换句话说，朱子把"道问学"与"尊德性"平列起来，是二元的；陆子把"道问学"统属于"尊德性"之下，是一元的。所谓朱偏于"道问学"，陆偏于"尊德性"这种说法，也只有在这一为平列、一为统属的意味上，是可以成立的。如真要在"行"外另讲个"知"，"心"外另讲个"理"，"尊德性"外另讲个"道问学"，那就已经成为朱子的同调了。甘泉所指阳明学说的毛病，正同于一班朱学家的观点。只要把阳明答罗整庵及顾东桥那两篇论学书看一看，自可了解阳明本旨并不是那样简单。最有趣的是：甘泉的老师陈白沙，本是明代学者从朱转陆的第一人，是阳明道学革新运动的先驱，现在甘泉却依凭师说，作为朱学事实上的支柱，而反抗进一步的革新潮流了。更妙的是：甘泉之学，一传而为何吉阳、唐一庵，再传而为许敬庵，三传而为刘蕺山，从调和湛、王，渐变而为王学修正派，以挽救王学末流之弊，而开辟思想史上另一个新局面，这样一来，湛学又成为王学的功臣了。历史上的事情，相反相成，迭起迭伏，往往如此。

最后想谈一谈晚明时代下层社会的思想运动。这个运动和王学有关，特别是和左派王学有关的。本来王学比朱学容易接近下层社会。焦理堂说：

> 紫阳之学，所以教天下之君子；阳明之学，所以教天下之小人。
>
> ……行其所当然，复穷其所以然，诵习乎经史之文，讲求乎性命之本，此惟一二读书之士能之，未可执颛愚顽梗者而强之也。良知者，良心之谓也。虽愚不肖不能读书之人，有以感发之，无不动者。（《雕菰集》卷八《良知论》）

这段话很有意味。王学本极活动，本是彻上彻下的。自童子至于圣人，自天子至于庶民，不管你什么程度，什么地方，什么职业，都可以随分用力。各人有各人的良知，就不妨各就力之所及自致其良知。既无须"半日读书，半日静坐"，也不必"即凡天下之物，莫不因其已知之理而益穷之，以求至乎其极"。当下具足，易知易能，阳明直然说：

> 与愚夫愚妇同的，是为同德，与愚夫愚妇异的，是为异端。（《传习录》下）

他正是以愚夫愚妇的良知良能为标准。他有一篇《谕泰和杨茂》，教一个聋子哑子致良知。看他那样指点人的方法，真是亲切简易，真是"夫妇之愚可以与知，可以能行焉"。阳明认定圣人之所以为圣人不在知识才能，而在其心之纯乎天理。他曾以精金喻圣人，以分量轻重喻才力大小；更说尧、舜如黄金万镒，文王、孔子九千镒，禹、汤、武王七八千镒，伯夷、伊尹四五千镒；分量不同，其为纯金则同；才力不同；其纯乎天理而为圣人则同。照这样讲，圣人不一定要黄金万镒，七八千镒亦可以，四五千镒亦可以。究极言之，做个半斤半两的圣人，也当然没什么不可以。这样一来，圣人的资格也就放宽，聋圣人、哑圣人、工圣人、农圣人，大大小小，形形色色的圣人，都该为阳明所容许。于是许多下层社会的分子，都有机会闯入圣人的门墙了。

首先跳出个王心斋，他以一个盐丁，居然成为王学大师，开出泰州一派。王学的风行一世，要算由于这个学派的鼓吹力量为最多。心斋的弟子王一庵说：

> 自古农工商贾，业虽不同，然人人皆可共学。孔门弟子三千，而身通六艺者才七十二，其余则皆无知鄙夫耳。至秦灭学，汉兴，惟记诵古人遗经者，起为经师，更相授受。于是指此学独为经生文士之业，而千古圣人与人人共明共成之学，遂泯没而不传矣。天生我师，崛起海滨，慨然独悟，直宗孔孟，直指人心。然后愚夫俗子不识一字之人，皆知自性、自灵、自完、自足，不假闻见，不烦口说，而二千年不传之消息，一朝复明矣。（《明儒学案》卷三十二《王一庵语录》）

这段话昌言农工商贾、愚夫俗子，不识一字之人都可与共学，并且也只有这样的学才是真正的圣学。不错，心斋就是出身下层社会的，由他所领导的泰州学派，更掺进许多下层社会分子。如樵夫朱恕、田夫夏廷美、陶匠韩乐吾等都是。后来李二曲著《观感录》，就是特别表章这班平民学者的。这里面最可注意的是韩乐吾。他于农隙聚徒讲学，农工商贾从之游者千余，可知其影响之大。《明儒学案》

明朝心学

记他：“一村既毕，又之一村，前歌后答，弦诵之声洋洋然也。”试想这是何等气象！李卓吾述罗近溪讲学的情形道：

> 至若牧童樵竖、钓老渔翁、市井少年、公门将健、行商坐贾、织妇耕夫、窃屦名儒、衣冠大盗，此但心至则受，不问所由也。况夫布衣韦带，水宿岩栖，白面书生，青衿子弟，黄冠白羽，缁衣大士，缙绅先生，象笏朱履者哉！是以车辙所至，奔走逢迎，先生抵掌其间，坐而谈笑。人望丰采，士乐简易，解带披襟，八风时至。（《焚书》卷三《罗近溪先生告文》）

这真所谓"夫子之门，何其杂也"。在这样复杂的群众间讲学，传统的士大夫气息自然要消除几分。并且这班左派分子都主张教学相长，主张"教不倦"即"学不厌"，主张"察迩言"，"取诸人以为善"。他们看那班牧竖樵夫都是共学的师友，都有可"察"，都有可"取"。这使他们的意识自然渐渐下层社会化了。晚明狂禅运动风靡一时，实在和这有很大的关系。这种下层社会的思想运动，一方面说是怪诞而驳杂的；另一方面说却是虎虎有生气的。晚明思想界，或多或少，或正或反，整个都受这种影响。从这里入手研究下去，我们对于当时思想上的种种表现，也许更能有会心罢。

第七章

清代思想

胡适

清代思想概论

一

我们试取清代初年的大师的著作——关于思想的著作顾炎武的《日知录》，黄宗羲的《明夷待访录》，王夫之的《俟解》《噩梦》。这些书便和前一辈的《榕坛问业》（黄道周）《证人社会语》（刘宗周）显然不同，好像属于两个不同的世界一般。原来在那几十年之间，时代已变换了，讨论的问题也不同了，思想的路径和结果也就不同了。

至于稍晚一点的作品，颜元、李塨的书，戴震、焦循的书，更是宋明时代所没有。那是更容易见的，不用细说了。

我们现在要讲的是清代思想史，而不是清代哲学史。这就是说，我们注重那代表时代的思想家，而不注重那继承宋明传统的理学家。我们宁可取那做小说的吴敬梓与李汝珍，而不必取那讲理学的汤斌、张伯行。

我们看清代的思想史，可以看出四个大趋势：

1. 实用主义。

2. 反玄学的运动。
3. 考证的精神。
4. 历史的研究。

我们可以借清学的开山祖师顾炎武（1613—1681）的一生来说明这四种趋势。顾氏所以能成为一代开山大师，也正是因为他最能代表清代思想的种种特点。

（一）实用主义

顾氏说：

> 孔门弟子不过四科，自宋以下之为学者则有五科，曰语录科。刘石乱华，本于清谈之流祸，人人知之。孰知今日之清谈有甚于前代者？昔之清谈谈老庄，今之清谈谈孔孟。未得其精而已遗其粗；未究其本而先辞其末。不尚六艺之文，不考百王之典，不综当代之务；举夫子论学论政之大端，一切不问，而曰一贯，曰无言；以明心见性之空言，代修己治人之实学。股肱惰而万事荒，爪牙亡而四国乱；神州荡覆，宗社丘墟。……（《日知录》七）

他在别处又说：

> 今之君子……聚宾客门人之学者数十百人，譬诸草木，区以别矣，而一皆与之言心言性。
>
> 舍"多学而识"，以求"一贯"之方，置四海之困穷不言，而终日讲危微精一之说，——是必其道之高于夫子而其门弟子之贤于子贡，祧东鲁而直接二帝之心传者也，——我弗敢知也。（《与友人论学书》）

326　哲学课

在建设的方面，他很简单地说：

> 愚所谓圣人之道者，如之何？曰博学于文，曰行己有耻。自一身以至于天下国家，皆学之事也。自子臣弟友以至出入往来辞受取与之间，皆有耻之事也。……士而不先为耻，则为无本之人；非好古而多闻，则为空虚之学。以无本之人，而讲空虚之学，吾见其日从事于圣人而去之弥远也。（同上）

这里他提出两个目标：一是行己有耻，一是博学于文。前者是要人把学问用到行为上去，后者是学问要切实用，不要"空虚"之学。这两者都是实用主义的意义。他所谓"文"，略同我们所谓"文化"，他自己曾解释"博学于文"说：

> 自身而至于家国天下，制之为度数，发之为音容，莫非文也。……《传》曰，"文明以止，人文也。观乎人文，以化成天下。"……谥法，经纬天地曰文。（《日知录》七）

这种实用主义的精神，顾氏一生即是一个榜样。他的人格，便是"行己有耻"的具体表现。他的著作，"感四国之多虞，耻经生之寡术"（《利病书·序》）。多注重民生国计，故有《天下郡国利病书》《肇域志》等书；而《日知录》中最精彩的部分多在制度名物的历史的研究。

顾氏以下，颜元、李塨一派最代表实用主义的趋势。颜李之学后虽稍衰，但嘉道以后的今文学派，自庄存与以至康有为，也都偏重实用的方面。

清代思想　327

(二) 反玄学的运动

玄学有两个方向：一是先天象数之学；二是心性之学，故反玄学的运动也有两个方面。

1. 攻击先天图书之学：顾氏说：

> 孔子论《易》见于《论语》者，二章而已。曰"加我数年，五十以学易，可以无大过矣"。曰"南人有言曰，人而无恒，不可以作巫医，善夫！'不恒其德，或承之羞'。子曰，不占而已矣。"是则圣人之所以学易者，不过庸言庸行之间，而不在乎图书象数也。今之穿凿图象以自为能者，畔也。……
>
> 是故"出入以度，无有师保，如临父母"，文王、周公、孔子之《易》也。希夷之图，康节之书，道家之《易》也。自二子之学兴，而空疏之人，迂怪之士，举窜迹于其中以为《易》，而其《易》为方术之书，于圣人寡过反身之学，去之远矣。（《日知录》一）

指出宋儒之《易》学是道家的《易》学，这是清儒的一个大问题。黄宗羲、黄宗炎、毛奇龄、胡渭在这一方面的成绩最大。

2. 攻击心性的玄学：顾氏最恨"心学"，他说：

> 古之圣人所以教人之说，其行在孝弟忠信，其职在洒扫应对进退，其文在《诗》《书》《礼》《易》《春秋》；其用之身，在出处去就交际；其施之天下，在政令教化刑法。虽其和顺积中，而英华发外，亦有体用之分，然并无用心于内之说。（《日知录》十八，《内典》条）

他又有《心学》条（十八），《艮其限》条（一），引黄震的话，力攻心学。他又有《朱子晚年定论》一条，把王守仁的良知来比王衍的清谈，王安石的新法。他还著了一部《下学指南》，要证明代的心学源出于宋代谢良佐、张九成、陆九渊三家，而三家皆源出于禅学（《文集》六）。此书今不传了。但证明心学出于禅学，正如证明象数之学出于道士，也是清学的一个大问题。后来颜李学派在这一点上出了不少的力；戴震的《孟子字义疏证》也是要证明这一点。

（三）考证的精神

清学所以真能迥然超绝前代，一小半在于他的成绩，一大半在于他的基本方法与精神。他们自称为考证之学，或考据之学，或考核之学。总而言之，这是一种实证主义的精神与方法。他的要点只是"拿证据来！"（无证则不信。）实证主义有两方面，一是破坏的疑古，二是积极的考信。

在疑古的方面，顾氏也是一个开山前辈：他不信《书序》，不信《古文尚书》，不信先天象数之学，开后来阎若璩、姚际恒一班人的先路。

在积极的方面，他的功劳更大，因为考证的方法到他手里才正式成立。他的《音学五书》，尤其是其中的《唐韵正》，字字是站在证据之上的。他考证一个字的古音，往往要举出一百几十个或二百多个证据来。这是从古以来不曾有过的！

从这个方法出世以后，中国的学术史上才开一个新纪元。清学便是建筑在这个考证方法之上的！无论是攻击伪书，是考证古音，是考证古训诂，是考据古制度，是考究金石器物，……总少不了这一个"拿证据来"的法宝。

（四）历史的研究

清代的学术思想有一个极重要之点，往往为人忽略了的，就是他的历史的方法。不懂的人叫他作"复古"。但我们试问，汉学家为什么要回到汉儒呢？他们说："因为汉儒去古未远。"这"去古未远"的见解就是一种历史的见解。

试问今文家为什么要推翻东汉而回到西汉呢？他们说，因为西汉更古于东汉。这也是一种历史的见解。顾炎武对于这一点的见解最明白，他说：

> 经学自有源流。自汉而六朝，而唐，而宋，必一一考究，而后及于近儒之所著，然后可以知其异同离合之指。如论字必本于《说文》，未有据隶楷而论古文者也。（《与人四书》）

这个寻源溯流的方法，就是历史的方法。当日认汉为最古，故有迷信汉儒的风气。但王念孙、王引之诸人觉得先秦诸子的书更多参证的价值，所以就遍校诸子了。

后来吴大澂以后，便可以用金文来补正《说文》了；后来罗振玉们出来，又可以用甲骨文字来补正《说文》了。又如古音之学，宋人没有历史的观念，故有叶音之说；汉儒知道古来声音有变迁，然后有古音之学。这就是历史的方法。

有了历史的观念，对于历史之学的兴趣自然也跟着发达。顾氏著有许多种金石舆地的书，《日知录》里也有无数历史的研究。后来清代学者对于史学的成绩，比前代都大：

1. 校勘古史，如钱大昕、赵翼、梁玉绳等。
2. 作局部的专史，如各家补的《元史》。
3. 怀疑古史，如阎若璩、姚际恒、崔述、刘逢禄、康有为、崔适等。
4. 增添史料：A.方志的注重。（章学诚等）B.古书的保存。（《四库》及私家）
5. 史学的附属科学的发达。（1）文字学（2）金石学（3）钱币学（4）地理学，等等。

二

清代的思想史，约可分三个时期：

第一期　顺治、康熙两朝（1640—1730）

第二期　乾隆、嘉庆两朝（1730—1820）

第三期　道光以后（1820—1910）

上章所说四个趋势，三个时期都有，不过注重之点稍有不同，遂形成了三个时代。

第一个时期重在实用主义与反玄学的运动，而考证的方法与历史的眼光都还在开始萌芽的时期。

第二期里，玄学已成末路，而实用的时机很少，故此时期偏重考证之学；历史之学也很发达。一般代表的学者都不谈实用，都趋向为学问而做学问，故学术之盛超越前古。

思想方向似稍寂寞，但戴震、章学诚、袁枚、焦循、崔述都出于此时，不过建设多而破坏少，表面上不如第一期的热闹罢了。

第三期为多事之秋，实用的需要又起来了，于是实用主义与考证的方法，历史的见解，合婚而成为今文学的运动。

第一个时期的代表人物：

孙奇逢（1584—1675）　吕留良（1629—1683）

黄宗羲（1610—1695）　颜元（1635—1704）

顾炎武（1613—1681）　阎若璩（1636—1704）

王夫之（1619—1692）　张尔岐（1612—1677）

陆世仪（1611—1672）　黄宗炎（1616—1686）

张履祥（1611—1674）　应扗谦（1618—1687）

费经虞（1599—1671）　汤斌（1627—1687）

毛奇龄（1623—1716）　朱彝尊（1629—1709）

费密（1625—1701）　胡渭（1633—1714）

陆陇其（1630—1692）　万斯同（1643—1702）

梅文鼎（1633—1721）　王懋竑（1668—1741）

李塨（1659—1733）

现在先说第一期的人物。这时期的人物够得上"思想家"的称号的，约有五组：

（1）王学

孙奇逢（1584—1675）　　黄宗羲（1610—1695）

黄宗炎（1616—1686）　　毛奇龄（1623—1716）

（2）朱学

吕留良（1629—1683）　　陆世仪（1611—1672）

张履祥（1611—1674）　　王懋竑（1668—1741）

（3）关学（张载之学）

王夫之（1619—1692）

（4）考证学——近于朱学

顾炎武（1613—1681）　　阎若璩（1636—1704）

张尔岐（1612—1677）　　胡渭（1633—1714）

（5）反玄学的实用主义

颜元（1635—1704）　　　费经虞（1599—1671）

费密（1625—1701）　　　李塨（1659—1733）

陆陇其、汤斌、张伯行、魏裔介、刁包、张烈、胡承诺、李颙……我们只好表过不提了。

顾氏对于先天象数之学，曾说：

> 孔子论《易》，见于《论语》者，二章而已。曰："加我数年，五十以学《易》，可以无大过矣。"曰："南人有言曰：'人而无恒，不可以作巫医。'善夫！'不恒其德，或承之羞。'子曰：'不占而已矣。'"是则圣人之所以学易者，不过庸言庸行之间，而不在乎图书象数也。今之穿凿图象以自为能者，畔也。
>
> 记者于夫子学《易》之言而即继之曰，"子所雅言，诗

书执礼，——皆雅言也。"是知夫子平日不言《易》，而其言《诗》《书》执礼者，皆言《易》也。人苟循乎《诗》《书》执礼之常而不越焉，则"自天祐之，吉，无不利矣"。故其作《系辞传》，于悔吝无咎之旨，特谆谆焉。而《大象》所言，凡其体之于身，施之于政者，无非用《易》之事。……

若"天一，地二"，"易有太极"二章，皆言数之所起，亦赞《易》之所不可遗，而未尝专以象数教人为学也。是故"出入以度，无有师保，如临父母"，文王、周公、孔子之《易》也。

希夷之图，康节之书，道家之《易》也。自二子之学兴。而空疏之人，迂怪之士，举窜迹于其中以为《易》，而其《易》为方术之书，于圣人寡过反身之学，去之远矣。（《日知录》一，页二十九，《孔子论易》）

顾氏以为孔子论《易》，只是"寡过反身之学""体之于身，施之于政"，如此而已。不必说《易》，而《诗》《书》执礼皆是说《易》。故他在别处也说：

愚尝劝人以学《易》之方，必先之以《诗》《书》执礼，而《易》之为用存乎其中；然后观其象而玩其辞，则道不虚行而圣人之意可识矣。（《文集》三，《与友人论易书》一）

他要人从学问经验入手，有了学问经验，再来研究《易》学，便不至于沦入空虚的图书之学了。这也可说是实用主义的应用。

他对于心性之学，反对最厉害。他论"心"，最佩服黄震，曾屡引其说。黄震说"心"，有很精到的见解，如云：

心者，吾身之主宰，所以治事而非治于事；惟随事谨省，则心自存，不待治之而后齐一也。孔子之教人曰："居处

清代思想　333

恭，执事敬，与人忠。"曾子曰："吾日三省吾身。……"不待言"心"，而心自贯通于动静之间者也。……

　　瞑目静坐，日夜仇视其心，而禁治之，及治之愈急而心愈乱，则曰："易伏猛兽，难降寸心。"呜呼！人之有心，犹家之有主也。反禁切之，使不得有为！其不能无扰者，势也。——而患心之难降欤？（《黄氏日钞·省斋记》）

顾氏主黄氏之说，故反对"用心于内"的心学。他说：

　　古之圣人所以教人之说，其行在孝弟忠信，其职在洒扫应对进退，其文在《诗》《书》《礼》《易》《春秋》，其用之身在出处去就交际，其施之天下在政令教化刑罚。虽其和顺积中而英华发外（《乐记》），亦有体用之分，然并无用心于内之说。（《日知录》十八，页十五）

这又是实用主义的态度了。

顾氏是属于格物致知一派的，故不甚攻朱子。而反对王学最力。他说：

　　以一人而易天下，其流风至于百有余年之久者，古有之矣。

　　王夷甫之清谈，王介甫之新说，其在于今，则王伯安之良知是也。孟子曰，"天下之生久矣，一治一乱"。拨乱世，反之正，岂不在于后贤乎？

颜　元

颜元（1635—1704），号习斋。他的父亲本是直隶博野县北杨村人，后来卖给蠡县刘村的朱九祚做养子，故改姓朱。颜元四岁时，（崇祯十一年，1638）满洲兵犯境，他的父亲正同朱家闹气，遂跟了满洲兵跑了，从此没有音信。他十二岁时，他的母亲也改嫁去了。颜元在朱家长大，在私塾读书。他少年时曾学神仙，学炼气，学八股时文，不务正业，喝酒游嬉。他十岁时，明朝就亡了，后来朱家也衰败，很贫了，颜元到二十岁时，才发愤务农养家。二十二岁，他因为家贫，学做医生，为糊口之计。他十九岁时曾中秀才，二十四岁，他开了一所私塾，训蒙度日，并为人治病。他那时完全是一个村学究，却有点狂气，喜看兵书，也学技击；后来他又读理学书，先读陆象山、王阳明的书，又读程子、朱子的书，自命要学圣贤，作诗有：

识得孔叟便是吾，
更何乾坤不熙皞！

他虽耕田工作，却常常学静坐。家中立一个"道统龛"，正位供着伏羲以下至周公、孔子，配位供颜子、曾子、子思、孟子、周敦颐、程颢、程颐、张载、邵雍、朱熹。他三十岁时，有《柳下坐记》，说他的心得，最可表现他的村陋气象：

> 思古人（他自号思古人）引仆控骤，披棉褐，驮麦里左。仆垛。独坐柳下，仰目青天，和风泠然，白云聚散，朗吟程子"云淡风轻"之句，不觉心泰神怡，……若天地与我外，更无一物事。微闭眸观之，浓叶蔽日，如绿罗裹宝珠，精光隐露。苍蝇绕飞，闻其声不见其形，如跻虞廷，听"九韶"奏也！胸中空焉洞焉，莫可状喻。

直到三十四岁时（1668），他忽然经过一次思想上的大革命。这时候，他还不知道他的本姓。他的义祖母死了，他是"承重孙"，居丧时，一切代行他父亲的"子职"，实行朱子的《家礼》，三日不食，朝夕哭。葬后，他仍尽哀，寝苫枕块三个月，日夜不脱衰绖。后来遍体生疮，到了第五个月，竟病倒了。有一个老翁哀怜他，对他说明他不是朱家的孙子，何必这样哀恸？他跑去问他出嫁的母亲，证明了这件事，他方才减哀。然而他已扮演了五个月的苦戏了！

他在这几个月里，实地试验了朱子的《家礼》，深深感觉宋儒有些地方不近人情，又碰了这一个大激刺，使他不能不回想他十余年来做的理学功夫。他自己说，他最得力于这一年的居丧时期，

> 哀毁庐中，废业几年。忽知予不宜承重，哀稍杀。既不读书，又不接人，坐卧地炕，猛一冷眼，觉程、朱气质之说大不及孟子性善之旨。因徐按其学，原非孔子之旧。是以……《存性》《存学》之说，为后二千年先儒救参杂之小失，为前二千年圣贤揭晦没之本原。（《存学编》三，二）

他三十五岁（1669）著《存性编》，又著《存学编》，后来随时有所增加，但他的思想的大旨都在这两书之中。

三十五岁至五十七岁为在乡里讲学时期。五十七岁（1691），他南游河南，数月后回家。这一次出游，使他反对理学的宗旨更坚决了。他说：

> 予未南游时，尚有将就程、朱，附之圣门支派之意。自一南游，见人人禅子，家家虚文，直与孔门敌对；必破一分程、朱，始入一分孔、孟，——乃定以为孔、孟与程、朱判然两途，不愿作道统中乡愿矣！（《年谱》下，十七）

他六十二岁时曾主教肥乡漳南书院，他定下书院规模，略如下图：

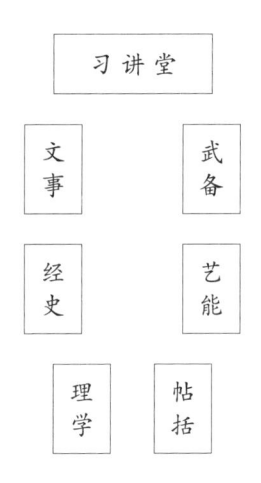

```
        ┌──────┐
        │ 习讲堂 │
        └──────┘
  ┌────┐      ┌────┐
  │文事│      │武备│
  └────┘      └────┘
  ┌────┐      ┌────┐
  │经史│      │艺能│
  └────┘      └────┘
  ┌────┐      ┌────┐
  │理学│      │帖括│
  └────┘      └────┘
```

不幸那一年漳水大涨，书院都没在水里。他叹曰："天也！"遂辞归。他死时七十岁。

他的学派，人称为"颜氏学派"；又称为"颜、李学派"，因为他的弟子李塨（刚主，生1659，死1733）颇能继续颜元的学派，传授于南北；颜元的名誉不大，李塨与方苞、毛奇龄等往来，传授的弟子也有很出名的（如程廷祚），故颜、李并称。

颜元与李塨的著作有《颜李遗书》，《畿辅丛书》本。《颜李全书》，北京四存学会本。

中国的哲学家之中，颜元可算是真正从农民阶级里出来的。他的思想是从乱离里经验出来的，从生活里阅历过来的。

他是个农夫，又是个医生，这两种职业都是注重实习的，故他的思想以"习"字为主脑。他自己改号习斋，可见他的宗旨所在。他说：

> 仆妄谓性命之理不可讲也，虽讲，人亦不能听也，虽听，人亦不能醒也，虽醒，人亦不能行也。所可得而共讲之，共醒之，共行之者，性命之作用，如诗书六艺而已。即诗书六艺，亦非徒列坐讲听。要唯一讲即教习。习至难处来问，方再与讲。讲之功有限，习之功无已。……人之岁月精神有限；诵说中度一日，便习行中错一日；纸墨上多一分，便身世上少一分。(《存学编》一，二)

所以他的《存学编》的宗旨只是要人明白"道不在诗书章句，学不在颖悟诵读，而期如孔门博文约礼，身实学之，身实学之，终身不懈"。

学习什么呢？《尚书》里的

六府：金，木，水，火，土，谷。
三事：正德，利用，厚生。

还有《周礼》里的

三物：六德，——智，仁，圣，义，忠，和。
六行，——孝，友，睦，姻，任，恤。
六艺，——礼，乐，射，御，书，数。

这都是应学习的"物"，"格物"便是实地学习这些实物。格字如"手格猛兽"之格，格便是"犯手去做"。

这些六府六艺似乎太粗浅，故宋、明儒者鄙薄不为，偏要高谈性命之理。这正是魔道。颜元说：

> 学之亡也，亡其粗也。愿由粗以会其精。政之亡也，亡其迹也。愿崇迹以行其义。(《年谱》)

这真是重要的发明。宋、明儒者不甘淡薄，要同禅宗和尚争玄斗妙，故走上空虚的死路。救弊之道只在挽回风气，叫人注重那粗的，浅的实迹。颜元又说：

> 孔子则只教人习事。迨见理于事，则已彻上彻下矣。(《存学编》)

宋儒的大病只是能静坐而不习事。朱子叙述他的先生李侗的生平，曾有一句话说：

> 先生居处有常，不作费力事。

这句话引起了颜元的大反对。颜元说：

> 只"不作费力事"五字，……将有宋大儒皆状出矣。子路问政，子曰，"先之，劳之"。天下事皆吾儒分内事。儒者不费力，谁费力乎？……夫讲读著述以明理，静坐主敬以养

清代思想　339

性，不肯作一费力事，虽日口谈仁义，称述孔孟，其与释老之相去也几何？（《存学编》二，十三）

用"不作费力事"一个标准，来比较"犯手去做"的一个标准，我们便可以明白颜学与理学的根本大分别了。

颜元的思想很简单，很浅近。因为他痛恨那故意作玄谈的理学家，

> 谈天论性，聪明者如打诨猜拳，愚浊者如捉风听梦，……各自以为孔、颜复出矣。（《存学编》一，一）

他也论"性"，但他只老老实实地承认性即是这个气质之性。

> 譬之目矣，……光明之理固是天命，眶疱睛皆是天命。更不必分何者是天命之性，何者是气质之性。（《存性编》）

这便是一笔勾销了五百年的烂账，何等痛快！

人性不过如此，最重要的是教育，而教育的方法只是实习实做那有用的实事实物。颜元是个医生，故用学医作比喻：

> 譬之于医，《黄帝》《素问》《金匮》《玉函》，所以明医理也。而疗疾救世则必诊脉，制药，针灸，摩砭为之力也。今有妄人者，止务览医书千百卷，熟读详说，以为予国手矣；视诊脉制药针灸摩砭，以为术家之粗，不足学也。书日博，识日精，一人倡之，举世效之。岐黄盈天下，而天下之人病相枕，死相接也。可谓明医手？
>
> 愚以为从事方脉，药饵，针灸，摩砭，疗疾救世者，所以为医也。读书，取以明此也。若读尽医书而鄙视方脉，药饵，针灸，摩砭，妄人也。不惟非岐黄，并非医也。尚不如

习一科，验一方者之为医也。读尽天下书而不习行六府六艺，文人也，非儒也，尚不如行一节，精一艺者之为儒也。（《存学编》一，十）

他在别处又用学琴作比喻：

以读经史，订群书为穷理处事以求道之功，则相隔千里。以读经史，订群书为即穷理处事，曰道在是焉，则相隔万里矣。……

譬之学琴然。诗书犹琴谱也；烂熟琴谱，讲解分明，可谓学琴乎？故曰以讲读为求道之功相隔千里也。

更有一妄人，指琴谱曰："是即琴也。辨音律，协声韵，理性情，通神明，此物此事也。"谱果琴乎？故曰以书为道，相隔万里也。……

歌得其调，抚娴其指，弦求中音，徽求中节，声求协律，是谓之学琴矣，未为习琴也。手随心，音随手，清浊疾除有常规，鼓有常功，奏有常乐，是之谓习琴矣，未为能琴也。弦器可手制也，音律可耳审也，诗歌惟其所欲也，心与手忘，手与弦忘，私欲不作于心，太和常在于室，感应阴阳，化物达天，于是乎命之曰能琴。今手不弹，心不会，但以讲读琴谱为学琴，是渡河而望江也。故曰千里也。今目不睹，耳不闻，但以谱为琴，是指蓟北而谈云南也。故曰万里也。（《存学编》三，六至七）

这种说法，初看似很粗浅，其实很透辟。如王阳明说"良知"，岂不很好听？但良知若作"不学而知"解，则至多不过是一些"本能"，绝不能做是非的准则。良知若作"直觉"的知识解，若真能"是便知是，非便知非"，那样的知识绝不是不学而知的，乃是实学实习，日积月累的结果。譬如那弹琴的，到了那"心与手忘，手与弦忘"的地步，随心所欲便成曲调，那便成了直觉的知识。又如诗人画家，烂醉之后，兴至神来，也能随意成杰作，这也成了直觉的知识。然而这种境地都是实习功久的结果，是最后的功夫，而不是不学而知，不学而能的呵。

又如阳明说"知行合一"，岂不也很好听？但空谈知行合一，不从实习实行里出来，哪里会有知行合一！如医生之诊病开方，疗伤止痛，那便是知行合一。如弹琴的得心应手，那才是知行合一。书本上的知识，口头的话柄，绝不会做到知行合一的。宋人语录说：

> 明道谓谢显道曰，"尔辈在此相从，只是学某言语，故其学心与口不相应。盍若行之？"请问焉，曰："且静坐。"

学者问如何行，先生却只教他静坐，静坐便能教人心口相应，知行合一了吗？颜元的批评最好：

> 因先生只说话，故弟子只学说话。心口且不相应，况身乎？况家国天下乎？措之事业，其不相应者多矣。
> 吾尝谈天道性命，若无甚扞格。一着手算九九数，辄差。……
> 以此知心中醒，口中说，纸上作，不从身上习过，皆无用也。（《存学编》一，一）

这是颜、李学派的实习主义（Pragmatism）。

戴 震

戴震生于雍正元年的十二月（1724年1月19日），那时清初的一班大师都死完了。但他们的影响都还存在。他虽然生在那多山的徽州，居然也能得着一种很高等的小学与经学的教育。

二十岁后，他从婺源的江永受学；江永"治经数十年，精于三礼及步算，钟律，声韵，地名沿革"。江永不但是一个大学者，并且是一位朱学的大家，曾作一部《近思录集注》。戴震的著作之中，有一部《经考》，共五卷，新近刻在《机斋丛书》里。

我们看这部书，可以知道戴氏对于程朱的书，对于清初一班大师的书，都曾做过很勤密的研究。在治学的方法一方面，他更是顾炎武、阎若璩的嫡派传人。他不但用那比较考证的方法来治古音，并且用那方法来治校勘，来讲故训。他的天才过人，所以他在这几方面都有很好的成绩。

我们看他的两部哲学书，——《孟子字义疏证》和《原善》——不能不疑心他曾受着颜李学派的影响。戴望作《颜氏学记》，曾说戴震的学说是根据于颜元而畅发其旨（《学记》一，页四）。我们至今不曾寻出戴学与颜李有渊源关系的证据。

我个人推测起来，戴学与颜学的媒介似乎是程廷祚。程廷祚（1691—1767）二十岁后即得见颜李的书；二十四岁即上书给李塨，并著《闲道录》，时在康熙甲午（1714），自此以后，他就终身成了颜李的信徒，与常州的恽鹤生同为南方颜李学的宣传者。

程廷祚是徽州人，寄籍在江宁。戴震二十多岁时，他的父亲带他到江宁去请教一位同族而寄寓江宁的时文大家戴瀚。此事约在乾隆七八年（1742—1743）。后来乾隆二十年（1755）戴震入京之后，他曾屡次到扬州（1757、1758、1760），都有和程廷祚相见的机会。他中式举人在乾隆二十七年（1762）；他屡次在江宁乡试，也都可以见着程廷祚。况且程廷祚的族侄孙程晋芳（也是徽州人，寄籍淮安）是戴震的朋友；戴氏也许可以从他那边得见程廷祚或颜李的著作。（程晋芳极推崇程廷祚，而不赞成颜李之学。他作《正学论》，力诋颜李，并驳戴震，大为程朱辨冤。所以他明知程廷祚得力于颜李，——有"与家绵庄先生书"可证，——而他作《绵庄先生墓志铭》，竟不提及颜李之学。）

依段玉裁的记载，戴震的《原善》三篇作于癸未（1763）以前、甲戌（1754）以后的十年之间（《戴氏年谱》，页十六）。这十年正是戴氏往来扬州、江宁之间，常得见程廷祚的时期。

段氏又说乾隆三十一年（1766）曾听得戴震自说，"近日做得讲理学一书"，即是《孟子字义疏证》的初稿（《年谱》，页十七）。这正是程廷祚死的前一年。依这种种可能的机会看来，我们似乎很可以假设程廷祚是颜学与戴学之间的媒介了。

我们研究戴震的思想变迁的痕迹，似乎又可以假定他受颜李的影响大概在他三十二岁（1755）入京之后。这一年的秋天，他有《与方希原书》，说：

圣人之道在六经。汉儒得其制数，失其义理；宋儒得其义理，失其制数。譬有人焉，履泰山之巅，可以言山；有人焉，跨北海之涯，可以言水。二人者不相谋，天地间之钜观，目不全收，其可哉？抑言山也，言水也，时或不尽山之奥，水之奇。奥奇，山水所有也；不尽之，阙物情也。(《与方希原书》)

他在这时候还承认宋儒"得其义理"，不过"不尽"罢了。同年他又有《与姚姬传书》，也说：

> 先儒之学，如汉郑氏，宋程子、张子、朱子、其为书至详博，然犹得失中判。其得者，取义远，资理闳。……其失者即目未睹渊泉所导，手未披枝肄所歧者也；而为说转易晓。学者浅涉而坚信之，用自满其量之能容受，不复求远者闳者。
>
> 故诵法康成、程、朱，不必无人，而皆失康成、程、朱于诵法中，则不志乎闻道之过也。诚有能志乎闻道，必去其两失，殚力于其两得。

这里他也只指出汉儒、宋儒"得失中判"。这都是他壮年的未定之见。文集中有《与某书》，虽不载年月，然书中大旨与《孟子字义疏证》定本的主张相同，其为晚年之作无疑。那书中的议论便与上文所引两书大不相同了。他说：

> 治经先考字义，次通文理。志存闻道，必空所依傍。汉儒故训有师承，亦有时傅会。晋人傅会凿空益多。宋人时恃胸臆为断，故其袭取者多谬，而不谬者在其所弃。我辈读书原非与后儒竞立说，宜平心体会经文。有一字非其的解，则于所言之意必差，而道从此失。……
>
> 宋已来，儒者以己之见硬坐为古贤圣立言之意，而语言文字实未之知。其于天下之事也，以己所谓"理"强断行

清代思想　345

之，而事情原委隐曲实未能得。是以大道失而行事乖。(《与某书》)

这时候他的态度更显明了；汉儒的故训也不免"有时傅会"；至于宋儒的义理，原来是"恃胸臆为断""以己之见硬坐为古贤圣立言之意"。这时候他不但否认宋儒"得其义理"，竟老实说他们"大道失而行事乖"了。

我们看这几篇书，可以推知戴氏三十二岁入京之时，还不曾排斥宋儒的义理；可以推知他在那时候还不曾脱离江永的影响，还不曾接受颜李一派排斥程朱的学说。如果他的思想真与颜李有渊源的关系，那种关系的发生当在次年（1756）他到扬州以后。

戴震在清儒中最特异的地方，就在他认清了考据名物训诂不是最后的目的，只是一种"明道"的方法。他不甘心仅仅做个考据家；他要做个哲学家。在这一点上，他有很明白的宣言，他说：

经之至者，道也。所以明道者，其词也。所以成词者，字也。由字以通其词，由词以通其道，必有渐。(《与是仲明书》)

又说：

君子务在闻道也。今之博雅能文章，善考核者，皆未志乎闻道。徒株守先儒而信之笃，如南北朝人所讥"宁言周孔误，莫道郑服非"，亦未志乎闻道也。(《答郑丈用牧书》)

他又说：

后之论汉儒者，辄曰："故训之学云尔，未与于理精而义明。"则试诘以"求理义于古经之外乎？若犹存古经中也，则凿空者得乎？"呜呼，经之至者，道也。所以明道者，其词也。所以成词者,未有能外小学文字者也。

由文字以通乎语言,由语言以通乎古圣贤之心志,譬之适堂坛之必循其阶而不可以躐等。是故凿空之弊有二:其一,缘词生训也;其一,守讹传谬也。

缘词生训者,所释之义非其本义;守讹传谬者,所据之经并非其本经。……二三好古之儒,知此学之不仅在故训,则以志乎闻道也,或庶几焉。(《古经解钩沉序》)

戴氏这种见解,当时那班"襞绩补苴"的学者都不能了解,只有章学诚能指出:

凡戴君所学,深通训诂,先于名物制度而得其所以然,将以明道也。时人方贵博雅考订,见其训诂名物有合时好,以为戴之绝诣在此。

及戴著《论性》《原善》诸篇,于天人理气,实有发先人所未发,时人则谓空说义理,可以无作。是固不知戴学者也。(《章氏遗书·朱陆篇书后》)

章学诚常骂戴氏,但他实在是戴学的第一知己。

戴氏认清了"此学不仅在故训",这是他特异于清儒的第一要点。

当时的人深信"汉儒去古未远"的话,极力崇奉汉儒;戴氏却深知宋儒的义理虽不可靠,而汉儒的故训也不可株守,所以学者"必空所依傍","平心体会经文"。

清代的经学大师往往误认回到汉儒便是止境了;戴震晚年不说"回到汉儒"了,却说"必空所依傍""回到经文"。这"必空所依傍"五个字,是清儒的绝大多数人绝不敢说的。

当时的学者王鸣盛曾评论惠栋和戴震两人道:"今之学者断推两先生。惠君之治经求其古,戴君求其是。"(洪榜:《东原先生行状引》)空所依傍,而唯求其是,这是戴学的第二异点。

清代思想 347

戴氏既以"明道""闻道"为目的，我们应该先看看他所谓"道"是什么。他说"道"字，含有两种意义：一是天道，一是人道。天道即是天行，人道即是人的行为。他说：

> 道，犹行也。(《孟子字义疏证》，以下省称《疏证》，章十六)

> 在天地，则气化流行，生生不息，是谓道。在人物，则凡生生所有事，亦如气化之不可已，是谓道。(同书，三二)

我们现在也依这个分别，无论他的天道论。

戴震的天道论，是一种自然主义。他从《周易》的《系辞传》入手，而《系辞传》的宇宙论实在是一种唯物的，自然的宇宙论，故王弼可用老庄的哲学来讲《易》，而宋儒自周敦颐、邵雍从道士队里出来，也还可依附《周易》，做成一种儒道糅合的自然主义。戴氏说：

> 道，犹行也。气化流行，生生不息，是故谓之道。《易》曰："一阴一阳之谓道。"《鸿范》："五行：一曰水，二曰火，三曰木，四曰金，五曰土。"行亦道之通称。(原注：《诗·载驰》："女子善怀，亦各有行。"毛传云："行，道也。"《竹竿》，"女子有行，远兄弟父母。"郑笺云："行。道也。")举阴阳则赅五行，阴阳各具五行也。举五行即赅阴阳，五行各有阴阳也。(《疏证》十六)

他在《原善》里也有同样的主张：

> 道，言乎化之不已也。……生生者，化之原。生生而条理者，化之流。(《原善》上，章一)

> 一阴一阳，善言天地之化不已也，道也。一阴一阳，其生生乎。其生生而条理乎，以是见天地之顺，故曰一阴一阳

之谓道。（同书上，三）

《易》曰:"天地之大德曰生。"气化之于品物，可以一言尽也：生生之谓欤？（同书上，四）

他论天道的要旨只是"一阴一阳流行不已，夫是之为道而已"（《疏证》十七）。他只认阴阳五行的流行不已，生生不息，便是道。

这是一种唯物论，与宋儒的理气二元论不相同。宋儒依据《易·系辞》，"形而上者谓之道，形而下者谓之器"的话，建立他们的二元论，如朱子说：

阴阳，气也，形而下者也。所以一阴一阳者，理也，形而上者也。道即理之谓也。

戴氏驳道：

气化之于品物，则形而上下之分也。形乃品物之谓，非气化之谓。……形谓已成形质。形而上犹曰"形以前"。形而下犹曰"形以后"（原注：如言"千载而上，千载而下"。《诗》"下武维周"，郑笺云，"下，犹后也"）。阴阳之未成形质，是谓形而上者也，非形而下，明矣。

器言乎一成而不变，道言乎体物而不可遗。不徒阴阳非形而下；如五行水火木金土，有质可见，固形而下也，器也。其五行之气，人物咸禀受于此，则形而上者也。（《疏证》十七）

他老实承认那形而上和形而下的都是气。这种一元的唯物论，在中国思想史上，要算很大胆的了。

他的宇宙观有三个要点:（一）天道即是气化流行;（二）气化生生不已;（三）气化的流行与生生是有条理的，不是乱七八糟的。生生

清代思想　349

不已，故有品物的孳生；生生而条理，故有科学知识可言。

最奇特的是戴氏的宇宙观完全是动的，流行的，不已的。这一点和宋儒虽兼说动静，而实偏重静的宇宙观大不相同。

戴氏也兼说动静，他说："生则有息，息则有生，天地所以成化也。"（《原善》上，一）但他说的"息"只是一种潜藏的动力：

> 生生之呈其条理，"显诸仁"也。惟条理是以生生，"藏诸用"也。显也者，化之生于是乎见。藏也者，化之息于是乎见。
>
> 生者至动而条理也。息者至静而用神也。卉木之株叶华实，可以观夫生。果实之白（即核中之仁），全其生之性，可以观夫息。（《原善》上，四）

我们看他用果实中的"白"来形容"息"，可以知道他虽也说息说静，却究竟偏重生，偏重动的气化。他对于宋儒的二元的宇宙论，一面指出《易·系辞》，"易有太极，是生两仪，两仪生四象，四象生八卦"的话本是指卦画的，宋儒误"两仪为阴阳，而求太极于阴阳之所由生"（看《疏证》中，三）。一面又指出宋儒所以不能抛弃二元论，只因为他们借径于佛老之学，受其蔽而不自觉。他说：

> 在老庄释氏，就一身分言之，有形体。有神识，而以神识为本。推而上之，以神为有天地之本，遂求诸无形无迹者为实有，而视有形有迹为幻。
>
> 在宋儒，以形气神识同为己之私，而理得于天。推而上之，于理气截之分明，以理当其无形无迹之实有，而视有形有迹为幻。
>
> 益就彼之言而转之，（原注：朱子辨释氏云，"儒者以理为不生不灭，释氏以神识为不生不灭"。）因视气曰空气，视心曰性之郭郭。是彼别形神为二本，而宅于空气宅于郭郭者

为天地之神与人之神。

此别理气为二本,而宅于空气宅于郭郭者为天地之理与人之理。……其以理为气之主宰,如彼以神为气之主宰也。以理能生气,如彼以神能生气也。以理坏于形气,无人欲之蔽,则复其初,如彼以神受气而生,不以物欲累之,则复其初也。皆改其所指神识者以指理,徒援彼例此,而实非得之于此。(《疏证》十九)

以上述戴氏的宇宙观。他是当日的科学家,精于算数历象之学,深知天体的运行皆有常度,皆有条理,可以测算,所以他的宇宙观也颇带一点科学色彩,虽然说的不详不备,究竟不愧为梅文鼎、江永、钱大昕的时代宇宙论。(参看戴氏的《原象》八篇及《续天文略》二卷。当时输入的西洋天文学犹是第谷以前地球中心说,故《续天文略》说:"天为大圆,以地为大圆之中心。"但当时人推求地球所以不坠之故,以为"大圆气固而内行,故终古不坠",又说"梅文鼎所谓人居地上不忧坏立,推原其故,惟大气举之一言足以蔽之"。当时人把气看作如此重要,故戴氏的宇宙论以气化为天道。)

在叙述戴氏论天道之后,我们应该接着叙述他的性论,因为他的性论是从他的天道论来的。戴氏论性最爱引《大戴礼记》的两句话:"分于道谓之命,形于一谓之性。"他解释这两句话道:

言分于阴阳五行以有人物,而人物各限于所分以成其性。阴阳五行,道之实体也。血气心知,性之实体也。有实体,故可分。惟分也,故不齐。古人言性惟本子天道,如是。(《疏证》十六)

分于道者,分于阴阳五行也。一言乎分,则其限之于始,有偏全厚薄清浊昏明之不齐,各随所分而形于一,各成其性也。(同书二十)

清代思想

所以他下"性"的定义是："性者，分于阴阳五行以为血气心知，品物区以别焉。"（同书十九）他说道的实体是阴阳五行。性的实体是血气心知，而血气心知又只是阴阳五行分出来的。

这又是一种唯物的一元论，又和宋儒的理气二元的性论相冲突了。宋儒说性有两种：一是气质之性，一是理性。气质之性其实不是性，只有理性才是性；理无不善，故性是善的。戴氏说血气心知是性，这正是宋儒所谓气质之性。他却直认不讳。他说：

> 《记》曰："夫民有血气心知之性，而无哀乐喜怒之常。应感起物而动，然后心术形焉。"（此《乐记》语）凡有血气心知，于是乎有欲。性之征于欲，声色臭味而爱畏分。既有欲矣，于是乎有情。性之征于情，喜怒哀乐而惨舒分。既有欲有情矣，于是乎有巧与智。性之征于巧智，美恶是非而好恶分。
>
> 生养之道，存乎欲者也。感通之道，存乎情者也。二者自然之符，天下之事举矣。尽美恶之极致，存乎巧者也；宰御之权，由斯而出。尽是非之极致，存乎智者也；贤圣之德，由斯而备。
>
> 二者亦自然之符，精之以底于必然，天下之能举矣。（《原善》上，五）

戴氏书中最喜欢分别"自然"和"必然"：自然是自己如此，必然是必须如此，应该如此。自然是天，必然是人力。他说：

> 耳目百体之所欲，血气资之以养，所谓性之欲也。……由性之欲而语于无失，是谓性之德。性之欲，其自然之符也。性之德，其归于必然也。归于必然，适全其自然。此之谓自然之极致。（《原善》上，六）

这里说自然和必然的区别，很分明。血气心知之性是自然的；但人的心知（巧与智）却又能指导那自然的性，使他走到"无失"的路上去，那就是必然。必然不是违反自然，只是人的智慧指示出来的"自然之极致"。

宋儒排斥气质之性，戴氏认为根本上的大错误。他说：

> 喜怒哀乐，爱隐感念，愠憸怨愤，恐悸虑叹，饮食男女，郁悠戚咨，惨舒好恶之情，胥成性则然，是故谓之道。（《原善》中，一一）

他又说：

> 凡血气之属，皆知怀生畏死，因而趋利避害，虽明暗不同，不出乎怀生畏死者同也。人之异于禽兽不在是。……人则能扩充其知，至于神明，仁义礼智无不全也。仁义礼智非他，心之明之所止也；知之极其量也。……
>
> 孟子言，今人乍见孺子将入井，皆有怵惕恻隐之心。然则所谓恻隐，所谓仁者，非心知之外，别如有物焉，藏于心也。已知怀生而畏死，故怵惕于孺子之危，恻隐于孺子之死。使无怀生畏死之心，又焉有怵惕恻隐之心？
>
> 推之羞恶，辞让，是非，亦然。使饮食男女与夫感于物而动者，脱然无之，以归于静，归于一。
>
> 又焉有羞恶，有辞让，有是非？此可以明仁义礼智非他，不过怀生畏死，饮食男女，与夫感于物而动者之皆不可脱然无之，以归于静，归于一，而恃人之心知异于禽兽，能不惑乎所行，即为懿德耳。古贤圣所谓仁义礼智，不求于所谓欲之外，不离乎血气心知。（《疏证》二十一）

他这样公然承认血气心知之性即是性，更不须悬想一个理来"凑泊附著以为性"。人与禽兽同有这血气心知,——"禽兽知母而不知父,限于知觉也;然爱其生之者,及爱其所生,与雌雄牝牡之相爱,同类之不相噬,习处之不相啮,进乎怀生畏死矣。"——但人能扩充心知之明,能"不惑乎所行",能由自然回到必然,所以有仁义礼智种种懿德。

戴氏也主张性是善的,但他说性善不必用理气二元论作根据。他说:

> 耳能辨天下之声,目能辨天下之色,鼻能辨天下之臭,口能辨天下之味,心能通天下之理义;人之才质得于天,若是其全也!
>
> 孟子曰,"非天之降才尔殊";曰:"乃若其情,则可以为善矣。乃所谓善也。若夫为不善,非才之罪也。"唯据才质为言,始确然可以断人之性善。(《原善》中,四)

这是他的性善说的根据。孟子的话本来很明白;我们看荀子极力辨"能不能"与"可不可"的分别,更可以明白当日论性善的人必曾注重那"可以知之质,可以能之具"。

戴氏论性善也只是指出人所同有的那些"可以知之质,可以能之具"。他又指出孟荀的不同之点是:

> 荀子之重学也,无于内而取于外。孟子之重学也,有于内而资于外。夫资于饮食能为身之营卫血气者,所资以养者之气,与其身本受之气,原于天地,非二也。
>
> 故所资虽在外,能化为血气以益其内。未有内无本受之气与外相得,而徒资焉者也。问学之于德性,亦然。(《疏证》二六)

戴氏之说颇似莱卜尼兹(Leibnitz);他并不否认经验学问是从外

来的，但他同时又主张人的才质"有于内"，所以能"资于外"。

程子、朱子的理气二元论说"性止是搭附在气禀上，既是气禀不好，便和那性坏了"（此朱子语）。朱子又说：

> 人生而静以上，是人物未生时，止可谓之理，未可名为性，所谓在天曰命也。才说性时，便是人生以后，此理已堕在形气中，不全是性之全体矣，所谓在人曰性也。

戴氏驳他说：

> 据《乐记》，"人生而静"与"感于物而动"对言之，谓方其未感，非谓人物未生也。《中庸》，"天命之谓性"，谓气禀之不齐，各限于生初，非以理为在天在人异其名也。（《疏证》二七）

> 人之得于天也，一本。既曰血气心知之性，又曰天之性，何也？本阴阳五行以为血气心知，方其未感，湛然无失，是谓天之性，非有殊于血气心知也。（《原善》上，五）

对于气质坏性一层，他的驳论最痛快：

> 彼荀子见学之不可以已，非本无，何待于学？而程子、朱子亦见学之不可以已，其本有者，何以又待于学？故谓为气质所污坏，以便于言本有者之转而如本无也！于是性之名移而加之理，而气化生人生物适以病性。性譬水之清，因地而污浊。

> 不过从老庄释氏所谓"真宰""真空"者之受形以后昏昧于欲，而改变其说。特彼以真宰真空为我，形体为非我；此仍以气质为我，难言性为非我，则惟归之天与我，而后可谓之我有；亦惟归之天与我，而后可为完全自足之物，断之

清代思想　355

为善；惟使之截然别于我，而后虽天与我完全自足，可以咎我之坏之，而待学以复之。

以水之清喻性，以受污而浊喻性堕于形气中污坏，以澄之而清喻学：水静则能清，老庄释氏之主于无欲，主于静寂是也。因改变其说为主敬，为存理，依然释氏教人认本来面目，教人常惺惺之法。若夫古贤圣之由博学、审问、慎思、明辨、笃行以扩而充之者，岂徒澄清已哉？（《疏证》二七）

这是他的哲学史观的一部分。程朱终是从道家、禅家出来的，故虽也谈格物致知，而终不能抛弃主敬；他们所谓主敬，又往往偏重静坐存理，殊不知格物是要去格的，致知是要去致的，岂是静坐的人干得的事业？

戴氏认清宋儒的根本错误在于分性为理气二元，一面仇视气质形体，一面误认理性为"天与我完全自足"的东西，所以他们讲学问只是要澄清气质的污染，而恢复那"天与我完全自足"的理性，所以朱子论教育的功用是"明善而复其初"。

宋儒重理性而排斥气质，故要"澄而清之"；戴氏认气血心知为性，才质有于内而须取资于外，故要"由博学、审问、慎思、明辨、笃行以扩而充之"。这是戴学与理学大不相同的一点。

戴氏论性善，以才质为根据，他下的"才"的定义是：

才者，人与百物各如其性以为形质，而知能遂区以别焉，孟子所谓"天之降才"是也。

气化生人生物，据其限于所分而言，谓之命；据其为人物之本始而言，谓之性；据其体质而言，谓之才。

由成性各殊，故才质亦殊。才质者，性之所呈也。舍才质，安睹所谓性哉？（《疏证》二九）

他说才是性的表现；有什么性，便呈现什么才质；譬如桃杏之性具于核中之白，但不可见，等到萌芽甲坼生根长叶之时，桃仁只生桃而不生杏，杏仁只生杏而不生桃，这就是性之呈现，就是才。"才之美恶，于性无所增，亦无所损"（同上）。这种说法，又是一种一元论，又和宋儒的二元论冲突了。程子说：

> 性无不善；而有不善者，才也。性即理。……才禀于气，气有清浊，禀其清者为贤，禀其浊者为愚。

朱子说程子这话比孟子说的更精密。戴氏说这是分性与才为二本，又是二元论来了。他说：

> 孟子道性善。成是性斯为是才，性善则才亦美。……人之初生，不食则死，人之幼稚，不学则愚。食以养其生，充之使长；学以养其良，充之至于贤人圣人。其故一也。
>
> 才虽美，譬之良玉，……剥之蚀之，委弃不惜，久且伤坏无色，可宝减乎其前矣。又譬之人物之生，皆不病也。其后百病交侵，……而曰天与以多病之体，不可也。……因才失养，不可以是言人之才也。（《疏证》三一）

他用病作譬喻，说"人物之生，皆不病也"。这话是禁不起近世科学的证明的。分性与才为二本，是错的；戴氏说有是性便有是才，是不错的。

但"性善则才亦美"一句话也只有相对的真实，而不可解作"凡性皆善，故才皆美"。宋儒说善由于性，而恶由于气质，自然是不对的。但戴氏认血气心知为性，而又要说凡性皆善，那也是不能成立的。

人物固有生而病的，才质也有生而不能辨声辨色的，也有生而不能知识思想的。所以我们只可说，戴氏的气质一元的性论确是一种重要的贡献，但他终不肯抛弃那因袭的性善论，所以不免有漏洞了。

清代思想　357

戴氏说"唯据才质为言，始确然可以断人之性善"。其实，据才质为言，至多也只可以说人"可以"为善。我们试列举戴氏书中专论性善的话如下：

> 性者，飞潜动植之通名。性善者，论人之性也。……专言乎血气之伦，不独气类各殊，而知觉亦殊。人以有礼义异于禽兽，实人之知觉大远乎物，则然。此孟子所谓性善。（《疏证》二七）

> 知觉运动者，人物之生；知觉运动之所以异者，人物之殊其性。……性者，血气心知本乎阴阳五行，人物莫不区以别焉，是也。而理义者，人之心知有思辄通，能不惑乎所行也。……人之心知，于人伦日用，随在而知恻隐，知羞恶，知恭敬辞让，知是非，端绪可举，此之谓性善。（《疏证》二一）

这两条的意义都很明显。他说的是性善，而举的证据只是人的智慧远胜于禽兽。

故戴氏说人性善只是对于禽兽而言；只是说"人之知觉大远乎物"。这本是极平常的科学知识，不幸被那些因袭的玄学名词遮盖了，挂着"性善论"的招牌，反不容易懂得了。

所以我们应该丢开"性善"的套话，再来看戴氏的性论。他说：

> 人生而后有欲，有情，有知。三者，血气心知之自然也。给于欲者，声色臭味也；而因有爱畏。发乎情者，喜怒哀乐也；而因有惨舒。辨于知者，美丑是非也；而因有好恶。
>
> 声色臭味之欲，资以养其生。喜怒哀乐之情，感而接于物。美丑是非之知，极而通于天地鬼神。……是皆成性然也。有是身，故有声色臭味之欲；有是身，而君臣父子夫妇昆弟朋友之伦具，故有喜怒哀乐之情。惟有欲有情而又有知，然后欲得遂也，情得达也。

> 天下之事，使欲之得遂，情之得达，斯已矣。惟人之知，小之能尽美丑之极致，大之能尽是非之极致；然后遂己之欲者，广之能遂人之欲；达己之情者，广之能达人之情。道德之盛，使人之欲无不遂，人之情无不达，斯已矣。（三十）

他把情、欲、知三者一律平等看待，都看作"血气心知之自然"。这是对于那些排斥情欲，主静，主无欲的道学先生们的抗议。他在那三者之中，又特别提出知识，特别赞美他"小之能尽美丑之极致，大之能尽是非之极致"。

因为有知，欲才得遂，情才得达。又因为有知，人才能推己及人，才有道德可说。理想的道德是"使人之欲无不遂，人之情无不达"。这是他的性论，他的心理学，也就是他的人生哲学。

戴氏是当日"反理学"的运动中的一员健将，故他论"道"，极力避免宋明理学家的玄谈。他说：

> 语道于天地，举其实体实事而道自见。……语道于人，人伦日用，咸道之实事。（《疏证》三二）

他论人道，只是一种行为论。他说：

> 道者，居处，饮食，言动，自身而周于身之所亲，无不该焉也。（《疏证》三三）

人道重在一个"修"字，因为

> 人之心知有明暗。当其明，则不失；当其暗，则有差谬之失。……此所谓道，不可不修者也。（三二）

他说：

清代思想　359

> 人道本于性，而性原于天道。……《易》言天道而下及人物，不徒曰"成之者性"，而先曰"继之者善"。……善，其必然也；性，其自然也。归于必然，适完其自然。此之谓自然之极致。

他又说：

> 古贤圣之所谓道，人伦日用而已矣。于是而求其无失，则仁义礼之名因之而生。非仁义礼有加于道也。于人伦日用行之无失，如是之谓仁，如是之谓义，如是之谓礼而已矣。

行之无失，就是修其自然，归于必然。
他在这里又对于宋儒的二元论下一种总攻击：

> 宋儒合仁义礼而统谓之理，视之如有物焉，得于天而具于心，因以此为形而上，为冲漠无朕；以人伦日用为形而下，为万象纷罗；盖由老庄释氏之舍人伦日用而别有所贵道，遂转之以言夫理。
> 在天地则以阴阳不得谓之道；在人物则以气禀不得谓之性，以人伦日用之事不得谓之道。六经孔孟之言，无与之合者也。

从这里我们可以回到戴氏在哲学史上的最大贡献：他的"理"论。
戴氏论性即是气质之性，与颜元同；他论"道犹行也"，与李塨同。不过他说的比他们更精密，发挥的比他们更明白，组织的也比他们更有条理，更成系统。

戴氏说"理"，也不是他个人的创获。李塨和程廷祚都是说理即是文理，条理。惠栋在他的《易微言》里，也有理字一条，引据了许多古书，想比较归纳出一个定义出来。

惠栋自己得着的结论却是很奇特的，他说："理字之义，兼两之谓也。""兼两"就是成双成对的。阴阳,刚柔,仁义,短长,大小,方圆,……都是兼两。

这个结论虽是可笑,然而惠栋举的许多例证,却可以帮助李塨、程廷祚的理字解。例如他最赞叹的三条都出于《韩非子》:

> 一、凡物之有形者,易裁也,易割也。何以论之?有形则有短长,有短长则有小大,有小大则有方圆,有方圆则有坚脆,有坚脆则有轻重,有轻重则有白黑(许多"则"字不通)。短长、大小、方圆、坚脆、轻重、白黑之谓理。理定而物易割也。
>
> 二、道者,万物之所然也,万理之所稽也。理者,成物之文也。……万物各异理,而道尽稽万物之理。……
>
> 三、凡理者,方圆、长短、粗靡、坚脆之分也。故定而后物可得道也。

惠栋从这里得着"兼两"的妙义,然而别人却从此更可以明白理字的古义是条理、文理、分理。戴震说理字最好:

> 理者,察之而几微必区以别之名也。是故谓之分理。在物之质曰肌理,曰腠理,曰文理。得其分,则有条而不紊,谓之条理。孟子称孔子之谓集大成曰:"始条理者,智之事也;终条理者,圣之事也。"圣智至孔子而极其盛,不过举条理以言之而已矣。……
>
> 《中庸》曰:"文理密察,足有别也。"《乐记》曰:"乐者,通伦理者也。"郑康成注云:"理,分也。"许叔重《说文解字序》曰:"知分理之可相别异也。"古人所谓理,未有如后儒之所谓理者矣。(《疏证》一)

戴氏这个定义,与李、程廷祚的理字解大旨相同。他们都说理

清代思想 361

是事物的条理分理；但颜李一派的学者还不曾充分了解这个新定义的涵义。

这个新定义到了戴氏的手里，方才一面成为破坏理学的武器，一面又成为一种新哲学系统的基础。

宋儒之学，以天理为根本观念。大程子说："吾学虽有所传授，天理二字却是自家体会出来。"程子以下，一班哲学家把理看作"不生不灭"，看作"如有物焉，得于天而具于心"。（朱子说："理在人心，是谓之性。心是神明之合，为一身之主宰。性便是许多道理，得之天而具于心者。"）

于是这个人静坐冥想出来的，也自命为天理；那个人读书附会出来的，也自命为天理。因此宋明的道学又称为理学。理学的运动，在历史上有两个方面。

第一是好的方面。学者提倡理性，以为人人可以体会天理，理附着于人性之中；虽贫富贵贱不同，而同为有理性的人，即是平等。这种学说深入人心之后，不知不觉地使个人的价值抬高，使个人觉得只要有理可说，富贵利禄都不足羡慕，威武刑戮都不足畏惧。

理既是不生不灭的，暂时的失败和压制终不能永远把天理埋没了，天理终有大白于天下的一日。我们试看这八百年的政治史，便知道这八百年里的知识阶级对政府的奋斗，无一次不是揭着"理"字的大旗来和政府的威权作战。

北宋的元祐党禁（1102），南宋的庆元党禁（1196），明初成祖的杀戮学者（1402），明代学者和宦官或权相的奋斗，直到明末的东林党案（1624—1627），无一次没有理学家在里面做运动的中坚，无一次不是政府的权威大战胜，却也无一次不是理学家得最后的胜利。

生前窜逐的，死后不但追封赐谥，还常常请进孔庙里去陪吃冷猪肉咧。生前廷杖打死的，死后不但追封赐谥，还往往封荫及于三代，专祠遍于国中咧。明末理学家吕坤说的最好：

天地间唯理与势最尊，理又尊之尊也。庙堂之上言理，

则天子不得以势相夺。即相夺，而理则常伸于天下万世。（《语录》，焦循《理说》引）

我们试想程子、朱子是曾被禁锢的，方孝孺是灭族的，王阳明是廷杖后贬逐的，高攀龙是自杀的，——就可以知道理学家在争自由的奋斗史上占的重要地位了。在这一方面，我们不能不颂赞理学运动的光荣。

第二是坏的方面。理学家把他们冥想出来的臆说认为天理而强人服从。他们一面说存天理，一面又说去人欲。他们认人的情欲为仇敌，所以定下许多不近人情的礼教，用理来杀人，吃人。譬如一个人说"饿死事极小，失节事极大"，这分明是一个人的私见，然而八百年来竟成为天理，竟害死了无数无数的妇人女子。又如一个人说"天下无不是的父母"，这又分明是一个人的偏见，然而八百年来竟成为天理，遂使无数无数的儿子媳妇负屈含冤，无处伸诉。

八百年来，"理学先生"一个名词竟成为不近人情的别名。理与势战时，理还可以得人的同情；而理与势携手时，势力借理之名，行私利之实，理就成了势力的护身符，那些负屈含冤的幼者弱者就无处伸诉了。

八百年来，一个理学遂渐渐成了父母压儿子，公婆压媳妇，男子压女子，君主压百姓的唯一武器；渐渐造成了一个不人道、不近人情、没有生气的中国。

戴震生于满清全盛之时，亲见雍正朝许多惨酷的大狱，常见皇帝长篇大论地用"理"来责人；受责的人，虽有理，而无处可伸诉，只好屈伏受死，死时还要说死的有理。

我们试读《大义觉迷录》，处处可以看见雍正帝和那"弥天重犯"曾静高谈"春秋大义"。一边是皇帝，一边是"弥天重犯"：这二人之间如何有理可说？如何有讲理的余地？然而皇帝偏不肯把他拖出去剐了，偏要和他讲理，讲《春秋》大义，讲天人感应之理！有时候，实在没有理可讲了，皇帝便说："来！把山西巡抚奏

清代思想　363

报庆云的折子给他看看。""来！把通政使留保奏报的庆云图给他看看。""来！把云贵总督鄂尔泰进献的嘉谷图发给他，叫他看看稻谷每穗有四、五百粒至七百粒之多的，粟米有每穗长至二尺有奇的！"这都是天人感应之理。

至于荆、襄、岳、常等府连年的水灾，那就是因为"有你这样狂背逆乱之人，伏藏匿处其间，秉幽险乖戾之气，致阴阳愆伏之干；以肆扰天常为心，以灭弃人理为志，自然江水泛涨，示儆一方。灾祸之来，实因你一人所致，你知道么？有何说处？"那位弥天重犯连忙叩头供道："一人狂背，皆足致灾，此则非精通天人之故者不能知。弥天重犯闻之，豁然如大寐初醒。虽朝闻夕死，亦实幸矣。"（《大义觉迷录》卷三，页一至二。）

这样的讲理，未免把理字太轻薄了。戴震亲见理学之末流竟致如此，所以他的反动最激烈，他的抗议最悲愤。

戴震说：

> 六经孔孟之言。以及传记群籍，理字不多见。今虽至愚之人，悖戾恣睢，其处断一事，责诘一人，莫不辄曰"理"者，自宋以来，始相习成俗，则以理为如有物焉，得于天而具于心，因以心之意见当之也。
>
> 于是负其气，挟其势位，加以口给者，理伸；力弱气慑，口不能道辞者，理屈。呜呼，其孰谓以此制事，以此制人之非理哉？……昔人知在己之意见不可以理名，而今人轻言之。夫以理为如有物焉，得于天而具于心，未有不以意见当之者也。（《疏证》五）

他又说：

> 呜呼，今之人其亦弗思矣！圣人之道，使天下无不达之情，求遂其欲，而天下治。后儒不知情之至于纤微无憾是谓

理；而其所谓理者，同于酷吏之所谓法。酷吏以法杀人，后儒以理杀人，浸浸乎舍法而论理，死矣！更无可救矣！（《与某书》）

这是何等悲愤的呼喊！

宋儒都不能完全脱离禅宗"明心见性"的观念；陆王一派认心即是理，固不消说；程朱一派虽说"吾心之明莫不有知，而天下之物莫不有理"，然而他们主张理即是性，得之天而具于吾心，这和陆王的主张有何差异？

至多我们只能说陆王一派说理是纯粹的主观的；程朱一派知道理在事物，同时又深信理在人心。

程朱的格物说所以不能彻底，也正因为他们对于理字不曾有彻底的了解。他们常说"即物而穷其理"，然而他们同时又主张静坐省察那喜怒哀乐未发之前的气象。

于是久而久之，那即物穷理的也就都变成内观返视了。戴震认清了理在事物，只是事物的条理关系；至于心的方面，他只承认一个可以知识思想的官能。他说：

> 思者，心之官能也。凡血气之属皆有精爽；其心之精爽，巨细不同。如火光之照物，光小者其照也近。所照者，不谬也。所不照，斯疑谬承之。不谬之谓得理。其光大者，其照也远，得理多而失理少。且不特远近也，光之及又有明暗，故于物有察有不察。察者，尽其实。不察，斯疑谬承之。疑谬之谓失理。失理者，限于质之昧，所谓愚也。惟学可以增益其不足而进于智。
>
> ……故理义非他，所照所察者之不谬也。……理义岂别若一物，求之所照所察之外？而人之精爽能进于神明，岂求诸气禀之外哉？（《疏证》六）

清代思想　365

他又说：

> 耳目口鼻之官，臣道也；心之官，君道也。臣效其能而君正其可否。理义非他，可否之而当，是谓理义。然又非心出一意以可否之也。若心出一意以可否之，何异强制之乎？是故就事物言，非事物之外别有理义也。有物必有则，以其则正其物，如是而已矣。
>
> 就人心言，非别有理以予之，而具于心也。心之神明，于事物咸足以知其不易之则，譬有光皆能照，而中理者乃其光盛，其照不谬也。（八）

他认定心不是理，不过是一种思想判断的官能。这个官能是"凡血气之属"都有的，只有巨细的区别，并不专属于人类。心不是理，也不是理具于心。理在于事物，而心可以得理。心观察事物，寻出事物的通则（《疏证》三说，"以秉持为经常曰则"），疑谬便是失理，不谬之谓得理。心判断事物（"可否"就是判断），并不是"心出一意以可否之"；只是寻求事物的通则，"以其则正其物"。

至于怎样寻求事物的通则，戴震却有两种说法：一种是关于人事的理，一种是关于事物的理。前者是从儒家经典里出来的；后者很少依据，可算是戴氏自己的贡献。

先说关于人事的理。戴氏说：

> 理者，情之不爽失者也。未有情不得而理得者也。凡有所施于人，反躬而静思之：人以此施于我，能受之乎？凡有所责于人，反躬而静思之：人以此责于我，能尽之乎？以我絜之人，则理明。
>
> 天理云者，言乎自然之分理也。自然之分理，以我之情，絜人之情，而无不得其平，是也。（《疏证》二）
>
> 在己与人，皆谓之情。无过情，无不及情之谓理。（三）

> 惟以情絜情，故其于事也，非心出一意见以处之。苟舍情求理，其所谓理无非意见也。未有任其意见而不祸斯民者。（五）

这是用《论语》的"恕"字和《大学》的"絜矩之道"来解释理字。

他又引孟子"心之所同然者，谓理也，义也"的话，而加以解释道：

> 心之所同然，始谓之理，谓之义；则未至于同然，存乎其人之意见，非理也，非义也。凡一人以为然，天下万世皆曰是不可易也，此之谓同然。……分之各有其不易之则，名曰理。如斯而宜，名曰义。
>
> 是故明理者，明其区分也。精义者，精其裁断也。……人莫患乎蔽而自智，任其意见，执之为理义。吾惧求理义者以意见当之；熟知民受其祸之所终极也哉？（四）

关于人事的理，他只主张"以情絜情"。这是儒书里钩出来的求理说；所谓"恕"，所谓"一贯"，所谓"絜矩之道"，都是这个。他假定"一人之欲，天下人之同欲也"（《疏证》二），故可以"以我之情絜人之情而无不得其平"。

但那个假定的前提是不很靠得住的。"一人之欲"，而自信为"天下人之同欲"，那仍是认自己的意见为天理，正是戴氏所要推翻的见解。

所以"以情絜情"的话，虽然好听，却有语病；"心之所同然"的话比较更稳当些。

要求心之所同然，便不可执着个人所欲，硬认为天下人之同欲；必须就事上求其"不易之则"。这就超过"以情絜情"的套话了。戴氏著《孟子字义疏证》，自托于说经，故往往受经文的束缚，把他自

清代思想　367

己的精义反蒙蔽了。他自己的主张实在是：

> 人伦日用，圣人以通天下之情，遂天下之欲，权之而分理不爽，是谓理。（《疏证》四十）
>
> 心之明之所止，于事情区以别焉，无几微爽失，则理义以名。（《原善》中，四）

这是用心的灵明，去审察事情，使他无几微爽失；这岂是"以情絜情"的话包括得尽的吗？

其实戴氏说理，无论是人情物理，都只是要人用心之明，去审察辨别，寻求事物的条理。他说："事物之理，必就事物剖析至微，而后理得。"（《疏证》四一）

段玉裁给他作《年谱》，曾引他的话道：

> 总须体会孟子"条理"二字，务要得其条理，由合而分，由分而合，则无不可为。（《年谱》页四五）

他又《与段玉裁书》说："古人曰理解者，即寻其腠理而析之也。"（《年谱》页三四）这三条须参互合看。他说"剖析"，说"分"，说"析"都是我们今日所谓"分析"。他说的"合"，便是我们所谓"综合"。不分析，不能得那些几微的区别；不综合，不能贯通那些碎细的事实而组成条理与意义。

戴氏这样说理，最可以代表那个时代的科学精神。宋儒虽说"即物而穷其理"，但他们终不曾说出怎样下手的方法。直到陈第、顾炎武以后，方才有一种实证的求知的方法。

戴氏是真能运用这种方法的人，故他能指出分析与综合二方面，给我们一个下手的方法。他又说：

> 天地人物事为，不闻无可言之理者也。《诗》曰，"有

物有则",是也。……实体实事罔非自然而归于必然,天地人物事为之理得矣。夫天地之大,人物之蕃,事为之委曲条分,苟得其理矣,如直者之中悬,平者之中水,圆者之中规,方者之中矩。然后推诸天下万世而准。……

《中庸》称"考诸三王而不谬,建诸天地而不悖,质诸鬼神而无疑,百世以俟圣人而不惑"。夫如是,是为得理,是为心之所同然。……举凡天地人物事为,求其必然不可易,理至明显也。从而尊大之,不徒曰"天地人物事为之理",而转其语曰"理无不在",视之如有物焉,将使学者皓首茫然,求其物不得。(三十)

这一段说的正是科学的目的。科学的目的正是"举凡天地人物事为,求其必然不可易"。

宋儒虽然也说格物穷理,但他们根本错在把理看作无所不在的一个,所以说"一本而万殊"。他们虽说"万殊",而其实只妄想求那"一本";所以程朱论格物虽说"今日格一事,明日格一事",而其实只妄想那"一旦豁然贯通"时的"表里精粗无不尽,而吾心之全体大用无不明"。戴氏却不存此妄想;他只要人"就事物剖析至微""求其必然不可易"。他所谓"推诸天下万世而准",只是科学家所谓"证实"(verification);正如他对姚鼐说的:

寻求而获,有十分之见,有未至十分之见。所谓十分之见,必征之古而靡不条贯,合诸道而不留余议;巨细毕究,本末兼察。(《与姚姬传书》)

十分之见即是"心之所同然",即是"推诸天下万世而准"。这是科学家所谓证实了的真理。

戴氏是顾炎武、阎若璩以来考证之学的嫡派传人;他做学问的方法(他的名学)一面重在"必就事物剖析至微",一面重在证实。就

清代思想　369

事物剖析至微而后得来的"理",比较归纳出来的"则",只是一种假设的理,不能说是证实的真理。必须经过客观的实证,必须能应用到同样的境地里而"靡不条贯",方才可算是真正的理。

戴氏有《与王凤喈书》,讨论《尚书·尧典》"光被四表"的光字,最可引来说明他的治学方法。光字蔡沈训为"显",似无可疑了;然而孔安国传却有"光,充也"之训,孔颖达《正义》指出此训是据《尔雅·释言》的。

戴氏考郭本《尔雅》只有"桄颎,充也"之义;陆氏《释文》曰"桄,孙作光,古黄反。"桄字不见于六经,而《说文》有"桄,充也"之训。孙愐《唐韵》读为"古旷反"。《礼记·乐记》有"钟声铿铿以立号,号以立横,横以立武",郑注"横,充也";又《孔子闲居篇》有"横于天下"之文,郑注也训为充。《释文》于《乐记》之横字,读为"古旷反"。

戴氏因此推想《礼记》之两个横字即是《尔雅》和《说文》的桄字,他因此下一个大胆的假设道:

> 《尧典》古本必有作"横被四表"者。横被,广被也。正如《记》所云,"横于天下""横于四海",是也。横四表,格上下,对举。溥遍所及曰横,贯通所至曰格。……横转写为桄,脱误为光。追原古初,当读"古旷反"。……

此书作于乾隆乙亥(1755);过了两年(1757),钱大昕检得《后汉书·冯异传》有"横被四表,昭假上下"之语,是一证;姚鼐又检得班固《西都赋》有"横被六合",是二证。

七年之后(1762),戴震的族弟受堂又检得《王莽传》有"昔唐尧横被四表",这更明显了。受堂又举王褒《圣主得贤臣颂》的"化溢四表,横被无穷"。这是第三、四证。

洪榜案《淮南·原道训》,"横四维而含阴阳",高诱注"横读桄车之桄",这更可证明汉人横字和桄字通用。这是第五证。

段玉裁又举李善注《魏都赋》引《东京赋》"惠风横被",今本《东京赋》误改作"惠风广被",这是第六证。戴震假设《尧典》,"光被"即是"桄被",即是"横被",现在果然全证实了。这就是"征之古而靡不条贯"。

戴震的心理学里只有欲望、情绪、心知三大区分(《疏证》三十,引见上)。心知是一身的主宰,是求理的官能。但他的心理学里没有什么"得于天而具于心"的理。这样的主张又和宋儒以来的理欲二元论相冲突了。

宋儒说;"人欲云者,正天理之反耳。"(朱子:《答何叔京》)

这样绝对的二元论的结果便是极端地排斥人欲。他们以为"去人欲"即是"存天理"的唯一方法。

这种排斥人欲的哲学在七八百年中逐渐造成了一个不近人情,冷酷残忍的礼教。戴震是反抗这种排斥人欲的礼教的第一个人。他大声疾呼地喊道:"酷吏以法杀人,后儒以理杀人,浸浸乎舍法而论理,死矣!更无可救矣!"(《与某书》,引见上)他很大胆地说,"理者,情之不爽失者也";"情之至于纤微无憾是谓理"。这分明是说:"理者,存乎欲者也。"(《疏证》十)这和上文引的朱子"人欲云者,正天理之反"的话恰恰相反。戴氏最反对"无欲"之说,他以为周敦颐、朱熹一班人主张无欲的话都出于老庄释氏,不是《中庸》上说的"虽愚必明"之道。他说:

> 有生而愚者,虽无欲,亦愚也。凡出于欲,无非以生以养之事。欲之失为私,不为蔽。自以为得理,而所执之实谬(之字似当作者),乃蔽而不明。天下古今之人,其大患,私与蔽二端而已。私生于欲之失,蔽生于知之失。欲生于血气,知生于心。
>
> 因私而咎欲,因欲而咎血气。因蔽而咎知,因知而咎心(心字孔刻本误脱,今依上文增)。老氏所以言常使民无知无欲。

清代思想　　371

……后之释氏，其论说似异而实同。宋儒出入于老释，故杂乎老释之言以为言。(《疏证》十)

宋儒常说"人欲所蔽"，故戴氏指出"欲之失为私，不为蔽"。他曾说：

人之生也，莫病于无以遂其生。欲遂其生，亦遂人之生，仁也。欲遂其生，至于戕人之生而不顾者，不仁也。不仁实始于欲遂其生之心。使其无此欲，必无不仁矣。然使其无此欲，则于天下之人生道穷促，亦将漠然视之。己不必遂其生，而遂人之生，无是情也。(同上)

戴氏的主张颇近于边沁（Bentham）、弥尔（J.S.Mill）一派的乐利主义。乐利主义的目的是要谋"最大多数的最大幸福"。戴氏也主张：

圣人治天下，体民之情，遂民之欲，而王道备。(同上)
道德之盛，使人之欲无不遂，人之情无不达，斯已矣。(三十)

他虽不明说"乐利"，但他的意义实很明显。他痛恨宋以来的儒者：

举凡饥寒愁怨，饮食男女，常情隐曲之感，则名之曰人欲；故终其身见欲之难制。其所谓存理，空有理之名，究不过绝情欲之感耳。何以能绝？曰，主一无适。此即老氏之抱一无欲。故周子以"一"为学圣之要，且明之曰："一者，无欲也。"(四三)

他驳他们道：

> 天下必无舍生养之道而得存者。凡事为皆有于欲。无欲
> 则无为矣。有欲而后有为。有为而归于至当不可易之谓理。
> 无欲无为，又焉有理？（同上）

他这样抬高欲望的重要，在中国思想史上是很难得的。他的结论是：

> 老庄释氏主于无欲无为，故不言理。圣人务在有欲有为
> 之咸得理。是故君子亦无私而已矣，不贵无欲。（同上）
> 圣贤之道无私而非无欲。老、庄、释氏无欲而非无私，
> 彼以无欲成其自私者也。此以无私通天下之情，遂天下之欲
> 者也。(《疏证》四十)

颜元、李塨的学派提倡"正德，利用，厚生"，也是倾向于乐利主义的。戴氏注重"生养之道"，主张"无私而非无欲"，与颜李学派似有渊源的关系。

戴氏以为"凡出于欲，无非以生以养之事"。排斥人欲，即是排斥生养之道，理欲之辨的流弊必至于此。宋明的儒者诋毁王安石，鄙薄汉唐，都只为他们瞧不起生养之事。

戴氏说：

> 宋儒程子、朱子易老庄释氏之所私者而贵理，易彼之
> 外形体者而咎气质。其所谓理，依然如有物焉，宅于心。于
> 是辨乎理欲之分，谓不出于理，则出于欲；不出于欲，则出
> 于理。
> 虽视人之饥寒号呼，男女哀怨，以至垂死冀生，无非
> "人欲"！空指一绝情欲之感者为天理之本然，存之于心。
> 及其应事，幸而偶中，非曲体事情，求如此以安之也。
> 不幸而事情未明，执其意见，方自信天理非人欲，而小

清代思想　373

之一人受其祸，大之天下国家受其祸。徒以不出于欲，遂莫之或寤也。凡以为理宅于心，不出于欲则出于理者，未有不以意见为理而祸天下者也。（四十）

执意见以为理，用来应付事情，不肯"曲体事情"，而固执意见，结果可以流毒天下。不但在"应事"的方面如此；在责人的方面，理欲之辨的流弊也很大。戴氏说：

> 今之治人者，视古贤圣体民之情，遂民之欲，多出于鄙细隐曲，不措诸意：不足为怪。而及其责以理也，不难举旷世之高节，著于义而罪之。尊者以理责卑，长者以理责幼，贵者以理责贱，虽失，谓之顺。卑者幼者贱者以理争之，虽得，谓之逆。于是下之人不能以天下之同情，天下所同欲，达之于上。上以理责其下。而在下之罪，人人不胜指数。人死于法，犹有怜之者。死于理，其谁怜之！呜呼，杂乎老释之言以为言，其祸甚于申韩如是也！六经孔孟之书，岂尝以理为如有物焉，外乎人之性之发为情欲者，而强制之也哉？（十）

这一段真沉痛。宋明以来的理学先生们往往用理责人，而不知道他们所谓"理"往往只是几千年因袭下来的成见与习惯。

这些成见与习惯大都是特殊阶级（君主，父母，舅姑，男子等等）的保障；讲起"理"来，卑者幼者贱者实在没有开口的权利。"回嘴"就是罪！理无所不在；故背理的人竟无所逃于天地之间。

所以戴震说："死矣！无可救矣！""死于法犹有怜之者。死于理，其谁怜之！"乾嘉时代的学者稍稍脱离宋儒的势力，颇能对于那些不近人情的礼教，提出具体的抗议。吴敬梓、袁枚、汪中、俞正燮、李汝珍（小说《镜花缘》的著者）等，都可算是当日的人道主义者，都曾有批评礼教的文字。但他们只对于某一种制度，下具体的批评；只有戴震能指出这种种不近人情的制度所以能杀人吃人，全因为他们撑着"理"字的大旗来压迫人，全因为礼教的护法诸神——理学先生们——抬出"理"字来排斥一切以生以养之道，"虽视人之饥寒号呼，男女哀怨，以至垂死冀生，无非人欲！"

戴氏总论理欲之辨凡有三大害处：

第一，责备贤者太苛刻了，使天下无好人，使君子无完行。他说：

> 以无欲然后君子，而小人之为小人也依然行其贪邪，犹执此以为君子者谓不出于理则出于欲，不出于欲则出于理（此四十六字，孔刻本在下文三十三字之下，文理遂不可读。今细审原文上下文理，移此四十六字于此。）。于是谰说诬辞反得刻议君子而罪之。此理欲之辨使君子无完行者，为祸如是也！（四三）

第二，养成刚愎自用、残忍惨酷的风气。他说：

> 不窥意见多偏之不可以理名，而持之必坚；意见所非，则谓其人"自绝于理"。此理欲之辨适成忍而残杀之具，为祸又如是也！（四三）

第三，重理而斥欲，轻重失当，使人不得不变成诈伪。他说：

> 今既截然分理欲为二，治己以不出于欲为理。治人亦必以不出于欲为理。举凡民之饥寒愁怨，饮食男女，常情隐曲之感，咸视为人欲之甚轻者矣。轻其所轻，乃吾重。"天理"也，"公义"也，言虽美，而用之治人则祸其人。……
> 古之言理也，就人之情欲求之，使之无疵之为理。今之言理也，离人之情欲求之，使之忍而不顾之为理。此理欲之辨适以穷天下之人尽转移为欺伪之人，为祸何可胜言也哉！（四三）

这三大害处之中，第三项也许用得着几句引申的注语。譬如爱生而怕死，乃是人的真情；然而理学先生偏说"饿死事极小，失节事极大"。他们又造出贞节牌坊一类的东西来鼓动妇女的虚荣心。

于是节妇坊、贞女祠的底下就埋葬了无数的"饥寒愁怨，饮食男女，常情隐曲"的叹声。甚至于寡妇不能忍饥寒寂寞之苦的，或不能忍公婆虐待之苦的，也只好牺牲生命，博一个身后的烈妇的虚荣。

甚至于女儿未嫁而夫死了的，也羡慕那虚荣而殉烈，或守贞不嫁，以博那"贞女""烈女"的牌坊。这就是戴氏说的"今之言理也，离人之情欲求之，使之忍而不顾，……适以穷天下之人尽转移为欺伪为人"。

戴氏的人生观，总括一句话，只是要人用科学家求知求理的态度与方法来应付人生问题。他的宇宙观是气化流行，生生不已；他的人生观也是动的，变迁的。他指出人事不能常有"千古不易之重轻"。他指出"有时权之而重者，于是乎轻；轻者于是乎重"。这叫作"变"。他说：

"变则非智之尽能辨察事情而准，不足以知之。""古今不乏严气正性疾恶如仇之人，是其所是，非其所非，执显然共见之重轻，实不知有时权之而重者于是乎轻，轻者于是乎重。其是非轻重一误，天下受其祸而不可救。岂人欲蔽之也哉？自信之理非理也。"（四十）

这种"辨察是非轻重而准"的作用叫作"权"。

孟子曰："执中无权，犹执一也。"权，所以别轻重。谓心之明至于辨察事情而准，故曰权。学至是，一以贯之矣。意见之偏除矣。（四二）

最可注意的是戴氏用"权"来释《论语》的"一贯"。《论语》两次说"一以贯之"；朱子的解说孔子对曾子说一贯的一章道：

> 圣人之心，浑然一理，而泛应曲当，用各不同。曾子于其用处盖已随事精察而力行之，但未知其体之一耳。

戴震最反对朱子说的"浑然一理""其体之一"的话。他自己解释"一以贯之"道：

> 一以贯之，非言以"一"贯之也。……闻见不可不广，而务在能明于心。一事豁然使无余蕴，更一事而亦如是；久之心知之明进于圣智，虽未学之事，岂足以穷其智哉？……致其心之明，自能权度事情，无几微差失。又焉用知"一"求"一"哉？（四一）

这一段最可注意。一贯还是从求知入手。求知并不仅是"多学而识之"，只是修养那心知之明，使他格外精进。一贯并不是认得那"浑然一理"，只是养成一个"泛应曲当"，"权度事情无几微爽失"的心知。这个心知到了圣智的地步，"取之左右逢其源"，"自无弗贯通"了。

戴氏不肯空谈知行合一，他很明白地主张"重行须先重知"。他说：

> 凡异说皆主于无欲，不求无蔽；重行，不先重知。（四十）
> 圣人之言无非使人求其至当以见之行。求其至当，即先务于知也。凡去私不求去蔽，重行不先重知，非圣学也。（四二）
> 圣贤之学由博学，审问，慎思，明辨，而后笃行，则行者行其人伦日用之不蔽者也。（四十）

从知识学问入手，每事必求其"豁然使无余蕴"，逐渐养成一个"能审察事情而准"的智慧，然后一切行为自能"不惑于所行"。这是戴震的"一以贯之"。

清代思想　377

图书在版编目(CIP)数据

哲学课/胡适,汤用彤,嵇文甫著. -- 北京：中国致公出版社,2023
ISBN 978-7-5145-2123-8

Ⅰ.①哲… Ⅱ.①胡… ②汤… ③嵇… Ⅲ.①哲学－中国 Ⅳ.①B2

中国国家版本馆CIP数据核字(2023)第100754号

哲学课/胡适　汤用彤　嵇文甫著
ZHEXUEKE

出　　版	中国致公出版社
	（北京市朝阳区八里庄西里100号住邦2000大厦1号楼西区21层）
发　　行	中国致公出版社（010-66121708）
责任编辑	李　潇
监　　制	黄　利　万　夏
特约编辑	高　翔
营销支持	曹莉丽
责任校对	吕冬钰
装帧设计	紫图装帧
责任印制	邢雪莲
印　　刷	艺堂印刷（天津）有限公司
版　　次	2023年9月第1版
印　　次	2023年9月第1次印刷
开　　本	880毫米×1230毫米　1/32
印　　张	12.25
字　　数	310千字
书　　号	ISBN 978-7-5145-2123-8
定　　价	59.90元

（版权所有，违者必究，举报电话：010-82259658）
（如发现印装质量问题，请寄本公司调换，电话：010-82259658）